Brankica Bečejac

Ich bin so wenig von hier wie von dort

Leben und Werk

Edition Nautilus

Die Texte Brankica Bečejac'
sowie der hier abgedruckte
Briefwechsel mit ihr
sind auf Wunsch der
Herausgeberinnen und
Herausgeber in alter
Rechtschreibung belassen.

Edition Nautilus
Verlag Lutz Schulenburg
Alte Holstenstraße 22
D-21031 Hamburg
www.edition-nautilus.de
Alle Rechte vorbehalten
© Lutz Schulenburg 2006
Umschlaggestaltung:
www.MajaBechert.de
unter Verwendung eines
Porträts von Brankica
Bečejac (Fotografie von
Gisela Dischner)

Originalveröffentlichung
August 2006
Printed in Czech Republic

1. Auflage

ISBN 3-89401-492-X
ISBN 978-3-89401-492-6

Zu diesem Buch

Brankica Bečejac wurde in Becej bei Novi Sad in Jugoslawien geboren, ging in Hannover zur Schule, studierte dort Germanistik, zog mit drei Freunden weiter nach Berlin, schrieb Erzählungen und Essays, auch Gedichte. Und nach Zeiten, in denen sich alle Türen vor ihr zu schließen schienen, erhielt sie ein Schreibstipendium, gelang es ihr, Texte zu veröffentlichen und ein erstes Buch war erschienen und ein weiteres war vereinbart. Da war ein Anfang, ein Weg zeigte sich.

Sie war gerade dreißig, als ihr Mann Martin C. sie in den Morgenstunden des 14. Juni 2001 erschlug. Und sich erhängte.

Das Buch erzählt von dem Gastarbeiterkind, Tochter eines Werkzeugmachers und einer Arbeiterin, die sich gegen den Status als »Ausländerin« wehrte und mit feinsten Sinnen wahrnahm, wie die Deutschen sie immer wieder zur Anderen machen wollten. Damit sie sich nicht selbst als Fremde im Leben erkennen müssen.

Es ist ein Buch über eine Generation, die von der Gesellschaft nicht willkommen geheißen wird, der nahe gelegt wird, die Ellbogen zu schärfen oder sich in eine Existenz am Rand zu fügen. Brankica und ihre Freunde lehnten solche Aussichten ab, analysierten die Zustände, die menschengerechten Möglichkeiten für sich, für ihresgleichen. Der eigene zu frühe Tod war nicht ausgeschlossen aus ihren Vorstellungen, aber Mord.

Ein großer Teil der von ihr hinterlassenen Texte ist hier abgedruckt. Und Freunde, Freundinnen, von denen manche sie seit Jahren begleiteten oder ihr erst zuletzt begegneten, Hochschullehrer, ihr Vater sprechen von ihr, von der überraschenden Erscheinung, der begabten Frau. Sie versuchen, die Mordtat zu entschlüsseln, nicht ins Schweigen zu verfallen und die Trauer nicht zu fürchten. Das ist die Art dieser Freunde, sich dem ungeheuerlichen Geschehen, dem Verlust, dem schwarzen Rätsel zu stellen.

Hier wird nun die scharfsinnige Schriftstellerin zu entdecken sein, zugleich ist ein Buch der Freundschaft entstanden, die Brankica selbst für etwas vom Kostbarsten hielt.

Marina Achenbach

Texte von Brankica Bečejac

Die Aufgabe. Novelle

Morgen

Da bin ich noch einmal.

Ich bin Leonhard Gast. Mein Name ist ein Zufall. Aber er ist der erste Fall eines Geschenks, das ich erhalten habe. Deshalb nenne und schreibe ich meinen Namen immer noch gern.

Gestern bin ich zweiunddreißig Jahre alt geworden. Würde ich als eine Frau betrachtet, dann lüde man mir vermutlich oft die Bezeichnung zierlich auf. Wie die Dinge aber liegen und gelegt werden, heißt es, ich sei schmächtig. Für beide Worte gilt, daß sie böse gemeint sind.

Ich lebe allein, bin aber kein Single. Ein Single kann sich vor geradlinigen, bündigen Sozialkontakten kaum retten. Seine Wohnung ist weniger ein Ort denn eine Plastik und wenn er in ihr ist, tut er Sachen. Immer zwei, drei auf einmal. Ihm ist nie langweilig. Er träumt verständlich, weil nichts Unverstandenes sein Leben beschwert. Sein Mobiliar kann gerollt, eingeschlagen, gefaltet und eingeklappt werden. Es ist bruchsicher. Er auch. Alles ist leicht. Der Sport als Einzel- und Gruppendisziplin, das Essen, der Gang seiner Gedanken, die Gegenwart, die Arbeit, die vergessene Vergangenheit, die bestimmte Zukunft. Solche Menschen existieren nicht in Wirklichkeit, aber es gibt sie.

Ich bin kein Single. Ich bin allein. Eine Langspielplatte mit noch und noch einem Lied. Manches wiederholt sich unaufhörlich und ich kann es nur aufhalten, wenn ich einhalte. Wenn ich den Atem anhalte. Meiner Leier, einer immer gleichen Leier, den Ton abschneide. Auf diese Weise bin ich zu Notlagen und Zuständen gekommen. Habe ich Verluste erlitten. Aus dem Viel wurde ein Weniger, aus dem Wenigen ein Mindestmaß, das ich endlich unterschritten habe.

Ein Jahr ist es her, daß ich eine Sendung erhalten habe, die zum Lesen bestimmt war. Es war ein Brief, den ich nicht beantworten konnte. Über Entwürfe, halb schlafend hingeworfene Wortreihen, morgendliche Anreden und abendliche Anfänge bin ich nicht hinausgekommen. Eine Zeitlang wäre eine Postkarte noch eine Möglichkeit gewesen. Darauf hätte ein Gruß stehen können und das Versprechen einer Antwort. Schließlich war es auch dafür zu spät. Es hätte mehr, ja, alles Platz finden müssen auf dieser Karte. Aber sie blieb, wenn auch im Kleinformat, ein leeres Blatt. Und die Adressatin eine auf unendlich viele Weisen anzusprechende Andere.

Seither kommen nur noch Drucksachen, formelle Anschreiben, Rechnungen. Die keinen Adressaten brauchen. Bloß ein Etikett. Man sollte diese Waren nicht wie Briefe aussehen lassen. Wenn eins von den Dingern auf seine Vorderseite fällt, führt das zu Verwechslungen, die einer Hoffnung entspringen. Man greift nach dem blanken Rücken des Kuverts. Hält sich daran fest und wird im nächsten Augenblick abgeschüttelt. Wieder einmal ist man darauf hereingefallen. Hat sich locken lassen von einer ausgestreckten Hand, die im letzten Moment zurückgezogen wird. Es ist dann, als würde einem die eigene Hand abhanden kommen. Man weiß nicht recht, wohin mit ihr. Man hat sie den ganzen, den langen Weg zurücklegen lassen. Zuhause ist weit, sehr weit weg. Unbehaust, müde liegt sie jetzt mitten im Raum. Am liebsten möchte man sie vergraben und gräbt sie auch in die Hosentasche. Vielleicht.

Es ist meinem Zustand und meiner Lage geschuldet, daß ich eine gegen niemand im besonderen gerichtete Tatsache als Zurückweisung erlebe.

Lage und Zustand werden sich nicht mehr ändern. Aber es wird einen letzten Ton geben, ein schließendes Notat.

Heute ist Dienstag und die Sonne scheint.

Als ich vor einer Stunde die letzten Papiere, Ausweis, Reisepaß, Geburtsurkunde, einen schweren Stoß loser Notizblätter und die Manuskripte, zum Hausmüll brachte, fühlte ich den ersten warmen Wind. Diese mit dem Winter schon fast vergessene Wärme bewirkt auch bei mir einen körperlichen Optimismus. Als beginne etwas noch ganz Unbestimmtes, aber unbedingt Erfreuliches. In solchen Augenblicken braucht es nicht viel. Wir überqueren eine leere Straße und setzen leicht den Fuß auf den Bordstein. Schon überströmt uns das Gefühl eines glücklichen Überstehens. So blieb ich noch einige Minuten an die mit Waschbeton verkleideten Mülleimer gelehnt und lächelte auf den Pflasterstein der Straße. Das Lächeln lag mir zu Füßen, unbeholfen und klein. Verletzt durch den unvorhersehbaren Sturz aus meinem Mund. So ein Lächeln stirbt schnell und hinterläßt keine Spuren. Alles fiel mir wieder ein und begrub den Tag unter sich.

Noch einmal ging ich durch den Hausflur und las die Warnung unter dem Bild eines Schäferhundkopfes. Hinter der Wohnungstür des Schrotthändlers regte sich der Bewegungsmelder und das künstliche Gebell setzte ein. Seit dem Einbruch vor sechs Jahren ist außerdem das Sichtfenster in der Mitte der Tür vergittert. Jeder im Haus glaubt über diesen Mieter zwei Dinge zu wissen: erstens sei der Einbruch inszeniert gewesen, um die Versicherungssumme zu kassieren, zweitens habe der Mann ein Verhältnis mit seiner Mutter. Den Verdacht auf betrügerisches Handeln hatte er sich durch Maulfaulheit im Flurgespräch und durch ausgiebige Sitzungen im Keller eingehandelt. Ganze Abende und vielleicht Nächte fuhrwerkte er im Untergeschoß des Hauses, wo er sich wahrscheinlich mit einer künstlichen Frau oder Schlimmerem vergnügte. Auch war man sich darin einig, daß kein Mensch, und sei er noch so unsauber, so viel Dreck machen könne, daß eine Mutter drei Mal die Woche für mehrere Stunden zum Putzen kommen muß.

Die Handschrift der Mutter ist klar und leuchtend. Auf der Fensterbank tummeln sich unter einer Spitzengardine Geranien in beigen Übertöpfen mit Goldrand, dazwischen blickt Porzellannippes in die Ferne, ein Kätzchenpaar ist erstarrt im spielerischen Kräftemessen. Wenn die Mutter kommt, werden Schlagerevergreens aufgelegt, in denen eher Fröhlichkeit als Liebe besungen wird. Ich glaube nicht, daß Mutter und Sohn körperlichen Kontakt haben. Sie trägt eine sensible Hochfrisur, die sie wohl seit den Tagen ihrer ersten und einzigen Niederkunft nicht mehr abgelegt hat. Ihre Kleidung ist moderner. Sie zieht mit Vorliebe langkragige Polyesterblusen in starken Primärfarben an und dunkle Stoffhosen mit Bügelfalte. Dazu hautfarbene Nylonstrümpfe und zierliche weiße oder schwarze Sandalen mit Keilabsatz. Ihr Gesicht ist stark gepudert und gefärbt. Dies alles würde auch einen nur freundschaftlichen Körperkontakt nicht überstehen. Allenfalls scheuert sie dem Sohn mit heruntergelassenen Hosen den Küchenboden oder vielleicht sehen sie einander beim Pinkeln zu. Aber warum sollten sie ein Bedürfnis nach solchen Erlebnissen verspüren. Wenn ich den Schrotthändler sehe, dann ist mir unvorstellbar, daß dieser Mensch auch nur ein einziges Bedürfnis, einen Wunsch oder eine Sehnsucht oder einen Gedanken haben könnte. Dieser Eindruck ist mir stets schlimmer erschienen als die Summe der pornographischen Phantasien, die die Nachbarn umtrieb.

Neben dem Schrotthändler lebt ein mindestens goldenes Rentnerehepaar. Beide zeigen Gesichter, die von lebenslanger wirklicher oder bloß vorgestellter Übervorteilung gezeichnet sind. Seit ihrem Einzug ist die Haustür ab 20 Uhr sorgfältig verschlossen. Ihre lauernde Vorsicht hält sie frisch und beweglich. Auf der Straße schreiten sie zügig aus und doch entgeht ihnen nicht, was sie zu sehen wünschen. Sie sind in Eile. Lassen niemanden vor. Zu keiner Zeit und Gelegenheit. Gegrüßt werden nur ranghöhere Hausbewohner, die sich ihre gehobene Stellung durch morgendlichen Austritt aus und abendlichen Eintritt ins Haus erarbeitet haben.

Jedes Mal, wenn ich spät das Haus verlasse, entriegele ich die Haustür schnell und leise und lasse sie hinter mir fest zufallen. Das kostet mich Überwindung und meine ersten Schritte auf der Straße gehe ich stets als Flüchtling.

Unumwundenen Umgang habe ich mit der Kleinfamilie, die in der Wohnung über mir lebt. Das Mädchen ist aus dem Schlimmsten heraus. Sie kann sich jetzt wehren. Ich spreche immer noch mit ihr, wenn ich sie auf der Straße oder in einiger Entfernung vom Haus treffe. Aber nicht mehr, wie früher, jeden Tag. Es fing an, als sie noch sehr jung war, vielleicht zwei oder drei Jahre alt. Nachdem ich einige Male oben gewesen war, um mit Mutter und Vater zu sprechen und nach dem Kind zu fragen, bat mich die Frau, nicht mehr zu kommen. Es würde niemandem und ganz bestimmt nicht dem Kind helfen. Kurze Zeit später brachte sie mir abends häufiger das Mädchen und holte es ab, wenn sie es für richtig hielt. Sie beanspruchte mich niemals über Gebühr. Ich bin Kindern gegenüber nicht scheu. Spreche aber ohne Ansehen ihrer Jugend mit ihnen und rede in ihrer Gegenwart über Dinge, die mich auch interessieren. Das geht manchmal schief. Mit dem Mädchen Marie verstand ich mich schon immer. Was selten geschieht, aber nicht unmöglich ist. Am Anfang unserer Freundschaft ließ ich sie alle Gegenstände in meiner Wohnung anfassen. Mir fiel auf, daß sie eine Sache nur an sich nahm, um sie an mich weiterzugeben. Ihre Bewegungen waren bedächtig und ihr fester Blick traf mich, wann immer es zur Übergabe kam. Bald war ich umstellt von Stiften, Büchern, leeren Flaschen. Später nahm sie dann Dinge mit oder ich schenkte sie ihr. Ich kaufte noch mehr Stifte, Wachskreiden, Tuschfarben und zwei Zeichenblöcke. Während des Malens hörten wir Musik. Sie schlug das Tanzen vor und ich brachte ihr bei, sich in der Musik auszukennen. Die Begegnung zweier Körper wird erschwert durch Voraussetzungen und dramaturgische Regeln, die diese beiden zu erfüllen haben. Mit der Verbindung von Klangkörper und menschlichem Körper ist es nicht anders. In der Musik verbirgt sich dann Mahnung und Drohung, keine Übertritte, Blindgänge, keine Fehler zu machen. Dieser Schrecken führt zur Anmut, jener äußeren Gestalt der Musik. Marie und ich versuchten beide Körper in Bewegung zu halten und auf unsere Unterwerfung zu verzichten. Es gelang uns, weil Marie hier noch nichts zu vergessen hatte und ich alles erinnerte.

Ich bin nicht aus meinem Körper geflohen. Wohl beobachtete ich das Heraustreten der Anderen. Manche sahen schön aus dabei und ich verliebte mich in sie. Nur, das Anfassen gelang nicht. Ich hinterließ Spuren auf ihnen. An Körperstellen, die nicht mehr oder noch nicht zu ertasten sein sollten. Auch in Filmen mag ich es nicht, wenn das Paar von einem plötzlichen Ernst angefallen wird, wenn das Lächeln zitternd in den Mundwinkeln verschwindet. Der Rest ist dann das Ganze. Er greift zu und sie greift hin. Niemand stolpert, vergreift sich, verdreht sich, sagt Moment bitte oder Ich hab da was. Nur in Komödien geschehen solche Dinge und das Paar überwindet im Verlauf der Erzählung diese Widrigkeiten.

Anfangs hatte ich Angst, daß Marie hinfallen, sich den Kopf an einer Tischbeinkante anschlagen könnte. Ich lief hinter ihr her, meine Hand immer in der Nähe ihres Kopfes haltend. Als sie dann das erste Mal im vollen Lauf stolperte und auf den Küchenboden hinschlug, war nicht ich es, den sie für ihre Schmerzen verantwortlich machte. Das empfand ich als sehr großmütig und war dankbar, daß sie mein tröstendes Stammeln und Streicheln empfing. Sie war großäugig und dunkel. Ihr Gesicht verriet eine mir vertraute Anstrengung, alle Dinge in eine heimliche Beziehung zueinander zu setzen und war, anders als bei vielen anderen Kindern dieses Alters, schmal und vollkommen ausgeformt. Diese frühe Reife erzeugte einen sprachlosen Widerwillen seitens der Erwachsenen. Sie hatte davon nur Vorteile und blieb von Zudringlichkeiten Fremder verschont.

Nein, Marie ist nie in meiner Wohnung gewesen. Aber alles andere hat sich so zugetragen.

Ich fühle die Dinge nicht anders. Sie sind mir nicht näher und nicht ferner gerückt. Ich habe immer vermutet, daß es so sein würde. Solange man lebt, kann man sich nicht auf den Tod vorbereiten. Alles in allem ist es ein häßlicher Gedanke, nichts mehr tun zu können.

Und doch.

Seit heute morgen steht es fest. So fest, daß es mir schon jetzt die Luft abschnürt. Als hinge ich bereits am Stahldraht, den ich mir in entschiedener Vorsorge bereits letzte Woche gekauft habe. Aber noch hänge ich nicht an ihm, sondern an meinem schnellen, lauten Herzschlag. Andere würden nun vielleicht beginnen, sich zu erinnern. Ein trostvolles oder gerade besonders jammervolles Resümee ziehen, das ihnen schließlich ebenso eine Erleichterung wäre wie mir meine Diskretion. Ich sitze nur da, schreibe und rauche wie ich es immer getan habe oder jedenfalls schon eine sehr lange Zeit tue.

Wie es mein Anstand mir befiehlt, werde ich nichts zurücklassen. Keine Menschen, Dinge, Tiere oder Pflanzen, die meiner Obhut und Pflege bedürften. Das ist wirklich ein Trost und ich kann – gelassen oder nicht – behaupten, daß dies zugleich der Grund für den Kauf ist.

Eine Sache erinnere ich nun doch, die mich damals einige Wochen quälte. Ich hätte schon da wissen können, daß ich es nicht schaffen werde und wußte es auch auf eine träumerische Art. Eine Art, die den Körper befällt und die Gedanken blutleer, aber deshalb nicht wacher macht. Damals wie heute konnte es geschehen, daß ich mich wie ein beliebiger Mensch über einen ersten Frühlingstag freute. An solchen Erstlingstagen trieb es auch mich von mir fort und hin auf die helle Straße. Dort sah ich eine Frau in einen Blumenladen gehen. Sie lächelte einen Gruß und die Händlerin tat es ihr nach. Die Kundin entzückte sich schnell für ein heiteres Gebinde, was die Besitzerin mit einem zufriedenen Nicken honorierte. Die Ware wurde schnell und doch sorgfältig in Seidenpapier gewickelt. Danach folgte ohne Verzögerung die Geldübergabe. Die Käuferin verbot sich ohne Mühe ein forschendes Graben in ihrem Portemonnaie. Sie hatte es passend. Die beiden Frauen verabschiedeten sich herzlich voneinander und keiner war ein Leid geschehen. Derart ermutigt betrat nun ich den Laden. Hitziger Duft welkender Pflanzen trat mir in den Weg. Sie alle starben schon seit vielen Tagen in ihren Wasserkübeln. Ich erzwang mir einen verschluckten Gruß, der nicht erwiderungswürdig war. Stand dann stier im Geschäft, das bereits keines mehr zu werden drohte. Die Besitzerin verstand sofort, womit sie es hier zu tun hatte. Ein Blindgänger war in ihren Laden gestrauchelt. Einer, der sein Ziel verfehlt, weil ihn die Anmutung bedrängt, es könne am Ende doch das falsche sein. Wohl deshalb traf mich ihre Frage nach meinem Wunsch schneller als andere. Ich konnte ihr lange keine Antwort geben. Wies statt dessen mal in die eine und dann in die andere Richtung. Dazwischen spie ich aus meinem nassen Gesicht Worte, die eine Schonzeit erwirken sollten. Die ihr bedeuten sollten, daß ich bemüht war. Wenngleich wir beide wußten, daß meine Mühe bloß eine Folge meiner Untauglichkeit war. Aber das Ende der Besitzerinnengeduld war längst eingetreten. Na, junger Mann, wird's heute noch was. Für wen soll es denn sein. Freundin? Mutter? Also, eigentlich für mich. Ach. Auf ihren erpreßten Ratschlag hin erwarb ich etwas Gelbrotes und bezahlte mit mühseligem Silbergeld. Ich ersparte es mir nicht, einen Abschiedsgruß zu hinterlassen, der aber übertönt wurde durch das Begrüßungswort eines frischen Kunden und der fröhlichen Gegenrede der Verkäuferin. Ohne weitere Befehle abzuwarten, lief ich nach Hause. Dort angekommen, versprach ich den Gelbroten, für sie zu sorgen.

Ich habe die Blumen weggeworfen. Noch am selben Tag. Ich erinnere mich, wie die feinen, sauberen, erbleichenden Blütenköpfchen aus dem stinkenden Abfall zu mir hinaufstarrten und ich schnell den Deckel ihres dreckigen Sarges schloß. Wer sagt mir, daß es mir mit einem Hund nicht ebenso gegangen wäre.

Einen Hundekauf habe ich nie erwogen.

Der Stahldraht liegt ordentlich aufgerollt neben meiner Schreibhand. Das ist ein wenig theatralisch, denn ich sterbe heute nicht, weil ich zum Ende feststelle, daß ich kein poetisches Genie bin. Der Genius ist nichts als eine Idee, die die Kunst von den Menschen fernhalten soll. Das Genie hat in einer Einzelhaft zu leben. Verwundet und verwundernd soll es in der Welt stehen, die nicht die seine ist. Steht es öffentlich im Dienst der Nutzlosigkeit, dann gehört es stets der Vergangenheit an. Es erinnert uns, es ist unsere Erinnerung, die wir brauchen, aber nicht gebrauchen können. Genies dieser Art zeigen uns Nichtigkeiten und verbinden diese auf eigentümliche Weise mit Dingen, die auch uns wichtig sind. Die Verbindung bricht jedoch ab, wenn wir wieder allein gelassen sind. Über ein Staunen gleiten wir später ins Vergessen, an dessen Ende das große Unverständnis steht. Und die Gewißheit, daß man sich dieses Leben auch und vor allem leisten können muß. All dies ist mir seit langem bekannt. Trotzdem war mein Fall schwer und wird immer schwerer. Denn noch etwas anderes ist unabweisbar geworden.

Es liegt nicht im Bund mit romantischen Zeichen einer unentdeckten Größe. Ich weiß vielmehr, daß die Welt mich gewittert hat. Ich bin bereits erkannt und mein Erscheinen ruft nichts hervor. Keinen Zorn, keine Empörung, kein kompliziertes Schweigen oder Sprechen. Auch keine einfachen Worte oder Gesten, die mich für einen kurzen Moment belangvoll machen könnten. Sie haben sich entschlossen, mich zu verschweigen, mich unbegnadigt abzustellen auf ein Nebengleis, das ihres nie berührt. Dicht fahre ich an ihnen entlang und vorbei, ohne auch nur am Rande ihrer Träume aufzutauchen.

So bin ich ein Überlebender geworden, der sein Glück mit niemandem teilen kann. Denn die Katastrophe, mit der mein Tag beginnt und endet, ist zu eigenartig, als daß sie ein Zweiter mit mir teilen könnte.

Aber nein.

Tatsächlich bin ich vergleichbar mit allen, die bekannt sind und allem, das wir kennen. Nur deshalb schreibe ich. Und unterscheide mich nur darin, daß mir all das Bekannte einer Anhörung wert ist. Es sind nicht die großen Fragen, deren mangelnde Beantwortung mich ruhelos macht. Wir alle sind gemästet mit den Antworten und nicht eine macht uns klüger. Es sind die Randnotizen, das zur Seite Gesprochene, die unbesonnene Geste, deren Existenz und Wirken mich heiter stimmen. Hier erfahre ich etwas.

Ein Beispiel.

Es ist Sommer und ich habe Geld, das mir das Liegen an einem Strand ermöglicht. Der Sand ist fein und kitzelt mir die Hand, wenn ich darüber streiche. Die Wolken ziehen vorüber. Rasch ändern sie die Stimmung des Tages, wenn sich einige zusammenfinden, um die Sonne vor meinem Körper zu verbergen. Dann fällt mir der Hotelpreis ein, das Nahen eines langen Endes, an dessen Anfang ich mich immer schon befunden habe. Auch am allerersten Urlaubstag.

Aber bevor ich mich müde aufsetzen will, ziehen die Wolken weiter und das Licht fällt wieder auf alle Dinge, und warm umfangen lasse ich den Kopf wieder sinken. Neben mir liegt ein Vater, die Arme im Nacken verschränkt, um einen behutsamen Blick auf seinen Sohn werfen zu können. Der Sohn ist ein kleiner, schmaler Junge von vielleicht acht Jahren. In der Rechten hält er einen Plastikeimer, in der linken eine kleine Schaufel. Er ist auf Quallenjagd. Unablässig stürmt er das flache Wasser, versenkt ein Tier in seinem Eimer, gräbt ein Loch im Sand, legt die Qualle hinein und schüttet das Loch sorgfältig zu. Niemand hilft ihm bei seiner Arbeit. Dem Vater wird über jedes entfernte Tier Bericht erstattet. Der Junge ist empört über die Vielzahl des tierischen Unrats. Der Vater winkt müde und der Sohn beginnt noch schneller zu arbeiten. Der Vater schenkt einer Frau sein Lächeln, die ihr Badetuch mit niemandem teilt. Der Sohn bemerkt etwas. Alleine kann er die Fangquote nicht erhöhen, aber weit und breit ist kein Kamerad auszumachen, der seine Befehle entgegennehmen und auch sinnvoll ausführen könnte. Der Vater muß helfen, damit alles beim Alten bleibt und das Wasser wieder sauber wird. Der Vater läßt sich nicht ablenken. Entschuldigend wirft er ein Lächeln zum nachbarlichen Badetuch hinüber. Drei winzige Mädchen stehen noch am Rand der Handlung. Vorsichtig schieben sie sich in die Nähe des Jungen. Sie folgen ihm auf seinem schnellen Weg vom Wasser zum Sand. Sie fragen ihn nach Inhalt und Sinn seiner Unternehmung. Mit einem Blick erfaßt er, daß die drei auch für eine nur subalterne Tätigkeit nicht taugen und beläßt es bei dem Blick. Aber die drei finden auch ohne Antwort bald das Nötige heraus und beginnen ihren Befreiungskampf. Die Gräber werden geöffnet, die Todgeweihten liegen schwer auf den Armen der Mädchen. Ihr jubilierendes Lachen umwirbt mich, daß ich auch lächeln muß. Mit ihrem Freudenruf *Die Kleinen müssen leben* entlassen sie eine nach der anderen. Sachte lassen die Winzlinge ihre Fracht ins Wasser gleiten. Die Geretteten erfahren nur eine kurze Andacht. Noch liegen Freunde auf dem Trockenen, die die Mädchenhände bergen müssen. Anfangs rennt der Junge von einer zur anderen und weist sie zurecht, mit geradem Rücken und gehobenem Arm. Er spricht Verbote aus, mit einer Stimme, die er kennt, aber die nicht die seine ist. Als er sieht, daß seine Weisungen nur eine um so beherztere Aktivität bewirken, verlegt er sich aufs Argumentieren. Er schlägt sich mit der Schaufel an das eigene Bein, weil er Kleinere nicht schlagen darf. Stellt er sich einer, mit den werkzeugbeschwerten Händen, in den Weg, sind noch zwei andere zur Stelle, seine Arbeit zu vernichten. Er hat doch nur zwei Hände. Er ist doch nur Einer und ein Kleiner. Schließlich läßt er die Schultern fallen. Ein verlorener Junge steht im feinen Sand. Der Vater sitzt am Rand eines fremden Badetuchs. Er zündet erst der Frau und dann sich selbst eine Zigarette an. *Die Kleinen müssen leben* schlägt es schon ferner an sein Ohr. Sein Atem übertönt den Mädchenruf, in den er eingeschlossen ist. Eine ohnmächtige Langeweile legt sich auf seinen schmalen Körper. Er beginnt ein Loch zu graben, gerade dort, wo er steht.

Ich bin als Kind mit meinem Tier draußen gewesen und habe es fressen lassen. Stets behielt ich es im sanften Auge und war wachsam. Hunde, vor denen ich ohne ein mir Schutzbefohlenes Furcht gehabt hätte, jagte ich mit tiefgestellter Stimme fort. An den Hunden hingen Menschen, die zu führen glaubten, was sie zog und die auch bloß einmal spielen wollten. Ein Blick auf ihre gierigen Hände machte es mir leicht, ein Verbot auszusprechen. Während Lena fraß und ein bißchen umherrannte, deklinierte ich erfundene Verse, hielt erschütternde und einschüchternde Monologe und sang. Meist sentimentale Schlager in unbekannten Sprachen. Ich war elf Jahre alt, aber die Ausflüge mit meinem Tier zeugten ein Gefühl in mir, das mich die Dürftigkeit meiner Lage vergessen ließ. In diesen Stunden war ich viele und ohne Maß. Noch unentdeckt würde ich bald Unzähligen alles bedeuten. Oder auch niemandem nichts. Lena war es gleich. Sie kam gelaufen, ob ich ihr von meinem Untergang oder Triumph erzählte.

Lena war ein Meerschweinchen mit schwarzglänzendem Fell und dunkelblauen Augen. Später ergraute sie um die Schnauze. Erblindete auf dem rechten Auge und wurde so leicht, daß ich ihr Gewicht kaum spürte, wenn ich sie im

Arm hielt. Aus unseren Ausflügen wurden kurze Spaziergänge. Meist lagen wir beieinander unter der Kastanie. Ihr Kopf ruhte in meiner Armbeuge. Ich spürte ihren kleinen warmen Atem an meiner Haut. Manchmal bewegte sie sich jäh, als sei sie in ihren mir verborgenen Träumen auf der Flucht. So schlief sie und schlief immer mehr. Mit einem Löwenzahnblatt im Maul war sie gestorben. Ihrem liebsten Grün. Während ich, weit weg, in einem Landschulheim die Augen nicht schließen konnte in der Nacht und am Tag einer Gruppe jugendlicher Wanderer hinterherschlich.

Lenas Todesart erheitert mich bis heute. Auch für sie war der Tod keine Tatsache des Lebens.

Mittag

Es ist Mittag. Der Postbote hat mir einen Brief gebracht, der keiner ist. Das fünfzeilige Schreiben muß einmal jemand aufgesetzt haben. Vor zehn oder fünfzehn Jahren. Eine ältere Fassung unterscheidet sich von der heutigen wohl durch die Art der Herstellung. Ich stelle mir gern vor, daß eine, wenn auch fremde, Handschrift, die besagt, daß es nichts zu sagen gibt außer einem Nein für alle meine Sätze und Zeichen, mich physisch weniger angriffe. Hingegen fühle ich mich dem Resultat leichtesten Tastendrucks nicht gewachsen. Ich bin nicht in der Lage, mich körperlich in Beziehung zu setzen zu der beinahe vollständig glatten Oberfläche des Schriftstücks. Jeder Buchstabe hält den gebotenen Abstand zu seinem Nächsten, noch die feinsten Serifen sind vollendet ausgefüllt. Das Schreiben trägt keine Unterschrift. Es ist ohne Anschein einer Antwort. Ein Brotkrumen in der Faltung des Papiers, ein kleiner Riß am Blattrand, die Spur eines winzigen Versehens – wie tröstlich wäre das. Aber dies sind phantastische Überformungen eines Problems, das nicht physiologischer, sondern sprachlicher Natur ist.

Und doch.

Ein Text ist ein Körper. Es kann geschehen, daß noch die Rauhheit der Stimme aus ihm herausklingt, in uns ein Singen anhebt, ein Lied diesseits des Wortes. Wir können es

20

spüren wie einen festen Griff um unsere Schultern. Ein Gehaltenwerden im anbrandenden Schmerz, wenn die betäubende Wirkung der Angst nachläßt. Niemand kommt heil heraus aus der Erstarrung, und die erste Bewegung auf ein anderes zu, auf einen unvertrauten Satz ist die schwerste. Ungelenk im Gebrauch der Sprache, steht am Anfang ein Stolpern und Fallen. Eine Ungewißheit, die uns sichtbar macht auch vor den andern.

Ich bin nicht immer alleine gewesen. Im Gegenteil.

Genaugenommen bin ich auch heute nicht allein. Es gibt immer noch genügend Gesichter, die ich mir gern ansehe. Ich kann das in aller Ruhe tun. Man duldet meinen Blick, weil man ihn nicht bemerkt. Vielleicht könnte ich Raubüberfälle in großem Maßstab ausführen. Und das, ohne mir eine Maske über den Kopf zu ziehen. Niemand würde sich an mich erinnern. Eine polizeiliche Untersuchung, die sich auf Zeugenaussagen stützen wollte, wäre sinnlos. Die grobkörnige Schwarzweißaufnahme der Überwachungskamera würde bloß für Verwirrung sorgen. Bald stünde das halbe Dezernat unter Verdacht. Besonders jene mit der Aufklärung betrauten Beamten, die sich durch ihre herausragende Stellung im Fall gefeit fühlten. Dieses Raffinement hätte man schnell durchschaut. Man würde mich zuletzt kaum von sich selbst unterscheiden können. Kurz, die Sache würde ungewöhnlich rasch zu den Akten gelegt und schnell vergessen werden. Man könnte sich auch einen anderen Verlauf vorstellen. Wonach die Sache nie ein Ende fände. Zunächst würde die Affäre nicht an die Basis dringen. Die Streife muß nichts erfahren von möglichen Verfehlungen der Spitzenkräfte. Kommissar Griebenbach, Junggeselle und Gewerkschaftsmitglied – manche sagen, sogar Aktiver bei den Kritischen PolizistInnen –, wäre eine Zeitlang Hauptverdächtiger. Aber Griebenbach ließe sich nicht lumpen. Er ist ohne Not Polizist geworden. Allenfalls aus Gewissensnot und er kennt seine Pappenheimer. Er würde seinen Intimus Strasser auf den Kollegen Vinnhorst ansetzen, der Vater von drei schulpflichtigen Kindern und verschuldet ist. Das Haus fresse ihn auf, läßt er die Wache täglich wissen. Vinnhorst bemerkt, daß Strasser sich unberechtigt für ihn interessiert. Für die Hypothekenzahlungen, mögliche berufsverwandte Nebentätigkeiten (hier liegt Strassers Hand kurz auf Vinnhorsts Schulterpartie), sogar für seine Älteste, die bestimmt hohe Telefonrechnungen verursache. Vinnhorst verneint. Das Mädchen würde Zeitungen austragen und bereits seit zwei Jahren für Extras selber aufkommen. Soso. Da ist es aber schon zu spät. Wer Ungemach auf sich zieht, wird wissen, warum. Vinnhorst geht in die Offensive. Da er Griebenbach nicht an den Karren fahren kann, ohne selbst steckenzubleiben, zeigt er auf Bieber, genannt Biber. Der ist Streifenpolizist. Erst seit letztem Sommer und auf eine oberflächliche Art beliebt. Ja, er nehme die Dinge auf die leichte Schulter. Auch habe er mehrfach behauptet, daß er manchmal verstehen könne, wenn einer nicht mehr wolle, wie er soll. Und nein, er habe sich noch nie auf die Freiwilligenliste für die Sonderschichten eintragen lassen. Unter Zwinkern wird abschließend auf die besondere Art seiner Geselligkeit angespielt. Was nun allerhand einschließt. Sie verstehen?! Bieber hingegen würde nicht lange fackeln. Alles auf eine, seine einzige, Karte setzend, würde er der Zeitung einen Tip geben. Griebenbach würde nicht namentlich erwähnt, aber durch feine Details kenntlich gemacht. Strasser würde nun vorsorglich abrücken. Vorsorge ist sein Steckenpferd. Auch ist er verheiratet und hat auf Drängen seiner Frau (jetzt behauptet er aus Hochherzigkeit) ein Kind brauner Hautfarbe adoptiert. Es ist recht hell für seine Verhältnisse und aus denen es stammt. Außerdem sehr hübsch. Vor allem die Nase ist fast europäisch. Das sagen alle. Die Katze nie im Sack kaufen. Adoptionen sind in dieser Hinsicht Geburten überlegen. Griebenbach, schon immer ein Individualist, würde ob dieses Verlaufs niemanden mehr schonen. Geschickt lenkte er das gespannte Augenmerk auf Kriminalrat Fistel. Der verwitwet ist und eine Vorliebe für kleine Hunde hat. Vier leben in seinem Haushalt, für weitere sieben hat er die Patenschaft übernommen. Fand man das früher rührend (denk dir nur, der Alte), stellt man jetzt Fragen. Die Tiere haben alle einen weitverzweigten Stammbaum. Wenn man Fistel läßt, und man tut nichts anderes, dann gerät er ins Schwärmen. Fistel ist erst hilflos, weil er an ein Ablenkungsmanöver glaubt. Als er merkt, daß sich nichts Ernstliches hinter der Anschwärzung verbirgt, leitet er ein Disziplinarverfahren wegen Befugnisübertretung in Sachen Vinnhorst gegen Strasser ein. Weil Griebenbach ein guter Mann ist und das Ressort Diebstahl auf Typen wie Strasser verzichten kann. In Wahrheit ist es nur, weil Griebenbach etwas weiß über Fistel. Es hat nichts mit den Hunden zu tun. Strasser schließt sich daraufhin ganz eng an Griebenbach an, der wiederum auf solche Freunde keinen Wert legt. Strasser verliert alles, bekommt aber das Sorgerecht für Ninjo, was er nie zu hoffen wagte oder gar wünschte. Unterdessen haben die gemeinen Ermittler alle Hände voll zu tun. Stündlich gehen ungeheure Mengen von Anzeigen ein. Paare entzweien sich, Familien werden ihrer vertraulichen Grundlage beraubt. Auch Selbstanzeigen sind keine Seltenheit. Bald bersten die Büros vor Untersuchungsakten. Als schließlich ein hoher Regierungsbeamter, ein gewisser Eduard Bolz, ins Gerede kommt, scheint die Angelegenheit doch noch ihrem gerechten Abschluß zugeführt zu werden. Die finale Beschuldigung eint nicht nur das Dezernat und die vielen schlechtbezahlten Hundertschaften. Sie bewirkt ein landesweites Kopfnicken. Mal wieder. Immer noch. Immer die Gleichen. Andere fühlen Kameraderie. Da legt einer mal selbst Hand an. Und von welchem Schlipsträger kann das schon behauptet werden. Eben. Indes wird Bolz alles Erdenkliche nachgewiesen. Manches datiert aus den Jahren vor der Republikgründung und ist schon gar nicht mehr wahr. Bloß den Raub, so beweisen die Nachforschungen, kann er nicht begangen haben. Zur Tatzeit befand er sich ohne Zweifel und berufliche Notwendigkeit im Ausland. Währenddessen säße Griebenbach still, ganz still in seinem Zimmer und erwöge zum ersten Mal eine hypnotische Sitzung. Diese könnte helfen, seine vergrabene Erinnerung zu bergen, wo er das Geld versteckt habe. Und nicht nur vor Griebenbachs Tür träfe man auf diese kontemplative Aura.

Aus alledem ließe sich ohne Zweifel ein Roman, ein Kassenschlager machen.

Aber ein Überfall (oder Roman) ist trotz der schönsten Aussichten auf Erfolg undenkbar. Schließlich ist er nicht nur irgendein Fall. Vielmehr der Fall der Fälle. Eine soziale Tat von horrendem Ausmaß. Eine radikale Interessensbekundung für mich und gegen ein anderes. Immer würde ich es vorziehen, dem oder der Bankangestellten mit verbundener Höflichkeit zu begegnen. Für diesen Augenblick wäre ich an meinem Platze. Sehr angenehm wäre ein Einzahlungsvorgang. Er würde meinen guten Willen und meine Möglichkeit bezeugen, daß ich geben kann. Mehr noch, daß ich Überschüsse mit mir herumtrage, die ich an meine Nächste – und sei es eine Bank – weiterreiche. Glücklicherweise sind Abbuchungen heute kein Problem mehr. Der Maschine ist es gleich. Selbst wenn ich wollte, es befindet sich kein Schlitz auf ihrer Armatur, in die ich meine Scheine stecken könnte.

Bis ich in die Krippe kam, habe ich mir über solche und ähnliche Dinge keine Gedanken gemacht. Ich hatte wenig Umgang mit meinesgleichen und lebte, wie andere auch, in einer mir unverständlichen Welt.

Da waren zwei Menschen. Beide sah ich regelmäßig. Die eine war den ganzen Tag bei mir. Sie trug mich drinnen auf ihren weichen Armen. Wenn sie mich spazierenfuhr, sah ich sie nicht. Da ich im Wagen über Brust und Beinen gegürtet war, fiel es mir schwer mich umzudrehen. Einige Male gelang es, kostete mich aber viel Kraft. Meist schlief ich rasch und für lange ein.

Den anderen sah ich nur durch schon brennende, glasige Augen erhitzter Müdigkeit. Meinen abendlichen Kampf gegen den Schlaf verlor ich. Die Gegner meines Wachseins waren übermächtig.

Später wurde aus den beiden Mutter und Vater. Zu Hause.

Der stille Rücken meiner Mutter, die am Fenster steht. Was denkst Du. Nichts, gar nichts.

Abends der Vater. Fröhlich. Ich fliege über seinem Kopf. Er fängt mich auf, gerade noch. Ich lache. Mein Lachen macht uns glücklich. Würde ich weinen, wäre alles umsonst. Nach einer zu kurzen oder zu langen Weile ist Schluß. Ich liege in meinem neuen großen Bett. Ich werde in es reinwachsen, heißt es. Auch in manches Kleidungsstück und die neuen Schuhe. Vor dem Reinwachsen habe ich unbestimmte Angst. Die Stimmen aus dem Wohnzimmer mal laut, mal leise. Schüsse, jagende Wagen. Stille. Sie wird so lang, daß Mutter aufsteht. Willst Du noch ein Bier. Ja. Wenn wieder gesprochen wird, kommt sie zurück. In der anderen Hand ein Glas Mineralwasser. Am Grund des Glases zerfällt eine Tablette. Sie könnte auch wegsehen, wenn zwei übereinander liegen und die Zunge im Mund des anderen verschwindet und wieder auftaucht. Aber sie will nicht sehen, daß und wie er zusieht. Deshalb muß sie sich in Bewegung setzen. Ihren Körper einem unverfänglichen Gebrauch zuführen. Er soll ihr nicht nachsehen und tut es auch nicht. Ihm ist auch klamm.

Noch später Stimmen im kakophonischen Quartett. Laut und schnell. Etwas geht schwer zu Boden. Es ist nicht Mutter, sondern der alleinstehende Sessel, den Vater umwirft, um sich nicht auf Mutter zu werfen. Weinen. Beide weinen, aber nie gleichzeitig. Eines muß stark bleiben. Klar im Kopf. Vater weint oft, Mutter selten. Er hat mehr zu bedauern. Seine Taten, seine Untaten, sein Glücken, das stets gegen die andere durchgesetzt ist. Was hast Du aus mir gemacht, sagt sie. Was ohne ihn aus ihr geworden wäre, weiß sie nicht genau. Und ist auch nicht mehr wichtig.

Wenn wieder nur die Schüsse und die fremden Schreie zu hören sind, schlafe ich ein. Jede Nacht alpträume ich und verstehe meine eigenen Träume nicht. Mutter und Vater sitzen an meinem Bett. Na, jetzt schlaf einmal wieder. Ist ja alles in Ordnung. Siehst Du, Leonhard. Ich sehe, daß sie es vermeiden, sich anzusehen. Genau gesagt, sehe ich, wie Mutter zurücktritt, um Vaters Hinterkopf anzuschauen. Bevor ihre Augen langsam weiter wandern und ich erfaßt bin. Hier, über Vaters Kopf hinweg, empfing ich zum ersten Mal ihren offenen, ihren verschleierten, ihren bittenden Blick.

Die Güte eines Kindes kennt keine Grenzen und ist in Wahrheit Angst, die nicht aufhört, sondern eine Gestalt bekommt.

Ich habe von meinem Nachtlager aus hinter meiner Mutter nur Dunkelheit gesehen und in ihr keine Gegenstände, die mir ein Halt gewesen wären.

Schön war es, wenn sie allein kam und meine Hand nahm

und ich die ihre. Eine trockene, warme Hand. Mit nichts anderem im Sinn als meine Worte aufzufangen, festzuhalten bis auch das letzte noch gesagt war.

Einige Wochen darauf begann mein ernstes Leben. Begann die wirkliche Qual und der Schmerz. Ich kam zu meinesgleichen. Mein nie endender Einlauf zum Eintritt in die Gesellschaft nahm seinen Anfang. Hinaus aus dem mythischen Land, wo ich ein anarchischer Troll war unter Menschen. Wo ich der einzige Mensch war unter traurigen Riesen. Ich kam zu den Menschen, und darauf konnte mich kein anderer vorbereiten.

Spiele. Vom allerersten Tag an. Meine Fische fliegen. Ich bestehe darauf. Ich schaffe es nicht, vom Pranger herabzusteigen. Zuvor müßte ich den Wettlauf um den rechten Platz gewinnen, wonach ein anderes auf dem Richtplatz stünde. Niemand erklärt mir, warum wir Gerichtete sind. Warum wir durch das Richten anderer aus Unerwünschten Erwünschte werden. Ich spüre keine Schuld und keine Reue, solange ich den inneren Kreis nicht verlasse. Auch nach Jerusalem komme ich nie. Nach der ersten Runde bin ich tot. Ich lache nicht, aber drehe mich um, weil ich es nicht mag, daß eines sich müde läuft, immerzu und wieder im Kreis. Dafür setzt es was. Schläge auf den Rücken, der hier Buckel heißt. Manchmal schlage ich zu, ohne daß wir spielen. Ich bin schwierig und ein Langweiler. Aber es liegt nicht an mir. Ich bin nicht verantwortlich. Bin bloß eine Wiederholung, ein Ausdruck, eine Folgeerscheinung. Schlimm ist es auch, wenn die anderen schlafen. Die schlafen, obwohl der Tag draußen, hinter den dunkelbraunen Vorhängen, hineinzubersten droht in den Ruheraum. Weil so ein Tag ein Recht hat, gesehen zu werden. Ich schaue durch den Spalt meiner Augen in den dünnen Riß Tages, der durch die verfrüht verhängten Fenster scheint. Ich höre eine Menge. Singende Fische mit langen Flossen und spitzigen Mäulchen. Manchmal stürzt einer gegen die glasharte, starrende Luft unserer Fenster.

Der Atem der Schlafenden senkt sich auf mich nieder. Ich halte das lange aus, bis zum Rand der Wölbung meiner Lungen. Dann aber wäre weiterer Aufschub mein Verhängnis. Für das Pflegepersonal, die Gärtnerinnen, bin ich ein allzu zartes Pflänzchen, wie ich da so am offenen Fenster stehe. Oder auch wildes Unkraut, daß das Gedeihen der kaum Knospenden stört. Dabei bin nicht ich es, der Wucher treibt mit unserer Zeit. Ich schreie der Gärtnerin zu Sehen Sie, die Keimlinge liegen bleich wie liebe Tote! Lassen Sie ein Licht herein und kühlenden Wind, daß sie sich erfrischen daran und aufrichten in ihren Beeten. Ich sagte das wirklich. Heraus kam aber Nein, nein. Nicht wieder ins Bett. Bitte. Sorgfaltspflicht hat sich gegen Verführungen dieser Art täglich zu behaupten. Keine Extrawurst. Hopp. Hopp. Kleiner Mann. Also stopfen sie mich zurück in meine Pelle, die mit jeder Ausfahrt enger wird. Später sitzt sie meist wie eine zweite Haut.

Was hält ein Leben zusammen? Die Erinnerungen, die angeblich trügen? Weil die Jahre verrutschen, sich ineinanderstülpen. Auseinanderliegendes zusammenschmilzt zu einem Augenblick. Für manches findet man keine Zeugen. So ist es nicht gewesen. Aber doch. Wer sagt das? Ich. Du? Ja. Ach, Du träumst doch!

Was hält ein Leben zusammen? Die Träume, die bloß einer erhitzten Phantasie entspringen. Einem Zuviel oder Zuwenig. Wer hat Dir denn das erzählt? Wann, wie, wo genau soll das gewesen sein. Genau? Siehst Du und Selbst wenn. Vorbei ist gewesen. Einmal muß Schluß sein. Am besten gleich. Gleich am Anfang.

Trudi (Gertrud) stößt Bille (Sybille) draußen vor der Tür zu unserem Ruheraum in die Seite, die Schokoladenseite. Bille tröstet sich abends selbst. Sie ist eine Süße. Die Kleinen gucken ausgiebig auf ihre Körpermitte. Die Größeren finden Worte, die sie aus den Ecken und an den Kanten ihres Zuhauses aufgeklaubt haben. Die kleinen Jungs wissen es nicht besser. Die kleinen Fräuleins schneiden sich in zukünftig eigenes Fleisch. Was Bille ihnen durch verminderten Blick- und Körperkontakt zu verstehen gibt. Das wäre ja auch noch schöner. Alles in allem bleibt alles im Rahmen. Die Arbeit mit Kindern macht beiden Spaß. Der Spaß kommt von der

Arbeit, nicht von den Kindern. Trudi, ein klein wenig ärgerlich, stößt ein zweites Mal zu, da Bille auf den gesprächseinleitenden Stoß nicht reagiert hat. Das nachfolgende Gespräch ist nicht das erste seiner Art. Von Hilflosigkeit ist die Rede. Auch von einer Wut, die noch nicht zum Ausbruch gekommen ist, aber als mögliches Gefühl angesprochen wird. Kindliche Phantasie ist eine feine Sache, aber dieses tägliche Theater mit unserem kleinen Freund? Ist denn wohl doch Resultat einer besonderen, nun, Begabung des Kindes.

Es werden – an Ort und Stelle – Grenzen gezogen. Zum Schutz des eigenen Selbst, das hier zum letzten Mal unschuldig in die Schußlinie geriet.

Trudi ist schlank und hat deshalb mehr Lebensfreude als Bille. Die viele Freude macht, daß Trudi immer noch mehr leben will. Auch sonn- und gerade feiertags. Sie ist immer offen und das nicht nur für zahlende Kundschaft. Das kann sie sich durch ihre Tätigkeit im Kinderladen leisten. Denn Kinderarbeit heißt Geben und Gegebenwerden. So ist sie ein reicher Mensch. Sie sagt Die Kinder beschenken mich doch auch (was wahr ist). Mit ihrem Lachen, ihren strahlenden Augen (was Folklore ist). Aber auch Trudi hat einen Ladenhüter. Der ist ganz klein und abgenutzt, weil er in Gertrud herumgestoßen wird von einem Ende zum andern. Es ist ein altes Stück. Gertrud hat es sich in ihren frühen Tagen eingehandelt. Es bewegt sich in ihr als Bauchweh, als Kopfschmerz. Als Angst vor Mäuseschwänzen, die sie sich nur vorzustellen braucht, um herumgerissen zu werden. Weg von der Taghelle eines gesunden Lebens, in dem das Tier ein Bückling ist. Hin zu einem dunklen Schwindel, der sie fühlen läßt, sie habe und sei Einlaß und Brutstätte für den Unrat. So starke Bewegung fordert einen Ausgleich. Sie muß die anderen, die Kinder, von einem Fleck weg zu einer Stelle bewegen, ohne sie zu berühren oder berührt zu werden. Sie mimt für sich und die Welt die große Freundin. Sie versteht die Kinder nicht minder als sie sich selbst versteht. Und wirklich. Ich kann mich nicht erinnern, daß eines von uns sich ihr nicht mit Absicht und gedungenem Geleit genähert hätte. Mit einer Kinderfrage, einer Denunziation, mit einem

heimlichen Wunsch. Mit einem Schabernack, einem necken-
den Wort gegen jene, die noch Schlimmeres verdienten. Wer
Trudi als Gefährtin verlor, als Zwilling seiner Selbst, der lebte auf Widerruf im Schatten ihrer Großmut. Und mußte sich
bewähren und gewahrte, daß jeder Gnadenakt ein Schuld-
spruch war für längst vergessene Taten. Wir waren auf der
Hut vor ihr und hüteten diese Vorsicht, die unser Schild war.
Unser Wegweiser. Gab sich eines keinen Anschein von einem
blanken Daseinsanfang, dann wurde es von ihr besonders,
gesondert bevorzugt. Die große Liebe fürchteten wir als ein
Mal, das uns brandmarkte als Idiot der Gruppe. Die Auf-
wendungen, sich hiernach ins Spiel zu bringen, waren ohne
Maß.

Da ich weder Trudis Liebe wollte noch mein Ziel im Spiel
fand, dachte ich mir etwas aus. Etwas drittes, einen dritten
Weg.

Was tut eines, wenn es kein Vorzugskind und kein Ab-
schaum sein will?

Als kleiner Freund, als Freundchen, war ich schon sehr
weit auf die Seite des Abfalls geschlagen. Manchmal rutsch-
te eines ab und geriet für einige Stunden oder Tage auf meine Seite. Aber Müll vereinigt sich nicht, wenn noch Hoffnung auf Wiederverwertung besteht.

Die Gärtnerinnen verstanden sich auf die Anreizung dieser Hoffnung. Nicht etwa, indem sie eine Ausgangssperre
erteilten, den Nachmittagsdämmer verlängerten oder die
Verwendung bereitgestellter Spielwaren verboten. Nein.
Stattdessen nahmen sie sich, was sie aus dem Ideenlager ihrer Zeit gebrauchen konnten. Die eine überließ das Kind
ohne Wenn und ohne Aber sich selbst. Das Wenn und das
Aber übernahm die andere. Das Kind in der Mitte ein
schwankender Halm. Herausgezerrt und wieder eingegraben.
Ganz aus Versehen übersehen, um im nächsten Moment als
Einzelnes unter Gleichen herausgestellt zu werden. Reichte
es nicht heran, so blieb es, wo es sich verdientermaßen hin-
gebracht hatte. Schließlich. Wenn es alt genug war, eine
Schuld zu tragen, so konnte es auch ein Problem minderer
Natur selbst lösen.

Langte es mit kleiner Mühe an das Begehrte, so war der

längere Hebel über der Schulter und das Betroffene wurde vertraulich in die Kinderfaust gezwungen. Schließlich. Wenn es jung genug war, eine Dummheit zu begehen, dann konnte es auch in kleinen Dingen nicht selbst für sich sorgen. Auf diese Art blieben Bille und Trudi in Deckung. Während die Bodentruppen zu ihren Füßen vergebens Schutz suchten. Sie konnten ihn nicht beieinander finden. Wir wußten bereits, daß man uns in jeder Stunde, zu jedem beliebigen Zeitpunkt trennen konnte. Wir hatten schon erlebt, daß eines von uns verschwunden war und nicht wiederkam. Wir waren bedrängt und betrogen worden, angeschwärzt und angelogen von unserm Nächsten. Weil wir uns und unsre Lage kannten, konnten wir einander nicht um Hilfe bitten.

Hier kam meine Stunde und schlug mir als mein Stündlein, wenn ein Kind sich vergaß. Wenn es seinen Schild wegwarf, nicht aufhörte zu brüllen, zu fragen, zu würgen, zu fluchen, zu schlagen. Wenn es sich mit dem Kopf voran auf den Boden warf. Wenn es Stunde um Stunde das Gleiche wollte, was es nicht konnte oder sollte.

Was die anderen an sich als anfallsweisen Ausbruch erlebten, wurde mir als mein Zustand attestiert. So kam ich zu meiner Existenz, die wertvoller nicht hätte sein können. Ich war der einzige, den man nicht wegschaffen konnte, ohne der Gruppe ernstlich Schaden zuzufügen.

Die Mitte ist nichts ohne den Saum, der sie umgarnt.

Zu mir gelangten die Flüchtigen als Luder und Bürschchen, als Bettnässer und Hosenscheißer. Ich tat mein Bestes, ihnen ein Jerusalem zu sein. Wollte sie die Lust am Mangel vergessen lassen. Die Fülle, die mir in meiner Einsamkeit zugekommen war, reichte, uns alle sattzumachen. Aber je mehr ich versuchte, ihnen ein Ausweg zu sein, desto entschiedener verschlossen sie sich vor mir.

Denn. Um wieder in den Stand, um wieder auf den Stand der Dinge zu kommen, mußte ein Gefallenes über mich hinwegsteigen. Seinem Stand gemäß handeln. Ein Wolf werden, um zu den Lämmern zu gelangen. Wo es selbst (wieder) ein Lämmchen werden konnte. Unser Garten duldete kein Paar in der Diaspora. Ein Wort hätte sich ans andere gebunden. Bald wäre daraus eine Sprache geworden. Ein Kinderwelsch, in dessen Bergung wir vielleicht für immer geblieben wären.

Aber so weit ist es nie gekommen. Was ich den andern darbot, war ihnen bereits fremd geworden.

Ich sollte ihnen ein Maßstab sein, ein Vorbild. Am Ende sollte ich selbst der Stab sein, der über den Abgefallenen gebrochen wurde. Es oblag mir, den anderen ein Bild ihrer möglichen Zukunft und – schlimmer noch – Gegenwart vorzustellen.

Daß ich mit allem, was ich gab und mit allem, wie ich war, eine Aufgabe erfüllte, konnte ich nicht verstehen. Ich wußte noch nicht einmal, daß mir ein Auftrag erteilt worden war. Wer hätte es mir auch sagen sollen. Niemand wußte es.

Zum Zeitpunkt meiner Entlassung aus dem Kindergarten hatte ich die meinigen kennengelernt. Ja, ich kannte mich in ihnen aus wie ein blinder Seher. Mein Körper aber wollte noch immer zu ihnen. Wollte Kolonnen, Reihen und Paare bilden. Wollte einen Kreis beschreiben. Jedoch, ich blieb stets ein Drittes, so sehr ich mich auch zu zweiteilen suchte.

Ein Selbstgespräch hilft gegen die Stummheit. Mehr nicht.

Nachmittag

Es ist alles da. Ich auch.

Ich habe viel Zeit. Zeit, die ich mir selbst auferlegt habe. Aber nicht als Strafe. Mir ist eine Ordnung vonnöten. Ich ginge verloren ohne Regel und Zahl. Mir geschähe kein Unrecht, wenn mich jemand einen bürokratischen Phantasten nennen würde. Auch wäre dann das Ärgste überstanden. Wenn es eine, wenn es einen gäbe, die mich auf diese Art bezeichnete. Vielleicht mit einem kleinen Lächeln, so ein ungewohntes Paarwort bildete. Aber niemand nennt mich.

Meine Erinnerung ist mir ein Kreuz. Und ich weiß nicht, ob ich derart stark oder schwach bin, daß ich so schwer daran trage. Jeder Erinnerung ist eine Schuld beigegeben. Die will ich nicht mehr haben.

Ich muß etwas erzählen: Schnell, um nicht von einer Empfindung der Nutzlosigkeit abgelenkt zu werden. Wogegen ich freilich fast ohne Unterlaß kämpfen muß.

Es war an einem Sonntagvormittag vor noch nicht einmal einem Jahr, daß jemand vor und dann hinter meinen Augen gestorben ist. Der Maler von gegenüber. Von mir wußte er nichts. Ich hätte schon meine bis zum Rand beschriebenen Hefte ins Fenster stellen müssen, wenn ich sein Aufmerken hätte provozieren wollen. Ich sage das, weil er seine Bilder – Glasbilder, Bilder auf Glas – in sein Fenster stellte. Vermutlich zum Trocknen der Lackfarben. Den Nachbarn lagen diese Bilder und der ganze Mensch so fern, daß sie an der zufälligen Ausstellung kaum Anstoß nahmen. Ihre Verhöhnung erschien mir pflichtschuldig. Es wurde weder Ausrottung noch ein kurzer Prozeß angeraten. Wohl hatten sie den Spinner, den blöden, anfangs ein wenig schärfer im Visier. Die Gewöhnung aber und das Ausbleiben bekannter ungeduldeter Handlungen machte, daß sie ihn bald vergaßen. Sehr selten drang aus seiner Wohnung jene Sorte Musik, die kein Mensch hören will, die keiner braucht und die es trotzdem gibt. Über den Dreck, den kein anderer als er immer neu hereinbrachte, sah man entschieden hinweg. Was ein angenehmes Gefühl von Großzügigkeit erzeugte, die sich einmal bezahlt machen würde. Einer Frau freilich hätten sie Feuer gemacht.

Der Maler war kleiner als ich und recht mager. Auf der Straße hielt er seinen Kopf auf der Brust. Ich vermute, weil es ihm bequem war, seinen Kopf auf diese Art zu halten. Seine Beine trugen ihn gut. Er konnte kilometerweit zügig gehen. Ich weiß das. Manchmal habe ich ihn auf seinen spätabendlichen Gängen begleitet. Verfolgt. Niemals erregte die natürliche Welt sein Interesse. Er sah nicht zum Fluß hinüber, an dem wir entlang liefen. Betrachtete nicht seine sich im Wolken- oder Mondlicht wandelnde Färbung. Bemerkte nicht die Wasserwirbel oder das ruhige Fortfließen. Sein Blick fand bloß den Kiesweg und aber keine Kiesel. Kam einer ihm entgegen, beschrieb der Maler einen nicht zu großen Bogen. Verließ aber doch für zwei, drei Schritte den Weg und trat auf den Rasen, der linker und rechter Hand den Weg umschließt.

Mir kam der Gedanke, daß er blind sein könnte. Oder doch wenigstens nahezu. Später dann habe ich auf meiner Annahme bestanden. Ich hielt ihn für einen Menschen, der allein lebt, ohne darüber traurig zu sein oder froh. Seine Kunst schien mir vergangenen Erlebnissen geschuldet und entsprungen. Ich habe wohl nicht viel verstanden.

An dem schönen Frühsommertag bemerke ich ein in großen Scherben vor dem eingeschlagenen Fenster liegendes Bild. Fensterglas und Splitter des Glasbildes liegen auf der Straße beieinander. Erst dann sehe ich das Polizeiauto und einen ebenfalls grünen Leichenwagen, den ich für einen fahrbaren Panzerschrank halte. Kommen und Gehen durch die offene Hausflurtür. Nie war die Tür so lange geöffnet geblieben. Den Blick, den ich jetzt ins Innere des Hauses werfen kann, ist mindestens unstatthaft. Obwohl ich nichts sehe, was ich nicht selber hätte und kennte. In der Wohnung des Malers stehen von mir aus gesehen im vorderen und hinteren Teil Uniformierte. Auch diesen hinteren Teil, den Flurbereich, habe ich vorher nie zu Gesicht bekommen. Der Maler hielt die Tür seines Arbeitsraumes stets verschlossen. Mit einer Bahre schieben sich zwei Träger zielgenau durch den Eingang. In dieser Gegend ist ein Haus wie das andere. Mal geht es links, mal rechts herum in eine Wohnung. Die dann meist mit einem schmalen Flur beginnt, von dem die drei Zimmer samt Duschbad abgehen und mit einer Küche endet, in der man alleine bequem auf einem Klappstuhl an einem Klapptisch sitzen kann. Hin und wieder kommt es zu Durchbrüchen. Wenn zwei Zimmer zur Herstellung eines großen Wohntraumes zusammengelegt werden. Die Zimmerpalme hat endlich Platz und wächst trotzdem nicht schneller in diesen Breiten. Auch anderes hatte man sich anders vorgestellt. War immerhin ein gutes Stück Arbeit. Aber der Rundbogen über dem Durchbruch sieht schön aus und wird lange halten. Die Träger kommen heraus und führen wirklich eine Last mit sich. Einen unter einer grauen Kunststoffplane verborgenen Körper. Auch der Kopf des Malers ist in Deckung, verdeckt. Verstehen kann ich noch nicht, daß jemand, daß der Maler gestorben ist. Es bleibt Fiktion, eine Kriminalgeschichte. Ich denke Wie, Warum, sogar Wer und daß ich meine Fenster schon im Frühjahr hätte putzen müssen. Durch meine schlierigen Scheiben hindurch starre ich auf einen Menschen. Eine Frau in einem glockig fallenden blauen Kleid. Durch das Glas vor dem ich stehe dringt ein fülliger kehliger Alt. Der hinüberspielt in einen helleren Ton, dem ich keine Stimme mehr zuzuordnen weiß. Weil diesem Ton keine Absicht beigelegt ist. Kein Ja oder Nein. Die Arme, die Hände der Frau sind in einem fort in großer Bewegung. Den Beamten streckt sie etwas entgegen. Es ist die Innenseite ihrer rechten Hand. Da hinein wird aber nichts gelegt. Keine Antwort, vielleicht bloß eine Frage Wer sie sei, Woher sie und ob sie wisse. Sie spricht und jemand umfaßt ihren Unterarm. Ihr Gesicht wölbt sich nach vorn und sie dreht sich heraus aus dem Griff. Sie macht aus der Drehung eine tänzelnde Bewegung, daß es nicht auffällt, daß der Griff ein Zugriff war. Daraufhin verbreitet sich der Beamte, stemmt die Arme in die Hüften, rammt die Beine in weitem Abstand voneinander in den Boden und stößt mit der Körpermitte in Richtung seiner Gegenüber. Die Frau hat sich verknotet. Arme und Füße hat sie verschränkt. Sie beschränkt sich auf ein Minimum. Sie bietet keine Fläche und ein Angriff bleibt wirklich aus. Es wird der Polizei in Gestalt eines Mannes langweilig. Dem Mann und dem Polizisten.

Es heben und bewegen sich Gardinen in unmittelbarer Nähe des Tatortes. Darüber und darunter. Das Haus wacht tags über seine Schläfer. Wer schläft hat verpennt, hat nicht aufgepaßt und alle können ihn ausgiebig, unbeschadet anschauen. Vielleicht – denke ich – unterscheidet uns doch nur die mal falsche, mal echte Spitze. Dieser weiße, naturweiße, eierschalenfarbene Stoff, der die Schamlosigkeit, die verhüllte Schaulust enthüllt. Der zitternd nachschwingende Fensterschmuck entbirgt die Gier, etwas Tatsächliches zu sehen. Bald zeigen sich Hälften. Halbseitige Gesichter und einem Auge gestattet man schon den unverstellten Blick, das andere muß noch an feinem Zwirn vorbeisehen. Ich kenne diese Menschen nicht anders. Vielleicht gibt es sie auch als ganze Körper. Vielleicht gibt es für sie jemanden, der sie anschaut und wirklich macht. Ich stehe vor meinem Fenster wie ein Nackter auf dem Marktplatz. Heute stelle ich mich gern zur Verfügung. Damit die verkleideten Gesichter sich nicht hinunter neigen zu der Stelle, wo die Frau jetzt alleine steht und die Hände an die Wangen legt und atmet. Lang und tief. Sollen sie auf mich sehen, wie ich mir durchs schlecht geschnittene, selbst geschnittene Haar fahre. Wie ich ihnen zur hohen Mittagszeit im Morgenmantel die Zeit stehle, es mir gut sein lasse auf ihren krummen Rücken. Auf ihnen liege, auf ihren Taschen. Ohne Nachweis lebe, nur durch fremde Kraft gehalten. Aber mich können sie jeden Tag haben und begraben. Für das einmalige Schauspiel unter ihrem Fenster, für das Theater auf der Straße, haben sie auch gezahlt. Gerne würden sie nun mit munteren Ausrufen oder kleinen Stöckchen die Figur auf dem Steig zu dramatischer Bewegung aufreizen. Wo sonst sie bewegt, gelagert, eingesetzt werden nach Gutdünken und zum Nutzen anderer. Weil Tätlichkeiten in der Öffentlichkeit aber untersagt sind in Bezirken wie den unseren, bringen sie ihr hypnotisches Auge in Stellung. Ihr einziges Gegengift gegen eine unheilbar verdorbene Welt. Hurtig wird er wieder aufgebaut. Der Pranger aus vergessenen, aber wunderbaren, Kindertagen. Ihre Reihe, ihr Reigen ist fest geschlossen. Eine für alle hält den Buckel hin. Sie hat keinen Platz. Den hat sie verpaßt, verpraßt, verspielt. Sie kommt nicht rein. Sie muß draußen bleiben. Laufen, hin und her, daß ein jeder sie einmal sehen kann. Gerecht ist Gerecht vor Gericht. Aber die Frau, die von mir nie gekannte, nie gesehene Freundin des von mir unverstandenen Malers, rührt sich nur millimeterweise. Ihr blaues Glockenkleid schlägt zu keiner Seite aus. Es schaukelt nicht unter erwartet heftiger Gebärde einer verzweifelt Trauernden. Nur den Kopf hält sie noch mit beiden Händen, daß er ihr am Ende nicht doch noch verloren ginge. Den stillen Abtransport ihres Freundes verfolgt sie stumm, weil die Straße kein Ort mehr ist zum Sprechen. Jetzt sieht sie mich und ich möchte winken, ihr ein Zeichen machen. Vielleicht versteht sie mich. Sie läßt die Arme sinken. Richtet flüchtig ihr Haar, an dem kein Makel ist. Sie ist bereit zum Abgang, sie weiß nun wieder, daß es einer ist. Und kein bloßer Fortgang. Ich lächle sie an, lade sie ein mit weit ausholender Geste, frage sie nichts, lasse sie sprechen. Koche ihr etwas, einen Tee, eine Suppe, etwas Warmes. Aber da ist sie schon verschwunden und hat nicht mein Lächeln gesehen, das ein bißchen Zeit braucht, um sich zu zeigen.

Viele Male ist seither der Maler in mir gestorben. Er ist für mich ein anderer geworden. Einer, der bei seinen abendlichen Wanderungen über eine andere nachdenkt. Der sich erinnert an ein gemeinsames Gespräch, eine Umarmung. Der gerufen und genannt wird auf mir unbekannte Weisen.

Nicht viel habe ich zu einer Lebzeit verstanden von meinem Nachbarn. Er bot sich mir nie an und ich glaubte, mir ein wenig von ihm nehmen zu können.

Was ist ein Leben, wenn nicht auch die Summe unserer Wünsche.

Vor noch nicht einmal einem Jahr ist mir jemand gestorben, der nicht wußte, daß er mein Freund war. Ich vermisse unsere Ausgänge, die nicht unsere waren, sondern seine oder meine. An den Ausflügen hänge ich wie eh. Näher bin ich ihm nicht gekommen. Wie käme ich auch dazu, wo er mich jetzt nicht mehr abweisen und nicht willkommen heißen kann.

Weil man so etwas wie einen Maler als Mieter nicht noch einmal wagen wollte, weil ohnedies es eine schlechte Zeit ist für Experiment und Revolte, wohnt in der Wohnung des Toten oder doch Gestorbenen nicht länger ein Niemand, ein Nichts oder doch ein vages Etwas, sondern ein Jemand, der wieder sagt Ich habe Frau und Kinder.

Ein Kronleuchter, eine Deckenleuchte, eine Halogenschiene, ein Temperaturregler, ein Teppichboden, kein, noch kein Durchbruch, Gardinen, Vorhänge, Bilder, wo sie hingehören. An der Wand, im Kasten. Kinder vor dem Fenster: Zwei. Ein Junge und ein Mädchen. Die sehen schon versteckt zu mir herüber. Zu groß. Zu spät (es ist nie zu spät). Die Gardine wird aber doch gelupft. Die Mutter ist aber eine richtige Mutter. Die Kinder bleiben dem Fenster fern. Vielleicht bewegen sie sich im Innern. Der Wohnung. Der Junge ist neun, das Mädchen sieben. Umgekehrt wärs auch nicht besser. Eine Familie macht, daß sie Gefangene sind eines Schicksals.

Beide schleppen Ranzen auf schmalen Rücken zur selben Zeit. Der Junge geht voran. Das Mädchen tändelt, tändert. Um ein bißchen Zeit, Luft, um eine Gelegenheit. Ein Spatz, eine Katze, schwarz, eine Taube, lahm. Sie hat es auch im Fuß und der Riemen scheuert. Der Bruder wartet nicht. Soll sie selber sehen. Und sie sieht. Verliert den Anschluß, überbrückt den Abstand, ist wieder dabei. Das Spiel ist ein Ernst. Noch – manchmal – vor dem Anfang. Und ohne Ende. Der Vater ist auch ein richtiger Vater. Ich sehe ihn nur als Schattenriß. Viel Arbeit. Sie alle arbeiten immer. Nur nachts nicht. Keine Träume, die den Tag überstünden. Sich hineindrängten ins vielfach Überdachte. Und doch ist – immer seltener – ein Wunsch vorhanden, der ohne Schutz und eine Grundlage gefühlt wird. Für diesen und in diesem Fall sind die Kinder da, die man ansieht und denen ein Schweigen verordnet wird oder ein Lachen über Kindersachen. Es kommt nichts heraus aus dem Kindermund, was man nicht hineingelegt hätte. Und wenn doch einmal von der Zunge ein Satz fällt, der auf ein Versteck hinweist, auf ein verdecktes Leben, dann bleibt der liegen, allein auf weiter Flur, bis er ranzig wird und keiner ihn mehr in den Mund nehmen mag. Werden heimlich solche Sätze wieder aufgelesen und an anderer Stelle wieder ausgespuckt, dann hilft nur noch eine Flucht in die Gebärdensprache, die noch jedem Kind geschadet und die noch keines verstanden hat.

Das Kind wird die Bescherung als Geschenk erinnern. Später. Wenn es nichts mehr erinnert als eine schöne Zeit. Die schön war, auch wenn es schwer war, man es schwer hatte. Mit ihm.

Ja.

Diese schönen, herrlichen, freien, sorglosen Zeiten.

Ach.

Diese augenausfallende Neugierde, diese atemraubende Lebendigkeit. Diese überlebensgroße Phantasie. So viel Unsinn paßt nur in einen Kinderkopf. Scheißkopp. Kinder-kacke.

Herrjeh.

Noch einmal um nichts und wieder nichts weinen. Noch einmal wach liegen ohne Grund. Schlafende Hunde wecken und sich wundern, wenn die beißen, bevor sie bellen. Noch einmal die Welt in Trümmern sehn, die aufersteht bloß durch ein Wort, ein Augenzwinkern.

Meine Güte. Guter Gott. Grundgütiger Himmel!

Der erste Tag war nicht der schlimmste. Die erste Prüfung be-stand ich und ließ zu, daß Mutter ihre Hand freigab. Obwohl ich nichts mehr fürchtete als meine ins Leere fallende, ins Nichts greifende Hand. Von Mutter und dem allererersten Tisch trennten mich vier große, sechs gemessene und acht kleine Schritte. Ich erstürmte meinen Platz. Für Schritte war keine Zeit. Die drängte und schob schon ins frühe Abseits, an den äußeren Rand. Träumerisch verbrachte ich diese er-ste Stunde. Meine Finger drückten, rieben, scheuerten, strau-chelten über die Unterseite der Holzplatte, Die dicht hielt und mich im Verborgenen ließ. Aus meiner Deckung wuch-sen mir vier Köpfe. Acht Augen glotzten zu den anderen, zu den siebenundzwanzig Einzeltischen, Einzelstühlen. Mutter bildete eine Reihe mit den anderen Müttern. Das hatte ich auch noch nie gesehen. Da hatte sie mir etwas voraus. Wann immer ich zu ihr sah, scheuchte sie lächelnd meinen Blick nach vorn. Dort konnte ich aber nichts entdecken. Bloß et-was wiederfinden, wonach ich nicht gesucht hatte oder was ich gar vermisste. Vorne drang von oben wie immer eine Stimme. Sprach mit und für sich selbst von ihrem Stamm-tisch her und verband sich lose mit den Müttern, Tischen, Stühlen. Ein Mädchen sah ich, das schwang seine untere Hälfte bis zur Tischkante und zurück zum Stuhlbein. Bis die Mutter ihm ein stilles Wort in den Kopf und eine große Hand auf die Schulter setzte. Danach verschwand es auch im Un-terholz des Tisches. Fast war es nun, als berührten sich un-sere Finger. Träumerisch verbrachte ich diese erste Stunde. Andere bildeten vom allererersten Anfang an Gruppen, Paare, Klumpen, Haufen. Sie berieten schon den klaren Verlauf, den kurzen Prozeß und warfen einander Blicke und bereits kein Lächeln, ein Grinsen an den Kopf. Die machten sich Zeichen für spätere Brände und Streiche. Die kannte ich von früher, von eben gerade und wieder waren es viele, fast alle. Und enger wurde mir Atem und Raum. Mal wieder. Immer noch. Ich rieb meine Platte, bis es mir warm in den Arm stieg. Und träumte weiter.

Ich sah einen Jungen, der schon hergerichtet war mit einem Dornenkranz, der seinen Kopf und seinen Körper in eine Ruhe zwang und seine Augen aus ihren Höhlen trieb. Er selbst erschien mir ausgetrieben aus seinem runden, weichen Bauch. Sein Haar floß glänzend und gewaschen in feinen Strähnen an seinen runden Wangen hinab. Er lauschte wohl der Geisterstimme, der einzigen im Zimmer. Vielleicht irrte ich mich auch. Möglich, heute weiß ich es sicher, daß er etwas festhielt, was nicht Angst war. Eine Stunde, eine Freude, ein Beisammensein, das keiner ahnte. Wenn er etwas hatte, für sich hatte, dann sollte es ihm bald genommen sein. Obwohl ich ihn nie verlor, aus meinen Augen, meiner Erinnerung. Da saß mein Freund und dort saß meine Freundin, die es mir gleich getan hatte und deren Hände ich fühlte und hielt. Sie ist begabt mit einem schnellen Lauf und er mit einem langen Atem für all das nicht bös Gemeinte, wie jene muntere Stammtischstimme immer wieder sagte oder doch bloß zu verstehen gab. Durch Duldung und ein kaum verdrücktes Lachen.

Warum auch nicht. Warum.

Beide verlor ich früh. Clemens und Anna. Sie in meinem achten und ihn in meinem neunten Jahr. Was ist ein Kind, das eine Freundin hatte und einen Freund und dann, von einer Stunde auf die andre, ist erst die eine und dann der andre fort. So ein Kind steht auf dem weiten, dem endlosen Pausenhof. Erst war es drei, dann zwei, dann unversehens keines. Und bleibt doch sichtbar und möchte es nicht sein. Es fühlt sich. Seine losen Arme, seinen schweren Gang. Es sieht sich, wie es zusieht und gesehen wird. Es sehnt sich und es fürchtet sich. Und beides ist das Gleiche.

Ich suchte nach meinen Freunden. Ich wollte sie erkennen in jeder und jedem, die sich mir zeigten oder doch zuwandten.

So kam ich wieder zu den Spielen.

Kannte ein Wort, nach dem sie fragten, ob ich wüßte, was es heißt. Um Pferde ging es einmal, Blumentopferde, die ich argentinisch nannte und ungesattelt laufen ließ. Schwor es, beschwor mein Wissen, verpfändete Mutter und Vater darauf. Und Lachen oder doch Verwandtes ergoß sich über mir. Weil es das Wort nicht gab. Nicht so. Sie es gerade, im Moment und nur für mich und gegen mich erfunden hatten. So wurde ich zuerst zum Lügner.

Ich freute mich auf einen Nachmittag am See. Ich aß vom Aufgewärmten schnell und wenig. Und packte sorgfältig mein Bündel. Die Badehose schon am Körper, um schnell und bündig in die Flut zu steigen mit den andern. Mit der Gruppe, dem Haufen, dem Paar. Und hatte schon ein Vorgefühl. Um dann den Teich zu überblicken und die Wiese. Meinen, unsern, ihren Strand. Und nichts und niemanden zu sehen, den ich, die ich kenne. Um dann zu warten auf eine Abholung. Ein Geholtwerden, einen Gruß. Eine Stunde, zwei oder für immer. Dann wegzufahren auf dem Rad, gerüstet mit einer Phantasie vom Irrtum, einer mißlichen Verfehlung. Und schließlich jene zu erblicken an einem weit entfernten Ort, in einem andern Wiesengrund in einem Pulk mit Gleichen. Die mich erblicken und wirklich schon auf mich gewartet haben. Die ich mit blinden Augen und leuchtend heißem Rücken nicht sehe, nicht gesehen habe, nicht gehört.

So wurde dann ein Wagenrad aus mir, ein fünftes Ding.

Jetzt stelle ich mir vor, vom Rad zu steigen. Auf dünnen Beinen und mit Blutrausch in den Ohren hinzugehen. Hallo zu sagen und nicht zu fragen, ob ich sitzen darf. Stattdessen einen Scherz zu machen, über den sie lachen müssen wie mit ihrem Nächsten. Doch auch im Traum muß ich den Witz im Vagen lassen. Behaupten, er sei eben da und äußerst komisch.

Aber manchmal stelle ich mir Dinge vor, bei denen nicht gesprochen wird.

Damals war ich auf der Suche und fand ein ganzes Meer

von Menschen, das man mir auszusaufen befahl. Einer geht noch rein und wenn Du kotzen mußt.

Ein Schützenfest, ein Fest der Schützen, drang mit einer Art Musik und Waffenfeuer oder umgekehrt in unser Viertel. Alle gingen hin. Ich auch. Ein Schützenstand. Was sonst. Vier große Jungen mit vier Gewehren in den schönen, schon zart behaarten Fäusten. Ich kannte sie und sah sie jeden Tag. Zwischen den Stunden standen sie und rauchten auf zwei festen, breit ausgestellten Beinen. Die feine Haut der prallen Luftballons riß unter ihren Salven. Die Ziele waren Feindes-köpfe oder Möpse und wie vermutet innen hohl. Ein Spaß. Was für ein Spaß für eine kurze Zeit. Einer gab mir etwas, weil ich selbst nichts hatte, doch mein Gesicht danach ver-langte. Seine Waffe legte er mir in die Arme. Schieß ruhig, Kleiner. Das ist ein Geschenk, von mir persönlich. Mein Ei-fer kannte keine Grenzen. Auch meine Nachsicht nicht, mit der ich über mein Mißlingen lachte. Die Köpfe schwankten leicht in ihrer Halterung. Mehr hatte ich nicht angerichtet. Mir war es gleich. Es war die Geste meines Gönners, die mich von innen wärmte. Mit dieser Andacht streckte ich mich ihm entgegen. Vor meiner Nase eine hohle Hand. Und weit über mir ein Ernst. Gleich vier Mal schlug der mir entgegen. Das macht dann Geld. Und eine Summe, eine große Summe, wurde festgesetzt. Ohne Verzug zu zahlen. In bar und ohne Worte oder Sätze an und für andere, nicht Eingeweihte. Oder. Paß bloß auf. Na warte. Sonst passierts. Das Zeigen meiner leeren Taschen war keine Überraschung. Kriegste Taschen-geld? Ich nannte meinen Tagessold. Den gibste uns, von morgen an. Wenn nicht, dann kannste was erleben und ob ich das verstehe. Alles stand mir klar vor Augen. Es war ja nicht mein erster Handel. Ein Nicken meinerseits. Dann ist ja gut. Zum Abschluß Tätscheln meiner Wange, das in einen ersten Schlag hinüberdrängt. Damit ich nicht vergesse und denke, es war Spaß.

Mein Leben wurde immer reicher an Erlebnissen.

In so ein Leben paßt eine Menge rein. In meinem Fall ein ganzer Ozean, in dem ich schwamm und ohne Sichtung ei-nes Ufers. Nur manchmal eine Boje, eine Sandbank. In der ich wasserschluckend, worteschluckend einzusinken drohte, aber dennoch standhielt. Mit großer Kraft den Kopf nach oben hielt. Und gurgelnd ganze Sätze sprach, die meine Wasserblase vor dem Mund durchdrangen.

Ich war ein guter Schüler.

Die Sorge meiner Mutter, meines Vaters erreichte mich als Sandkorn. Sie waren auf dem Trockenen und zwei. Kaum, daß ich sie erahnte.

Am Morgen dümpelte ich zu den Legionären, die ihren Dienst nach Vorschrift machten. Ich wrang mich aus und eine Münze floß in ihre Taschen. Lektionen gaben sie mir selten. Nur hin und wieder einen Stoß vor meinen Bug. Ein leichter bis mittelstarker Schmerz zog in mich ein und blieb. Bis zum Mittag hatte ich dann weichen Boden unter mir. Von kleinen Wellen hin- und hergeschaukelt. Der Mittag schloß mit einem letzten langen Pausengang. Vor mir die offene See und unter mir und über mir. Ich ging auf Grund, bereit, mich einzugraben. Doch nah bei meinem Graben lockten lichte Fabelwesen. Freunde, Spielgefährten. Und eine war dabei, die hatte buntgemalte Karten in der Hand. Die gab sie weiter an im Kreis um sie Postierte. Und alle trugen ihre Orden offen. Vielleicht, um nicht versehentlich als Beute zu erscheinen. Und von den eigenen Leuten hingemacht zu werden. Heiter perlte ihre Fröhlichkeit an- und füreinander zu mir rüber. Und mancher war dabei, dem die Erleichterung ein überlautes Lachen aus dem Rachen zwang. Ich hatte kaum gemerkt, daß ich den Damm, der mich vor ihnen schützte, selbst eingerissen hatte. Der Riß tat mir den Mund auf, daß ich mich einen fragen hörte Was hast du da? Und konnte es nur allzu deutlich in meinen leeren Händen lesen. Ich watete zu ihnen hin, weil jemand mich gerufen hatte. Endlich. He, Leo, komm mal her. Mein Schlammloch schloß sich und die Flut zog sich mit jedem Schritt zurück. Die Schultern schon im Freien erreichte ich die andern. Hat Dich wer gerufen, Arschgesicht? Routiniertes Feixen. Für immer eingekerbt in die Visagen. Heiße Wellen schlugen mich und brühten mir die Backen, die noch vor kurzem Wangen waren. Der Weg zurück in meine Mulde blieb mir versperrt durch Worte. Die wirklich schallen und rauchen, weil sie Schlag und Feuer sind. Es ist doch so. Ein Scheißhaufen bleibt, wo er ist. Am Arsch der Welt, die ihn hinunterspült in den Orkus der Geschichte. Auch ein Saftsack und der schlichte Blödmann stehen auf der Stelle und rühren sich durch Tritte und Stöße starker Arme. Und glauben dann, es ginge weiter, aufwärts gar. Mit ausgestülpten Lenden und vorgeformter Stirne nahm sich nun jemand, nicht der Federführer (Hühnervolk), meiner Birne an, hantierte an der Fassung, aus der ich jetzt geriet. Mein Zündkopf fing unter der fortgesetzten Reizung zu brennen an. Ich stieß, mit ihm voran, in eine Magengrube. Die Senke bot mir Platz und wäre wohl ein Schacht geworden, wenn nicht der Orden begonnen hätte, am andern Ende meiner Selbst Kleinholz aus mir zu machen. Es kam nun in mir nieder als lächerlicher Trost, daß ich auf diese Weise – und immer nur auf diese – im Mittelpunkt des Kreises stand. Ich träumte mitten auf dem hellen Platz, im heißen Kessel, von meinem Trost als Wirklichkeit. Folglich schwieg ich, ließ Kopf und Beinen Ruhe angedeihen. Schrie nicht, schlug nicht. Auf einmal war der Hampelmann ein Toter, toter Freund. Ich hatte großes Glück. Es war noch nicht die Zeit für Wünsche von der Art Ich möchte einmal Arzt werden wie mein Vater einer ist. Wäre solch ein Berufener unter den Gesellen gewesen, der hätte mich von innen nach außen gestülpt, um sich das Ganze einmal gründlich anzusehen. Aha – hätte der gesagt – der Hypothalamus und Thalamus sind stark vergrößert. Kein Wunder, daß ein Mückenstich ihm einen Bluterguß erzeugte. Die Furche, die die rechte von der linken Hälfte trennt, kaum ausgebildet. Daher sein schimärisches Gehaspel. Flüssig vorgetragen, aber ohne Sinn und Wert. Der hier – und der schiefe Mund dazu soll den Adepten zeigen Das wird ein Medizinerwitz – war kein Gewöhnlicher. Der war im paradoxen Zustand, auch wenn er wachte. Was er wohl selten tat.

Doch noch war man im Zustand klassenloser Wünsche. Und die Kohorte ein Verbund von Lokführern und Piloten, Stewardessen und Prinzessinnen. Einer gab einen Befehl zum Rückzug. Das hörte ich und auch das Läuten der Pausenglocke, das ein Ende machte mit der Unterbrechung meiner Stunden, der gestundeten Zeit. An diesem Glockenklang entlang, einem Ausriß aus der Tonleiter in Dur, einmal vor und wieder zurück auf a, wand ich mich empor. Der wundersamen Wiederauferstehung zollte man ein Beinscharren, ein Vorbeugen der Schulter, ein Vorstrecken des Kinns. Mein Blick traf auf die schöne rote, immer leicht verdickte Oberlippe der Führungskraft. Na, Leo, alles klar?! Finger fahren durch mein Haar. Die Finger werden dramatisch am Hemd des Fingerers gesäubert. Wie in Filmen, die ich noch nicht kenne. Ein mündlicher Vertrag in Anwesenheit gedungener Zeugen wurde auf die Schnelle mit mir ausgehandelt. Im Vertrag stand nicht viel mehr, als daß ich einerseits vergessen sollte (Es war ja nichts) und andererseits ja nicht vergessen sollte (die öde Wiederholung von Drohungen, die längst in Taten umgewandelt waren). Der ganze Vorgang dauerte nur einen Veilchenaugenschlag des Führers. Denn ich war erfahren, ein echter Routinier, im Schließen solcher Allianzen. Ein Kind mit einer kaum mehr zu entwirrenden Verflechtung von Verpflichtungen.

So wurde mein Leben immer reicher an Begegnungen. Ich begann Listen zu führen mit den Namen meiner Vertragspartner. Die standen da an Stelle von Freundesnamen. So kam ich zum Schreiben und zur Detailtreue im Betrachten der Anderen. Hinter jeden Namen setzte ich zumindest zwei und höchstens vier (eine eherne Regel) mir präzise scheinende, die Namensträger oder mein Verhältnis zu ihnen charakterisierende Worte.

> Heiko, Du bist schön, stark
> Kerstin, und mutig
> Astrid, schön gegen den Schrank
> Tobias, gelaufen, stark abgeprallt
> Kerstin, und mutig wieder dagegen
> Heiko, gerannt

Ich nehme das Wort über die Dauer seines Klanges und Nachhalls für wahr. Die Tatsache, daß ich einmal ein Kompliment erhalten habe für meine Schönheit, Stärke und meinen Mut, ist unwiderleglich verbunden mit einem inneren Bild, wonach ich – meine dermaßen edle Gestalt – immer und immer wieder gegen dieses Möbel rase. Einfach, weil ich mit meinen kostbaren Gaben nichts Besseres anzufangen weiß, als mir den Schädel einzuschlagen.

Der Mitmensch ist mein Trauma, weil ich ihn wirklich, weil ich sie wirklich als meine Nächste fühle.

So einer wie ich sollte wohl nicht in der Stadt leben. Ich stoße ja alle Augenblicke auf einen Menschen, der mich durch sein sicheres, weiträumiges Ausschreiten gefangen nimmt. Der mich in Haftung nimmt, weil ich in ihn hineinsehe, in seine Eishölle.

Von schräg gegenüber drängt aus dem Fensterloch der Dachgeschoßwohnung Maschinenmusik. Schwerindustrie als reine Nostalgie des Augenblicks. Die Anlage ein Spitzenprodukt der Feinmechanik. Alles Handarbeit. Die guten Dinge bleiben. Öl in kleinen Schalen duftet nach Zedernholz oder Zitrone. Der nördliche Süden Europas in der Flasche. Wir sind eine Welt. Leicht defekte Stanzplatten, aus Papas Firma abgegriffen, liegen auf Winterreifen vom Schrottplatz. Von der Maschine, oder von was auch immer, verzogene, ausgeworfene Bleche kleben als blindes Spiegelmosaik an der weißen Rauhfaser. Das Fahrrad wieder ist aus beinahe pneumatischem Leichtmetall und bekommt einen schönen Platz in der Diele. Die glänzenden Muskeln eines Schwarzen. Seine Gazellenglieder um den trockenen Körper einer Weißen geschlungen. Ihre Rückfront verbirgt das Nötigste. Er blickt gerade aus dem Bild. Seine Augäpfel sind unglaublich weiß. Nicht wahr?! Der Terrakottatisch, die Terrakottaschalen mit frischem Obst aus der nahen Umgebung gefüllt. Die honiggoldenen Dielen. Das viele Sonnenlicht. So hell. Den ganzen Tag. Zwei junge Erwachsene oder erwachsene Junge, eine Frau und ein Mann, haben sich eingerichtet. Auf der Straße ziehen sie eine Spur warmer und kalter Blicke hinter sich her. Beide sind groß, und auch mäßig geschnittene Garderobe wird augenblicklich seßhaft an ihren Körpern. Man fühlt sich wohl, so gegossen, angegossen.

Sie ist ein Mädchen, ein freches, und kommt hin, wo sie soll.

Will! heißt das.

Links und rechts von ihrem schmalen Kopf bewegt sich heiter ein wippender Zopf.

Eine richtige Freiheit ist das.

Ihr rostfarbener, schwellender Mund bezeugt, daß sie bei Sinnen ist: Mit allen Sinnen genießt. Auch und vor allem die Herausforderung. Sie fordert und wird gefordert, sie gibt heraus und wird herausgegeben. Das paßt schon. Ihre grau-braune Brusttaschen-Schulterschlaufenbluse ist eine Phantasie. Wie der Schuh. Eine verspielte Pantoffel mit Schlangenmusteraufdruck. Ein Ausdruck bloß, nicht echt. Sie wirbt. Mit sich und für Produkte, die ihre volle Zustimmung genießen.

Er ist in allem etwas deutlicher. Den Schädel läßt er sich bei einem ihm gleichrangigen Meister rasieren, der gehegten, bis zur Höhe der Mundwinkel reichenden Koteletten wegen. Die Taschen seiner Kombattantenhosen sind bis auf eine leer, jedenfalls flachgebügelt. In der gebauchten steckt das Telefon. Stecken seine Freunde und Kollegen, und er in ihren. Respekt findet er wichtig. Korrektes Verhalten gegenüber Menschen, die alt genug sind. Die dabei gewesen sind. Aber auch für alle anderen, die etwas geleistet haben. Na und!?

Abend

Ich bin nie sehr krank gewesen. Einmal gab es einen Arzt, der mich wegen einer Muskelverkrampfung untersuchte. Damals zwang mich mein steifer Rücken zu einer lächerlichen und außerdem unehrlichen Demutshaltung. Den Mediziner beunruhigte jedoch nicht meine Rückenstarre. Das ohne Aufforderung meinerseits durchgeführte Anlegen eines Stethoskopes löste seine sachliche Besorgnis aus. Er hatte mein Herz gehört. Dieses Herz machte inwendige Bemerkungen. Für die allgemeine Medizin waren diese Laute bloß Geräusche. Daß sie auf einen ungesunden Rausch hindeuteten, konnte noch festgestellt werden. Die nachfolgende Translation sollte von einem Spezialisten arrangiert werden. Dieser

46

richtete das Licht seiner Strahlungsapparate auf mich, worauf mein Herz wegen des ungewohnten Auftritts glimmend und stark gegen meine Brust schlug. Es zeigte sich, daß auch der Zweitarzt von meinen Herztönen nichts verstand. Er entließ mich ohne Befund und mit einer großen Sorge. Mein Herz konnte nicht mehr länger uneingeschränkt ein Freund genannt werden. Hinterrücks hatte es versucht, sich fremden Menschen mitzuteilen. Womöglich mit dem fernen Ziel, aus mir herauszutreten, auch wenn dieses Ausschreiten nur zwei, drei Schritte gedauert hätte. Mein trügerisches Herz hatte sich wohl einen freien Lauf phantasiert, hinein in die Brust eines rosigen Leistungssportlers. Aber der fehlende Befund machte aus uns bis auf weiteres Zellengenossen. Ein mißtrauisches Hinein- und Heraushorchen bestimmte von nun an unseren Alltag, der von einer peinlichen Intimität durchzogen war, auf die aber keiner von uns im Ernst verzichten konnte.

Gerade zur Stunde ist mein Herz ergriffen von meiner uns bevorstehenden Tat. Wenn es könnte, würde es an die Wände hämmern, damit es einer fände und versänke in die fröhliche Sportlerbrust. Oder es fleht mit seinem Herzton um Vergebung, damit es nicht schuldig begraben wird.

Ich muß gestehen, daß ich mir nicht mehr sicher bin. Vielleicht ist unser Verhältnis nur verdunkelt durch trübe Unterstellungen. Jetzt will ich ihm sein schnelles Lied nicht verübeln.

Es ist ungewiß, aber nicht ausgeschlossen, daß mein Herz mehr und anderes weiß als ich. Es steht dem Körperlichen näher, ist selbst ein Körperliches. Es kennt vielleicht die Ursache der Wirkungen. Am Ende ist es an sich selbst beides. Aber was nützt das mir. Der Erzählung kann doch niemand mehr eine andere Richtung geben.

Die Poesie des Opfers –
warum Mord keine Kunst ist und die Angst
der Opfer Literatur werden kann

Auszüge aus der Magistraarbeit

Die Dichterin, Schriftstellerin, alle, die ihre Existenz vornehmlich schreibend (denkend, spekulierend, erfindend) bestreiten, sind (...) mehr oder minder Nachtgeschöpfe. Und zwar in dem Sinne, daß sie es auf Verirrungen, auf Irrtümer und Streuungen ihrer Erkenntniskräfte ankommen lassen. Dieses Irrsein bedeutet nicht, daß wir weniger scharf sähen, die monologische Nachtexistenz führt uns auf Pfade (ins Dickicht), die jenseits unserer täglichen Existenz als soziale Wesen liegen, oder anders noch: verbindet der nächtliche Blick Aspekte und Motive, die täglicherseits unverbunden bleiben müssen. Kausalität, das Ursache-Wirkung-Prinzip, vernünftige Rede, die uns als Subjekt ein Angesprochenes gegenüberstellt, dem wir sinnvolle Antworten auf verständliche Fragen geben – dies alles lassen wir zurück und nehmen es uns gleichzeitig vor. Nehmen es auseinander, um es schief wieder zusammenzusetzen.

Der nächtliche Monolog macht uns zu universalen Zwittern, streunenden Wortaufklaubern, die lügen und betrügen. Dieser Nachtraum ist ein Ort der Überschreitung und Anmaßung, wenn wir dort Dinge und Potenzen an uns reißen, für deren Aneignung wir andernorts in psychiatrischen oder zumindest therapeutischen Gewahrsam genommen würden. (S. 14)

Der wirkliche Schwarze Markt erinnert an die Schwarze Messe. Den Begriff der Messe verwenden wir heute noch zur Bezeichnung eines großen Marktplatzes. Auf diesem Marktplatz

48

werden Lebensmittel im weitesten Sinne vertrieben (z.B. die Vermittlung von Wissen).

Der Schwarze Markt und die Schwarze Messe sind außerdem Orte, an denen heimlich Mangelware verkauft bzw. an dem heimlich getötet wird. Diese Verhandlungen sind heimlich und nicht etwa unheimlich zu nennen, weil – strukturell gesprochen – alle um die Art und die Bedingungen des Verkehrs wissen. Dieses Wissen ist ihr gemeinsames Geheimnis.

Der legale Markt und die Weiße Messe geben sich hingegen den Anschein von gerechter Verteilung der Mittel zum Leben. Tatsächlich gründet sich aber ihre Existenz auf einer Mangelstruktur. Ohne diesen Mangel würde es kein Geschäft geben, keinen (auch kulturellen) Profit.

Die Frau als Mangelwesen ist sowohl Ware als auch der Mangel. Das ist zunächst paradox, denn niemand will den Mangel haben. Aber der Mangel muß existieren, damit es auf der anderen Seite die Fülle gibt. Deshalb wird zwar die Frau als Ware ausgezeichnet, aber ihr Wert gleichzeitig geleugnet. Wenn Bachmann den Schwarzen Markt der Nachkriegsjahre als weniger schlimm im Vergleich zum heutigen legalen Markt bezeichnet, dann vielleicht deshalb, weil in der Illegalität zugleich der hohe Wert der Ware anerkannt wurde, wohingegen die Legalität zugleich zur Abwertung derselben führt. Bachmann spricht im gleichen Interview von »universeller Prostitution«, von der »Prostituierung des Menschen in allen Zusammenhängen«. Prostituieren muß sich aber nur die, welche selbst nichts auf dem Markt kaufen, sondern nur sich selbst verkaufen kann. Dies gilt natürlich insbesondere für die Frau, aber auch für andere Enteignete.

Ihnen allen wird es für immer schon die Sprache verschlagen haben, ihnen wird das Hören und Sehen vergangen sein, weswegen umso leichter über sie geschwiegen und ihr hoher Wert geleugnet werden kann.

Der wirkliche Schwarze Markt ist demnach auch ein Bild für Bachmanns Standpunkt, daß die Menschen auch heute nicht sterben, sondern ermordet werden.

Die Todesarten sind vielfältig. Aber die Tatsache ihrer Verdeckung verbindet sie. Bachmanns Todesartentrilogie (die nach Maßgabe dessen, was ihr zu erreichen erlaubt war, vollendet, was ihr möglicherweise noch hätte gelingen können, unvollendet genannt werden kann) kann als Anzeige dieses Verbrechens gedeutet werden. (S. 22 f.)

Daß sie weiß, aber sich nicht erinnern kann, bedeutet in diesem Zusammenhang, daß die Tatsache ihrer Tötung (als Tatsache ihres Lebens) ihr unverschleiert vor Augen steht, sie aber noch nicht deren Grund erinnern kann. Das Ich tritt hier in einer verdeckten Spaltung auf. Die Hälfte, die aussagt, sie wisse, wieso sie den bösen Blick bekommen habe, ist eine andere als jene, die sich nicht erinnert. Erinnerung und Wissen stehen in einem regelrecht antagonistischen Verhältnis zueinander. Dort, wo gewußt wird (Wissen verstanden als zum Stillstand gebrachtes Bewußtsein), mangelt es an Erinnerung (diese verstanden als bewegende und bewegliche Größe).

Darüber hinaus wiederholt Ersteres die väterliche Einschreibung, die besagt, daß sie *es* schon wisse, also im Fall der Fälle selber schuld ist. Die Kritik (ausgedrückt durch den ungelösten Widerspruch von fehlender Erinnerung und manifestem Bewußtsein) an dieser Art von stillgestelltem Wissen formuliert zugleich einen Widerstand gegen das Gebot zur Selbstbezichtigung für eine Tat, die andere an ihr begangen haben. Es ist der Grund für dieses Gebot, den sie noch nicht erinnern und das heißt auch noch nicht verstehen kann. (S. 37)

Es geht um die Internalisierung einer Norm, die ein Denken produziert, das zum Verbrechen führt. Der Begriff der Einschreibung weist auf den testamentarischen, gesetzesförmigen Charakter der Beziehung hin. Der Mörder ist nicht als Verbrecher auszuweisen, weil auf der anderen Seite sein Opfer die Beute eines Denkens geworden ist, das zu Sterben führt. Das kriminelle Fundament dieses Verhältnisses kann nicht sichtbar werden, weil es keine dritte Person gibt, die die Anklage führen könnte. (S. 39)

Die Mappen sind überdies ein seelentopographisch wichtiges Zeichen. Sie liegen schichtenweise im Zimmer des Ichs und dienen zum Teil als alltagsstrukturierende Hilfe. Zum anderen helfen sie aber auch, eine Unordnung, ein schützendes Chaos zu schaffen, in dem allein das Ich sich auszukennen gelernt hat. Vor jeder Erwähnung der Prinzessin sucht das Ich dringend nach einer Mappe ohne Bezeichnung. Eine Suche, die sich m. E. schon auf das Verstecken oder aber Wiederauffinden der noch nicht geschriebenen (aber schon gewußten) Geschichte bezieht. (S. 42)

Die Nachrichten aus der Hölle des töchterlichen Es beginnen zumeist mit einer Formel, die einer Anrede an den Höchsten, an eine richterliche Gottesinstanz, ähnelt. »Mein Vater« heißt es immer wieder, als könnte nicht oft genug bezeugt werden, um wen es sich handelt. Er ist der Vatergott, der die Tochter verlassen hat und – schlimmer noch – aufgesucht und zerschunden hat.

Natürlich erfahren wir viel über das Gesetz des Vaters, über die Macht seiner Stimme, die die ihre zum Schweigen gebracht hat. Es hat sie aus ihrem Körper vertrieben, hat sie entleibt, Blutschande getrieben, sie verschachert, ihr jedes Wort aus dem Mund gerissen.

Er ist der Vater, den wir alle haben – ein Mörder.

Die Vaterträume sind aber nicht die zerstörungsfreien Erinnerungen der »untersten Nacht«, sie bilden nicht den Kern der Begründung für die Verwerfung des weiblichen, respektive anderen, ästhetischen Entwurfs. Denn sie werden vom Resultat der Einprägungen und Verurteilungen her erzählt und das alpträumende Erinnern ist durch diese noch immer gestört. Insofern sind sie eher Teil der Sammlung von Indizien, die helfen sollen, einen gültigen Beweis zu erbringen, daß die Zerstörung des weiblichen Ichs dem legitimen Gesetz selbst anzulasten ist. (S. 60)

Vergessen,
was schon vergessen ist

Je nachdem, wo wir uns gesellschaftlich überwiegend aufhalten, wird uns das gegenwärtig Vorhandene als schlecht, mittelmäßig oder hervorragend erscheinen. Sind wir in der nun schon vielen geläufigen Position, gleichzeitig intellektuell und erwerbsmäßig tätig zu sein, dann sind wir in der Lage, die Sache als das zu erkennen, was sie ist und nichts dagegen tun zu können, sondern im Gegenteil, wie immer, durch die eigene Arbeitskraft die Verhältnisse im Schlechten noch weiterzutreiben. Wenngleich unser Anteil und Einfluß hier verschwindend gering sind und: Wenn wir es nicht täten, würde unseren subalternen Platz eine andere Person einnehmen.

Eine Person, die möglicherweise nicht über unsere analytisch-kritische Potenz verfügte und ihre Arbeit ohne Widerstände ausfüllte. Unsere Widerstände sind schwer und gehen immer nach innen – mehr oder minder. Hier zu kämpfen hat ja auch keinen Sinn – allenfalls führt es zu Arbeitsplatzeinbuße und damit verbundenem Mehraufwand in puncto Alltags/Existenzsicherungsbewältigung.

Trotzdem: die jungen ArbeitnehmerInnen mit gleichzeitiger aufgegebener oder noch vitaler Universitätsbindung steuern breitenwirksam auf einen letalen Punkt zu, der lautet: Hauptsache, ich habe Arbeit. Ein fester Vertrag mit Firma X und ich bin aus der gröbsten Angst draußen. Natürlich bleibt bei den ästhetisch Sensitiven und politisch mal irgendwie interessiert/engagiert Gewesenen ein dumpfes Nachbeben von schlechtem Gewissen, das aber umso rüstvoller mit Rechtfertigungsreden verjagt wird, desto näher die angesprochene Person der eigenen guten, aber naiven Vergangenheit zu stehen scheint.

Es ist nicht wahr, wie einmal eine behauptet hat, daß Erwerbsarbeit radikalisiere. Es ist vielmehr so, daß die Wahrnehmungen und das Befinden, die der Radikalisierung geschuldet sind, über weite Zeitspannen keinen Aussageort haben. Dieser Referenz- und Realisierungsmangel führt zur Nervosität und diese wiederum zur Apathie. Abwesenheit von Pathos führt nicht zu Sachlichkeit, sondern zu Selbstverschluß. So nehmen sich viele beim fremden Wort und vergessen, was schon vergessen ist. Das führt nicht zu Befriedung, sondern zu seelischen Wucherungen; man kann auch sagen: zum Anwachsen des Unbewußten.

Die Tat ist Realisierung. Verbindet sich die Tat mit unserem Inneren, dann werden wir real. Vielfach befinden wir uns aber in einem Raum, der uns so unerheblich erscheint, das er die Grenze zur Fiktion überschreitet. Dann sind auch wir nicht wirklich, eigentlich ganz anders und gewiß nicht für immer so wie jetzt.

Oft bedienen wir uns dieser Beschwichtigungen, und im Moment der Selbsttröstung fühlen wir einen sentimentalen Schmerz.

Wir denken an uns wie an liebe, ferngewordene FreundInnen, die wir nostalgisch anbeten. Reservatsfreuden, wobei unklar ist, wer hier gefangen gehalten wird: sie oder wir.

Das Schizoid der Welt hat uns erreicht. Und dann setzen wir uns einen Schuß mit einem Buch, das andere geschrieben haben und das wir wenigstens noch lesen können.

Ortlos – Ausgewiesene Schuld

> Wenn man mit Leuten redet, die einen
> nicht wirklich verstehen, fühlt man im-
> mer, das man has made a fool of one-
> self, wenigstens ich. Und das geschieht mir
> hier immer wieder.
>
> (Ludwig Wittgenstein)

Der Ausgang aus der angeblich selbstverschuldeten Unmün-
digkeit hat die Unschuld zur schuldigen Mündigkeit ent-
führt. Sind wir glücklich aus dem früheren Raum heraus, so
ist doch das Leben ohne die Begrenzung im Raum nicht
möglich, wenngleich durch den Traum vorstellbar.

Der uns umgebende Raum wird zu einem Ort, einer Bleibe, die bestenfalls der Einlaß in eine temporäre Behausung
ist. Das Gespräch mit einem Menschen kann zu einem ber-
genden Behaustsein führen. Freilich ist hier die Rede von einer glücklichen Ausnahme.

Dreizehn Jahre ist es her, daß Herbert Gamper ein außer-
ordentliches Gespräch mit Peter Handke führte und es, ganz
ordentlich, durch den Suhrkamp-Verlag veröffentlichen ließ.
Der Titel des Bandes ist ein poetologisches Bekenntnis Handkes und illustriert in äußerster (oder auch innerster) Ver-
dichtung die ästhetische Topographie der Literaturen des Au-
tors:

»Aber ich lebe nur von den Zwischenräumen.«

Ein Satz von Gilles Deleuze mag die Spezifität dieses
Zwischenraumes, den ich mir behelfsweise als Lücke vorstelle, verdeutlichen. In seiner Arbeit über Melvilles *Bartleby*
schreibt Deleuze: »Wenn es (...) zutrifft, daß die Hauptwer-
ke der Literatur stets eine Art Fremdsprache in der Sprache
bilden, in der sie geschrieben sind, welcher Hauch von Wahnsinn, welcher psychotische Atem durchzieht dann nicht die
gesprochene Sprache?«

Handke äußert zu Beginn des Gesprächs mit Gamper, so als fürchte er das Öffentlichwerden einer Peinlichkeit, den Wunsch, dieser möge doch seine allzu »spiralige Sprechart« ein wenig glätten und sie so vom Rand der Agrammatikalität rücken. Gamper widersetzt sich dem und erweist sich als verständiger Gesprächspartner. Schließlich seien Handkes Wiederholungen und agrammatikalischen Sprecharten keine Redundanzen oder Fehler. Vielmehr werde in ihnen jener Zwischenraum produziert, der der Ort des Poetischen sei.

Wenngleich es stimmt, daß die Alltagsrede durchzogen ist von Versprechern, Serialität, Auslassungen oder Verwechslungen, so ist nicht minder wahr, daß ein *absichtlicher* Überschuß in der Sprachproduktion gemeinhin als Abfall denunziert wird. Die von der standardisierten Rede abweichende Komposition wird notorisch und xenophobisch als fremdsprachlich ausgewiesen und abgewertet.

Mit Bestimmtheit tritt dieser Fall ein, wenn das deterritorialisierende Verfahren von einer Sprecherin unternommen wird, der eine Art Naturrecht an der Sprache nicht zukommt. Das Ressentiment, welches sich in diesen Sprechsituationen zeigt, hat mehrere Ursachen.

Es könnte auf der Hand liegen, daß die nativen SprecherInnen gewöhnlich davon ausgehen, daß ihre Sprache ihnen als natürliche Gabe zusteht. Tritt ihnen nun eine Sprecherin entgegen, die nicht ist wie sie selbst, die also keine Muttersprachlerin ist, sondern sich die Sprache(n) in unermüdlichen Exerzitien angeeignet hat und sich an deren Enden besser darin auskennen mag als die natürlichen SprecherInnen, dann droht eine Krise, das Verhältnis zu zerrütten. Denn die ursprünglich Sprechenden fühlen sich mitunter in eine unnatürliche Konkurrenz gezwungen. Sie erleben sich als rechtmäßige Eigner ihrer Sprache, wohingegen das verdächtige Gegenüber nur eine Leihgabe im Mund führt. Diese bloß geborgte Ware kann durch kein Geld der Welt in einen rechtmäßigen Besitz umgewandelt werden. Die Sprache ist wie die Seele unverkäuflich, aber käuflich. Deshalb wachen die Besitzer darüber, daß mit ihrem Gut kein Unfug getrieben wird. So als wollten oder könnten sie es jederzeit zurückfordern.

Das Sprechen der Fremden ist von einer grundsätzlichen

Gefährdung begleitet. Sie läuft Gefahr, entsprechend ihrer Fertigkeit sprechend schuldig zu werden. Der ganze mögliche Zierat ihrer Rede wird als Hehlerware ausgewiesen, die nun frech als Geschenk im Gespräch wieder auftaucht. Wenn sich also die Schuld als bindendes soziales Faktum einstellt, dann ist jeder Versuch der Entschuldung zum Scheitern verurteilt. Nur die Entbindung vom Sozialen, von einer Behausung, könnte die Schuld tilgen. Wirft man sich mit einer letzten Kraft auf die asozialisierende Passivität (in die Stummheit bzw. die geläufige Rede), dann wird man wenigstens und allenfalls an sich selbst schuldig. Aber das ist kein Ausweg.

Die deutsche Sprache gilt bekanntermaßen oder dem generellen Vorurteil gemäß unter den Lebenden (also den zivilisierten Sprachen) als besonders hochwertige Ware. Orthographie, Interpunktion oder Intonation sind ein wahres Minenfeld der Besonderheit und wohl deshalb ist das Deutsche noch immer keine (Aller-)Weltsprache.

§ 1

»Sie sprechen *aber* gut Deutsch!« lobt die vorgesetzte Angestellte, obwohl die so Angesprochene in Wahrheit schwachsinnig ist. Spricht sie doch von Natur aus einen Eingeborenenakzent, den niemand in der zivilisierten Welt zu benutzen in der Lage ist.

§ 2

»Du sprichst aber komisch!« rufen die lieben Kleinen und wittern die Künstlichkeit der Rede, die sich nicht im freien Spiel der Kräfte, sondern in auszehrenden Lesenächten einstellt.

§ 3

Stille nach einer Rede, die kein Monolog werden sollte. Die Seminaristen stoßen sich nicht mit dem Ellbogen an. Schließlich ist nicht mehr Schule.

§ 4

Die anderen sind schlechter dran. Sie haben das eine vergessen und das andere nicht gelernt. Ich spreche alles! Auch ohne Edikt.

§ 5

Neben mir ein beinahes Opfer meines mir neu zugekommenen Volkes. Immerhin: er ein Mann und ich sein Gegenteil. Aber: ich – mögliche Mutter einer Herrenrasse, er – Deportationsfracht meiner faschistischen großen Brüder. Ich verstecke meine Identitätskarte. Er nicht. Er spricht nur die Sprache seines Opfervolkes. Der Konsulatsbedienstete ist sehr höflich zu dem Mann. Sind irgendwo versteckte Kameras des Ersten Deutschen Fernsehens in Stellung gebracht? Der Bedienstete macht mit mir Witze. Er fragt nach meiner Arbeit. Ich antworte in langsamer Muttersprache. Er ist wohlgesonnen. Mutmaßlich: ein Royalist.

§ 6

»Wie lange sind Sie schon in Deutschland? Wann gehen Sie wieder zurück? Sie haben sicher Heimweh!« Sehr lange (zu lange); Nie mehr (das ist keine mögliche Antwort); NEIN (wie kalt doch diese intellektuellen Frauen sind).

§ 7

Bis 1982 hörte man *es* noch. Im Hochsommer des gleichen Jahres verschwand es für immer. Danach: »Man hört Ihnen das fast gar nicht an, daß Sie woanders zu Hause sind.«

§ 8

Eine andere Angestellte mit einem sehr dicken Arsch: »Ich hatte mal einen Schäferhund, der hieß genauso wie du.« Lachen. Ich lache nicht mit. Ich nehme mich zu ernst.

§ 9

Ein Professor sagt: »Sie sehen doch richtig arisch aus (Schmunzeln, war nur ein Witz). Da haben Sie bestimmt keine Probleme mit rassistischer Aggression!«

§ 10

1979: Die Eltern suchen immer noch eine neue Wohnung. Das Kind erledigt die Telefonate mit den Vermietern. Wenn die Vermieter dann den Vater des Kindes vor sich haben, schlagen sie beiden (auch dem blonden Kind) die Tür in die Kanakenfresse. Das Kind weint tagelang.

§ 11

1999: Die Behördenangestellte sieht über alle Schwarzhaarigen hinweg zu mir hin. Sie lächelt, auch wenn ich keinen Termin habe: »Ihr Name?« Ihr Gesicht hört auf. Es erlischt. Sie ist, obwohl eine erfahrene Kraft, einem Betrug aufgesessen. Denn ich bin innerlich behaart.

§ 12

An der Grenze zu einem Erstweltland stehe ich in der kurzen Schlange und weiß schon, daß das nicht der rechte Ort für mich ist. Ein indisch-englischer Grenzer schnauzt: »Ich behalte Ihren Paß!« Endlich ist es geschehen. Ich werde eingesperrt wegen Mißachtung aller Gesetze. Der Beamte verschont mich. Bin ich so blond?

§ 13

In der Fabrik haben die Polinnen unfehlbare Instinkte. Sie meiden mich: »Wier sin Dojtsche.« In Wahrheit sind sie alle brünett. Man sieht es am Haaransatz. Vom Dazuverdienten kaufen sie sich eine rosa Schlafzimmergarnitur von Möma.

§ 14

1985: Onkel und Tante sagen dem Vater der Nichte ganz im Vertrauen: »Deine Tochter ist nicht ganz in Ordnung. Du mußt sie härter anfassen.« Das Mädchen duzte seine Eltern bei Tisch. Es sprach von selbst in die runden Gesichter der Verwandten. Das Mädchen ist zu dünn und blond. Es trägt eine Brille (wegen der Nächte) und geht im Ausland auf die höhere Schule. Es hat sich schon küssen lassen. Wie haben die das bloß rausgekriegt? Die Kleinbürger haben unfehlbare Instinkte. Sie hassen mich wirklich.

Wenn mir nun einmal und immer wieder als gebürtiger Jugoslawin von deutschen (Entschuldigung.) Normsprechnutzern jenes zweifelhafte Lob *Sie sprechen* aber *gut Deutsch* vorgehalten wird, so äußert sich darin zunächst der klamme Wunsch nach Überlegenheit und territorialer Sicherung der eigenen und als vollkommen (da natürlich) angenommenen Sprachgrenzen. Kraft seines Geburtsrechts ist ein jeder Nativsprecher befugt, ein Urteil zu sprechen über meine Sprachkompetenz. Er vergibt Noten und – wirklich(!) – manchmal kann ich sogar ein *sehr gut* einheimsen. Bloß: In welches Heim soll ich mein Ergattertes schleppen? Denn das Lob wiederholt unablässig meine Ausweisung als von weither, jedenfalls von außen Kommende und beglaubigt die eigene Position als aus der Mitte des Inneren stammende.

Es mag ein Spezifikum hinzutreten, daß alle Gesellschaften kennzeichnet, deren symbolischer Überbau mit der Erfüllung oder wenigstens Proklamation des protestantischen Ethos zu bezeichnen ist. Den hohen Ton dieses moralisch-ethischen Kanons bildet die Gerechtigkeit. Sie ist die Gewähr dafür, daß die Gleichen untereinander gleich bleiben. Das Gegenteil der Gerechtigkeit ist die Verschwendung. Laut der Gerechtigkeitsmaxime steckt in jeder Verschwendung (seien es Geschenke, Freuden oder zweckfreie Handlungen) ein ihr vorgängiges Verschulden. Sei es Diebstahl oder ein anderer Betrug. Die Verschwendung oder Verprassung der Kräfte und Begabungen kann am Ende zum Exodus ökonomischer Prinzipien führen, die als Werkzeuge der Gerechtigkeit unabdingbar sind.

Auch die Arbeit muß ein rechtes Maß haben. Die Tüchtigkeit des Nachbarn soll nicht durch eigene Übereifrigkeit in ein bloß ausreichendes Licht gedrängt werden. Ebenso wenig soll mein müßiger Gang meinen Nächsten ins Laufrad zwingen, auf daß nichts verloren gehe und alles beim Alten bleibt.

Wenn also die fremde Sprecherin eine offenbare Eloquenz oder gar einen poetischen Überschuß aus lauter Überschwang produziert in einer ihr nur gnadenhalber gewährten Sprache, dann exterritorialisiert sie sich selbst. Sie entbindet sich von den Gesetzen ihres Aufenthaltslandes (in dem sie ohnehin nur ein beschränktes Bleiberecht hat und sie wird schon wissen, warum!), die ihr vorschreiben, daß sie äußerstenfalls wie und das heißt auch so viel wie die Gleichen zu sprechen habe. Untersagt ist es indessen, sich durch verschwenderische Sprachgebärden zu exaltieren. Dabei ist durchaus einzugestehen, daß es einer inländischen Intellektuellen in der Regel bei zunehmend witzloserer Verspaßung der Gesellschaft nicht viel besser ergeht. Aber sie wird doch nie jenes Lobes teilhaftig, das ihre ausländische Kollegin zusätzlich mit auf den Weg bekommt.

Das Lob, und damit will ich es nun bald gut sein lassen, ist also in Wahrheit nicht nur eine scharfe Zurecht- bzw. Zurückweisung. Es ist eine Strafe. Die Schuld läßt sich durch keinen Verteidigungsvortrag tilgen, da die *Rede im eigenen Namen* das Ausmaß der Schuld nur vergrößert. Es ist notorisch, daß die zu Meinungen geronnenen Gesetze immer im Namen des Volkes verlautbart werden. Wobei das Volk sein eigener Vormund zu sein hat. Die selbstregulativen Kräfte des Sozialen sind so stark, daß Meinungsverschiedenheiten unter den Gleichen als belebendes Moment gefördert werden. Die Meinungsbefugnis ist jedoch daran gebunden, daß die eigene Meinung stets auch die des anderen sein könnte und umgekehrt.

Jedenfalls: Ohne die Kenntnis meines Namens stellt sich bloß mancherorts der chronische Intellektuellenhaß ein und eine durchaus verständliche Verständnislosigkeit, die man ungern, aber insgeheim doch, sich selbst anlastet. Wenn dann aber das Kind beim Namen genannt wird, verschwindet der angestrengte Blick und wird von einer lässigen Milde abgelöst. Aus der vermeintlichen Klassenfeindin ist ein Glückskind geworden, das eigentlich eine Totgeburt hätte werden sollen. Was hätte ich schließlich auf, im, unter, hinter dem Balkan, also da unten werden können. Ohne Herrn Goethe und Dr. Martin Luther hätte ich nichts gehabt und wäre doch mit dem wenigen zufrieden gewesen. Das macht mich so sympathisch wie Onkel Tom, der sich aber modisch im Aufwind befindet, wohingegen die SlavInnen überwiegend in vormodernen Bauernschürzen auf alten Lastwagen gezeigt werden können. Aber Schluß jetzt mit den Witzen.

Die Szene meiner Entlarvung ist peinvoll und der sie begleitende Satz *Ah, Sie sind gar nicht von hier* soll mir die Erkenntnis aufzwingen, daß ich mich stets nur scheinbar als Lebende unter den Lebenden bewege. Auch wenn eine folkloristische Version meiner Person satter machen würde, so tauge ich doch immerhin als Zwischenmahlzeit.

Wenn die Szene einsetzt und die Authentischen ihren Satz abfeuern, dann möchte ich es regelmäßig wie Bartleby halten, der mit seiner Formel *I would prefer not to* eine Logik »der negativen Präsenz, des Negativismus jenseits jeder Negation« ausdrückt. Dabei beeindruckt mich vor allem die Position, jenseits jeder Negation zu sein und trotzdem nicht in die Affirmation zu geraten. Es ist ein Dekret gegen die Prinzipien des dualistischen Verfahrens, dessen Erlasse noch in jeder Identitätspolitik wirksam sind.

Denn ich bin so wenig (oder so viel) von hier wie von dort.

Der unverstellte Blick

Immer, wenn meine Mutter am Ende einer Woche nach Hause kam, rief sie lachend und noch vor jeder Begrüßung »Oh, Freitag!« Mit einer kecken losen Geste warf sie die Alltagstasche auf den Sessel und verschwand in die Küche, um sich den ersten Kaffee in Freiheit aufzubrühen. Ihre Bewegungen verrieten einen mädchenhaften Überschwang. In jedem Schritt verbarg sich ein kleiner Sprung. Bis das letzte der nummerierten Bällchen durch die Röhre in seine Mulde geglitten war, also immerhin bis zum frühen Samstagabend, blieb sie in guter Stimmung, dieser Mischung aus Erleichterung, abgemessener Freude und Erwartung. Zuletzt hat meine Mutter in einem mittelständischen Unternehmen als Metallschleiferin gearbeitet. Die Narben an ihren Armen sind gut verheilt. Nur ein kenntnisreicher Blick sieht das feine Muster auf der Haut, das umherspringende glühende Metallspäne hinterlassen haben. Manchmal hat ein Span die Oberfläche durchdrungen und ist in die darunter liegende Schicht eingezogen. Die Entzündungen waren aber nie so arg, dass ein Arzt hätte aufgesucht werden müssen. Am Sonntag und nach ungezähltem Händeschrubben waren ihre Fingerkuppen vom Schleifrückstand gesäubert. Von ihren Kolleginnen sprach sie manchmal mit heißer Verachtung, dann wieder mit gütiger Nachsicht. Sie waren für sie eine harmonische Gruppe von bösartig Ungebildeten. Vulgär, rassistisch, grob im Fühlen und Denken, ohne jede Bildung des Herzens. Oft sagte sie zu mir »Du kannst Dir nicht vorstellen, wie gemein, wie armselig das alles ist.« Nach 15 Jahren Betriebszugehörigkeit und mit 52 Jahren war sie eine der ersten, denen gekündigt wurde. An diesem Tag hat sie nicht gewartet, bis die Wohnungstür hinter ihr zufiel. Sie hatte schon vor dem Fabriktor angefangen, leise, sehr leise zu weinen, weil dramatische Gefühlsausbrüche nicht ihre Art sind. Und zu Hause hat sie ohne Unterlaß bis zum späten Abend getrauert, als sei ihr etwas Liebes entrissen worden. Ich glaube, es war ihr größter Trost, dass ihre Kolleginnen zahlreich anriefen und ihre Empörung über die Kündigung ausdrückten. Erst da habe ich begriffen, dass meine Mutter beliebt gewesen ist.

Meine Mutter hasst das Metallfach. Trotzdem war sie, bevor sie Metallschleiferin wurde, auch als Löterin genau und gewissenhaft.

In der harten Zeit, die bei uns in die frühen Siebziger fällt, mußte sie Büroräume putzen. Für diese Arbeit hat sie sich geschämt. Ich habe erst als Halbwüchsige davon erfahren und es meinen KlassenkameradInnen zunächst verschwiegen. Später diente mir die Maloche von Vater und Mutter als Ausweis meiner proletarischen Herkunft und Haltung. Nicht gerade eine feiner Zug. Aber ein erstaunlich wirkungsvolles Mittel der Provokation, wenn eines der Kinder ausgerechnet auf ein Elitegymnasium gehen will, und das einzige Arbeiter- und Ausländerkind ist inmitten von – mal mehr mal weniger – großzügigen Ober- und Mittelschichtssprossen.

Meine Mutter liebt das Sekretariatsfach. Auch, weil es in einem Büro sauber und ruhig ist. Die Menschen dort, so glaubt sie, sind freundlich und heiter. Weil sie von schönen Dingen umgeben sind. Weil durch die großen Bürofenster die Sonne scheint. Weil ihre zarten, noch so lange jungen Hände weißes Papier fassen und ihre schlanken Finger auf kleinen Tasten ruhen oder mit elegantem Schwung über die Tastatur tanzen. Es ist ihr schönster Traum, dass ich einmal zur Sekretärin gekürt würde.

In der silbernen Zeit war sie in Hamburg in der Großküche eines Krankenhauses angestellt. Davon spricht sie noch heute gern. Nicht nur, weil sie damals jünger war als ich es heute bin. Und deshalb noch nicht alles entschieden war. Die Arbeit in der Küche eines Krankenhauses machte sie beinahe zu einem Teil des medizinischen Personals. Und nicht viel in der Welt war für sie anbetungswürdiger als ein Arzt oder eine Ärztin. Daß die meisten ihre Bewunderung nicht verdienen, hat sie später erfahren, als sie älter und auch einmal krank wurde.

In der goldenen Zeit aber war meine Mutter Lehrerin für

Geschichte und Geographie an einem Gymnasium in Zagreb. Nicht nur ist sie das einzige von fünf Kindern, das eine Schule länger als vier Jahre besucht hat. Sie hat für ihre Ausbildung buchstäblich gehungert. Und das ist keine balkanische Folklore. Der Mangel an Lehrkräften machte es möglich, dass sie auch ohne Staatsexamen unterrichten durfte. Es hieß, daß sie es bald nachholen könne. Zu gegebener Zeit, die dann aber doch nie kam. Statt dessen hat es sie in die Welt verschlagen. In eine andere Welt. In ein deutsches Auffanglager, in ein Ausländerheim. Hier hat sie meinen Vater kennengelernt. Einen Metaller und fabelhaften Fußballer, der gern geworden wäre, was meine Mutter schon gewesen war. Der jüngere Mann hat ihr gut gefallen. Für so einen verwegenen, charmanten, klugen und hübschen Jungen hatte sie sich aufgespart.

Vor zwei Jahren ist ihr etwas widerfahren, das schon für einen sich im existentiellen Sinne unversehrt fühlenden und sich seiner körperlichen und – sagen wir – seelischen Integrität sicher seienden Menschen eine ernste Erschütterung gewesen wäre. Für meine Mutter, die erfahrene Fatalistin, war es die folgerichtige Endung ihres Lebens als trauriger Roman, dessen Anfang bereits kaum einen glücklichen Schluß vermuten läßt. Was nicht heißt, daß man nicht auf jeder Seite, die man umschlägt, etwas Gutes, jedenfalls eine Wendung zum Besseren, erhofft.

Für meine Mutter, das sprungbereite, Taschen und Sachen werfende Mädchen, für meine Mutter, die unbeholfen Zärtliche, für meine Mutter, die Studentin mit der Hoffnung auf ein gutes Leben, für meine Mutter, mit den blanken gütigen Augen, für meine Mutter, die auch kokett sein kann, für meine Mutter, die Lehrerin mit dem unbezwingbaren Wunsch, aufzubrechen in ein Abenteuer, für meine Mutter, die geliebte ungeliebte Mutter, für meine Mutter, die sich stets als Fremdling fühlende Frau, für sie war es der unverstellte Blick in den Horror, daß der andere sich ausdehnen kann in Dir, indem er Dich auszulöschen sucht.

Im Abteil einer gut gefüllten Straßenbahn ist es ihr geschehen, daß ihre bloße Hand einen anderen zum Ausholen reizte. Ihre Hand, die eine Stange umfaßt hielt, um nicht hinzufallen. Mit einem einzigen kraftvollen, präzisen Schlag seines Knüppels hat er meiner Mutter die Hand zertrümmert.

Die Anästhesierung eines starken Schmerzes durch sich selbst, ist ein vielen bekanntes Alltagsparadoxon. Erst, wenn der Schmerz ein klein wenig nachläßt, entfaltet er seine ganze Wirkung. Meine Mutter ist diesen ersten Augenblick und noch ohne einen Blick für ihre Verwundung, ruhig geblieben. Sie hat den Anderen angeblickt und ihn gefragt »Warum?« Er gab eine einfache Antwort, die der Brutalität seiner Handlung in einiges nachsteht »Weil ich solche wie Dich gerade leiden kann!« Erst dann habe sie das aus ihrer Hand fließende Blut bemerkt. Das Blut auf ihrer Kleidung und auf dem schwankenden Boden. Der Schmerz sei schlimm gewesen, aber nicht so unauslöschlich brandmarkend wie der Überfall selbst, das mörderische Gaffen, ja, Grinsen der reichlich anwesenden Mitfahrerinnen und die Antwort auf ihre Frage. Wirklich, sie sind noch eine neben dem anderen ausgestiegen. Sie, weil die Bahn an ihrer Station angekommen war und er, um zu fliehen. Obgleich ihn niemand und nichts verfolgte. Noch als sie so beieinander standen, hat sie aus voller Kehle und verzweifelt geschrien und geweint. Auch die Vorstellung dieses schreienden Weinens ist mir schrecklich, weil ich die Mutter als einen wohl traurigen, aber vor allem gefassten, disziplinierten, eher sachlichen und trotz allem auch zur Fröhlichkeit bereiten Menschen kenne. Zugleich habe ich Hochachtung dafür, daß sie sich nicht hat den Mund stopfen lassen. Es ist nicht leicht für eine, die Stimme zu erheben in einem Raum, in dem sie nur Geduldete ist. Und auszuhalten, daß die Duldsamkeit der Befugten von einem Augenblick zum nächsten aufhören kann. Es braucht keinen Grund für das Ende der Geduld, wenn schon die Tatsache deines Daseins den Grund für die Duldung bildet.

Ich vermute, daß ihre Ansprache an den jungen Mann ihr das Leben gerettet hat. Später erzählte sie, daß er ein zweites Mal ausgeholt und auf ihren Kopf gezielt habe. Ihr Wort hat ihn aufgehalten. Unversehens war aus dem Parasiten am Volkskörper, aus dem Unglück für Deutschland eine Einzelne geworden. Für ihn war es wohl immer noch die Stimme der Fremden, aber immerhin eine Stimme.

Es darf nicht unerwähnt bleiben, daß es zum Ende doch noch eine Frau gab, die den ausgestreckten Arm meiner Mutter ergriff. Sie war im angrenzenden Abteil gewesen und sah meine Mutter auf dem Bahnsteig stehen. Ohne ein Zögern sei sie ihr zu Hilfe gekommen. Sie habe sie getröstet und gehalten, zum Arzt gebracht und zur Polizei begleitet. Danach führte sie meine Mutter den langen langsamen Weg nach Hause. In der Wohnung habe sie bei ihr gesessen bis zur Ankunft meines Vaters. Eine Hausfrau mittleren Alters, mit zwei halbwüchsigen Kindern, die an diesem Tag auf ihr Mittagessen haben vergebens warten müssen. Es gibt diese seltenen Fälle, wo eine von der Not einer anderen weder abgestoßen noch angelockt wird. Wo die eine die andere an die Hand nimmt. Einfach so.

Im Kaufhaus. Sagt die eine Kassiererin zur andern: »Wenn sie wenigstens die Heizung nicht immer so aufdrehen würden.« »Hauptsache Arbeit. Heutzutage«, antwortet ihre Kollegin. Ihre Stimme ist Vorwurf und für die Leute auf der anderen Seite, die Kundinnen, vernehmlich. Und soll es wohl auch sein. Die andere spannt sich sichtbar und senkt ihren Blick. Was soll sie auch sagen. Allein schon gegen diese kleine Alltagsbeobachtung wirkt die Schmonzette, die derzeit als Werbespot der aufgestandenen Anständigen durch die Kinos flutet, dreist und lächerlich: Eine mit Stars der deutschen Unterhaltungsbranche vollgestellte Straßenbahn. Ein Schwarzer wird von zwei Glatzen angepöbelt. Eine Frau geht dazwischen und wird von den Kurzhaarigen zu Boden geworfen. Nach flüchtigem Zögern ergreifen die Mitfahrenden die Initiative. Sie stehen auf für Menschlichkeit und werfen die Skinheads aus dem fahrenden Zug. Diese finden sich auf allen Vieren vor den Hufen einer Kuh wieder, deren dösigen Blick sie artgerecht beantworten. Was uns wohl sagen soll, dass Skins nur dumme Rindviecher sind und die Artenschranke die Guten von den Bösen trennt. Selten war bürgerliche Noblesse so billig zu haben wie heute.

vaterfahrt

im schaufenster sah ich zwei. sie unterhielten sich nicht. zwei männer mittlerer größe – beide betont übergewichtig –, ein dritter stand draußen. davor. behende streckte er die arme nicht in die luft und nicht in luftige höhe. er streckte die arme nach den beiden schaufenstermännern aus. er umarmte sie, lautlos und ohne sie zu stören. denn sie unterhielten sich nicht. der dritte wippte von einem fuß auf den anderen. er tanzte lachend. er ist ein bekannter verrückter. bekannt in diesem viertel der stadt.

während der verrückte vorbeigehende passanten und passantinnen langweilte (die meisten kannten ihn ja schon), rührten die plastikmänner schaufensterlöffel in ihren kaffee, ihre kurzlebige lagerstatt – ein tisch wie sie, bloß eben schlanker – diente ihnen zur raffinierung ihres etwas kühlen verhältnisses. der eine: maurer in der mittagspause. der andere: maurer in frühzeitiger freisetzung. was können diese beiden sich zu sagen haben?!

tatsächlich gibt es ebenerdig nicht immer etwas zu essen, tatsächlich gibt es eben nicht immer etwas zu saugen.

die caféhausmänner besahen sich ein weilchen so nebenbei und ohne grund mit doppeltem boden. der eine trug – nicht ohne not – seinen blauen arbeitskittel, auf dem getrockneter mörtel alten schorfs klebte. der andere trug – nicht ohne not – seinen beigen blouson zu grabe. beide schwitzten in der erwartung bevorstehender ereignisse. hüben ein freudiges, drüben ein trauriges; welches soll zuerst genannt werden?

auf der straße stand, jetzt etwas abseits des schaufensters, noch immer die hellgraue windjacke und schlenkerte, ganz ihrer bestimmung gemäß, im wind. eigentlich schrieb sie lieber in einer dunklen ecke sentimentale verse, und dieser job mit dem wind war bloß einem vorübergehenden engpaß zuzuschreiben. im altkleiderlager der caritas war es muffig und beklemmend gewesen. keinen augenblick hatte sie sich in ruhe ihren gedanken an früher hingeben können; ein ständiges kommen und gehen abgerissener kollektionen unterstrich noch die dürftigkeit ihrer lage. doch sie wußte, daß es nicht immer so sein würde, und jetzt war sie wenigstens an der frischen luft. aber es lag sich nicht eben gut auf dem unreinlichen polyesterhemd, und auch sie selbst hatte schon besser ausgesehen. nun, ihre schuld war es nicht. ihr herr wusch sich nicht und sein sabbermaul sprach unlautere dinge auf ihren kragen, der nur immer zurückstarren konnte vor schmutz.

der traurige stand auf; suchte noch nach einem abschiedsgruß, fand keinen und überdies schien es ungewiß, ob der andere es begrüßen würde, durch eine ansprache mit ihm in verbindung gebracht zu werden. über all der traurigkeit vergaß er beinahe zu zahlen, stammelte entschuldigungsworte, die, wie er wohl sah, besonderes mißtrauen erzeugten und verließ, den kopf auf der brust, das café. draußen stieß er mit dem verrückten zusammen und riß an dessen hellgrauer windjacke. der verrückte wankte, lachte, schlug hin, rappelte sich wieder auf, wischte sich die aufgeschürften hände an seiner jacke und schlenkerte mit allem, was sich so in reichweite befand; kopf und arme waren dabei besonderer bewegung ausgesetzt. denn: hand auf's hirn, wer hätte jemals ein anderes bild erwartet?

der traurige warf ihm noch ein paar schimpfworte zu, nichts wirklich ernstes, nur der situation mutmaßlich angemessenes und ging seiner unbestimmten wege.

Ein Fall

Es ist heute nicht genau drei Jahre her. Ich möchte behaupten, daß es nie genau drei oder mehr Jahre her ist. Der Mensch wacht nicht in der Nacht auf oder auch am späten Morgen und weiß, daß dreimal 365 Tage vergangen sind. Obgleich die Feier von Jubiläen, Todes- und Geburtstagen einen akkuraten Anfang oder ein Ende unterstellt. Die meisten aber wissen, daß es schon früher begonnen oder geendet hat.

In meinem Fall liegt es nur ungefähr drei Jahre zurück. Damals ist meine Tochter gestorben. Sie fiel einfach mit einem leeren Geräusch auf den Teppich und rührte keinen Finger mehr. Nicht für mich und für niemanden mehr. Später wurden Diagnosen gestellt, die die Unvermeidbarkeit dieses plötzlichen Falls bewiesen.

Der frühe Tod meiner Tochter war unvermeidlich, aber nicht deshalb, weil ihr zu viel und zu schnell das eigene Blut in den Kopf gestiegen war, sich dort ergoß und alles wegriß. Sie ist hingefallen und nicht wieder aufgestanden, weil sie sehr müde war. Sie war so müde, daß sie sich noch im Fallen entschlossen haben muß, nicht wieder aufzuwachen.

Ich nehme ihr ihre Entscheidung nicht übel.

Obwohl ich seit ihrem Tod nicht mehr auf die Straße gehe. Was sollte ich auch da draußen. Früher hat mich der Klang ihrer Stimme behütet. Im Schutz ihrer Sätze saß ich trocken und warm. Seit ihrem Tod bin ich taub und fühle doch den Lärm, der aus den Menschen kommt.

Meine Tochter hat keinen Krach geschlagen. Sie war eine freihändige Leserin. Mein Finger löst sich nie vom Blatt, weil ich erst spät lesen gelernt habe. Dann aber keine Gelegenheit dazu ausließ. Heute nehme ich ein Buch nur noch zur Hand, um mich der gemeinsamen Lektürestunden zu erinnern. Nachdem meine Tochter keine neuen Bücher mehr anschafft und ich unseren Bestand auswendig kenne, ist es kein wirklicher Verlust, daß ich nicht mehr lese.

Was ich nicht lese, esse und vertrinke ich. Dreimal am Tag lasse ich mir Mahlzeiten kommen. Mit dem Getränkemarkt habe ich einen unbefristeten Vertrag geschlossen. Die verdienen an mir wie an einer Großkundin. Ein bißchen sind sie in der Klemme. Wenn ich so weitermache, ist der Ofen bald aus. Schränke ich mich ein, auch. Denn in diesem Fall gibt es nur eine Art der Einschränkung. Aufhören.

Nach der Bestattung habe ich die Urne mit nach Hause genommen und die Asche meiner Tochter in der Wohnung verteilt. Ich achte darauf, den staubigen Pfad nicht zu betreten. Ein sentimentaler Luxus, der mich einige Mühe kostet. Weil ich so fett bin, daß mir die sorgfältige Koordination meiner Bewegungen schwerfällt. Manchmal bin ich verwirrt. Die unklaren Fußspuren deuten meinen Weg vom Wohnzimmer in die Küche an. Weswegen ich die Unternehmung auf mich nahm, beantworten sie allerdings nicht. Ich streiche nach solchen Vorfällen mit der Hand über die Asche. Ein wenig davon bleibt an der Haut kleben. Ich schwitze es im Lauf von Stunden weg, was die einzige Art der Reinigung ist, die ich auf mich nehme. Seither.

Meist sitze ich im Sessel. Unter dem Sessel ein Nachttopf. Den habe ich aufgrund anfallsweiser Inkontinenz schon vor dem Umfaller der Tochter anschaffen müssen. Oft bleibt der Topf aber leer und die Notdurft versickert im Polster. Ich nehme an, daß der Gestank selbst kindlichen Gemütern unerträglich ist. Die Bringdienstler haben sich entschlossen, mir die Waren nur noch vor die Tür zu stellen.

Es sind jetzt etwa zwei Jahre vergangen, seit ich einen Menschen gesehen habe. Es können weitere zwanzig vergehen, ohne daß ich vergesse, wie ein Mensch aussieht. Möglich, daß sie mir selbst immer ähnlicher werden. Schließlich bin ich das einzige Modell, an dem ich Maß nehmen kann.

Allem Anschein nach führe ich ein außergewöhnliches Leben. Bemerkenswert ist, daß ich alles Anfallende liegen lasse. Mich erstaunt, wieviel ein Mensch bewirken kann, wenn er nichts tut, außer zu trinken, zu essen, das Eingenommene wieder auszugeben und schließlich und die bei weitem überwiegende Zeit zwischen Dämmer und Schlaf zu verbringen. Meine Behausung hat keinerlei Ähnlichkeit mehr mit der schlicht eingerichteten Wohnung, die ich vor etwa zehn Jahren bezogen habe.

Es ist eng geworden um mich herum. Die einzige Freifläche bildet die Aschespur auf dem Boden. Die Aluminiumnäpfe sind ein blinkendes Gebirge. Tiefe Schluchten zeugen von meinem Canossagang zur Wohnungstür. Auf dem Rückweg nutze ich den Spalt zum behenderen Ausschreiten. Trotzdem kann ich weitere Gerölllawinen nicht verhindern.

Einmal am Tag sehe ich nach dem Benjamin. Zwei pergamentene Blätter hängen noch an einem seiner knöchernen Zweige. Als grünen Winzling mit einer Menge hoffnungsvoller heller Triebe hat ihn mir die Tochter einige Tage vor ihrem Tod gebracht. Gewachsen ist er seitdem nicht, bloß alt geworden. Ein vertrockneter Greis in einem kindlichen Körper. Er weiß nicht, daß er alt ist. Finge ich heute an ihn zu gießen, dann würde er merken, was los ist. Es würde ihn umbringen. Seine beiden Blättchen drängt er so frank in den Raum, daß er sie für eine üppige Krone halten muß. Ich lasse ihm seinen Traum. Schließlich ist er das einzige Wesen in der Wohnung, das träumt.

Glaube ich.

Nach Dir

für P.

Es ist wärmer geworden. Nach einem halben Winterleben kannst Du jetzt endlich aufhören zu zittern. Morgen ist Dein freier Tag. Wir werden auf die Straße gehen. Schon am Mittag werden wir draußen sein. Auf einer Bank sitzen, vielleicht. Du wirst nicht frieren und meine Hand nehmen. Die wird genauso warm sein wie Deine. Dann wirst Du wissen, daß der Winter für dieses Mal vorbei ist.

Gestern habe ich die Zusage bekommen. Es ist seltsam, daß wir nicht vergeblich gehofft haben. Wir waren schon eingeschworen auf die Enttäuschung, die Veränderung zum Schlechteren. Unsere mittleren Jahre haben uns bang gemacht. Wir werden nicht mit einem Seufzer und für immer erleichtert sein. Aber dies ist gewiß: Der kommende Sommer wird anders sein als der zurückliegende. Letztes Jahr hast Du nur die Abendhimmel erlebt. Du warst aber zu müde für sie. An Deinen freien Tagen hast Du Schlaf gebraucht. Wie ich Deine Anrede. Wir haben nicht viel gesprochen, in diesem Sommer und dem langen Winter.

Jetzt, endlich, können wir wieder in die Zeit eintreten.

Dein Zimmer ist unverändert. Alles darin ist wichtig. Die Dinge sind nicht unterschieden. Nicht die toten und nicht die lebenden. Ich verbringe die Tage und die Nächte an Deinem Tisch, in Deinem Bett. Ich esse wenig und das Wenige teile ich noch mit Dir. Es ist schön, daß Du es mir so leicht machst. Du wiegst ja fast nichts und ich kann Dich in die Tasche stecken.

Jeden Tag werde ich Dir ein bißchen ähnlicher. Das ist so bei alten Paaren. Und wenn es so weitergeht, wird man uns eines Tages nicht mehr unterscheiden können. In dieser Stunde werde ich Dich bei mir tragen.

Wenn es soweit ist.

Asche zu Asche.

Computermesse

Die Weißglut des kalten Ofens blendet so.
Blindheit unter Schmerzen geboren.
Wüstenpracht,
in der Du alles erblickst, in der Dir das Alles vertrocknet
zu einer stummen Oase.
Grobe Textur träufelt aus Fraßlöchern,
die sich zu Brauchbarkeit weben läßt.
Das ist genug.
Machen wir alles in einem Abwach
verschlafen wir jeden Alp.

Im Ofen sitzt mein geduldiger Priester.
Er bleibt mir nichts schuldig;
auch die Buße nicht.
Er kennt meine Vorbehalte nicht
und auch ich beginne, sie zu vergessen.
Der Wind streicht über meine kurzfristige Spur
sähe ich zurück, würde kein Weg mein Gewissen belasten.
Unauffindbar bin ich für mein gläubiges Du.

Ich bin der Inquisitor
mein Land ist unbesiedelt.

Die heilige Stadt ist eine Epiphanie,
über ihr das Himmelsnetz.
Jetzt wirft er es aus
und träumt von schönen Erträgen.
So kann man es aushalten.

Die Prüfung

Immer zwei, ein Mädchen und ein Junge. Am Wasser im Sommer am Strand.

Ein Junge jagt ein Mädchen. Er trägt, zerrt und schubst es zum kalten Wasser. Sie lacht und bewegt ein bißchen die Beine, die Arme halten den Jungenhals. Er läßt sie fallen im Flachen, daß sie noch heftiger lachen muß.

Immer zwei. Ein Junge und ein Mädchen.

Noch eines, ein Kleines, steht im Sand. Sieht zu.

Es ist hier und nicht dort.

Es möchte fort an einen Ort, wo es auch ein zweites ist von zweien.

Es lächelt ein wenig und nähert sich. Lachen kann es nicht. Kein Atem in der Brust, nur eine Enge. Schwer setzt es Fuß vor Fuß, die Arme auf dem Rücken. Weil die Hände nichts zu halten haben außer sich selbst. Es fühlt die anderen, die fern sind und es sehen können. Aber niemand schaut hin. Es bleibt auf dem Trockenen. Beinahe kann es sie berühren. Entschließt sich, läuft einem Jungen hinterher, der ein Mädchen trägt, um es zu versenken, um es am Bauch zu berühren und am Schenkel. Eine Hand bemerkt der Junge an seiner Seite und ein brennendes Gesicht im Winkel seiner Augen. Leicht neigt er die Schulter zur Seite und hart trifft es ein Kleines am Kopf. Es strauchelt, es fällt und es fällt. Gehört hat es noch die Weisung des Jungen und gesehen hat es den schiefen Mund des Mädchens.

Ein Mädchen liegt im Sand.

Es steht nicht auf und ordnet seine Kleider. Es hat sich, gerade dort, wo es hingefallen ist, ein Lager bereitet. Und wartet auf den letzten Schlag. Aber nur das kreiselnde, kullernde, schwankende, schallende Gelächter erstirbt.

Ein Mädchen schlägt die Augen auf. Nichts hat sich verändert, es ist nichts geschehen. Es setzt sich auf, es ordnet seine Kleider. Darin ein Körper, der zu schwer geworden ist. Wer soll ihn tragen. Niemand wird es tun.

So hebt es erst das eine Bein und dann das andre. Es hält sich selbst und trägt sich fort.

Morgen wird es wiederkommen.

Drei Menschen am Abend

Eigentlich soll große Furcht vor etwas, einer Situation, einem Zustand oder Umstand, dieses Etwas abwehren. Es ist der Blutzoll, der entrichtet werden muß. Aber dieses Mal hatte es nicht ausgereicht, ihr Einsatz war zu niedrig gewesen: sie stand vor der verschlossenen Wohnungstür; angekleidet nur mit dem Nachthemd, darüber ein altes Sweatshirt und Hausschuhen an den bloßen Füßen. Kein Geld bei sich, nach Mitternacht und draußen harter Frost, Dezember. Undenkbar, bei einer der Nachbarinnen anzuklingeln – und das nicht nur wegen der späten Stunde. Sie war zu unbedeutend in dem dünnen, ausgeblichenen Nachtzeug, sie hätte ihre Stimme kaum zu einer glaubwürdigen Erklärung heben können. Nie hatte sie eine der Hausbewohnerinnen gegrüßt – aus Verachtung und aus Scham vor deren grimassierendem Gruß.

Es blieb nur der Weg in die nächste Kneipe und dort den Morgen abwarten. Die Kälte draußen tat weh und sie zitterte und konnte nicht so schnell laufen wie sie wollte. Sie dachte sich eine Melodie aus und begann stumm zu singen. Die ersten Menschen, die ihr entgegenkamen, waren zu zweit und bekleidet. Sie hielten sie an, und die ersten Worte trafen sie am Ohr. Sie blutete, und das Blut war ganz warm und langsam. Sie sah auf die Stiefel. Vier schwarze dickbesohlte Winterstiefel, und die Stiefel sahen ihr ins Gesicht.

Und ihr Mund füllte sich mit Blut und dann hielt sie ihre schönen, schiefen Schneidezähne in der Hand.

Jetzt sahen sie gerade aus.

Es folgte nicht mehr viel – ein paar schnelle Hiebe der Fäustlinge in die weiche Grube ihres tiefen Leibes und sie sank, wo sie stand, und alles war wieder ganz still und gut und ihr war nicht mehr kalt.

Am Morgen fand sie die Müllabfuhr, aber erkannte noch rechtzeitig ihren Irrtum.

Die kalten, klaren Wintertage ließen noch einige Zeit ihren Gebrauch zu, doch dann war auch damit kein Geld mehr zu machen.

Ihre Grabesstatt fand sie bei nahen Verwandten, die auch niemand mehr brauchte.

Von einem Land vor unserer Zeit

Wer leben will, braucht Zeit. Wer aus der Zeit gefallen ist, lebt nicht. Er kann als Untoter überdauern – sei es als »Lebenslänglicher« im Knast, als »chronischer Fall« in der Psychiatrie oder als Jugoslawin/Jugoslawe in der Weißen Stadt (Beograd), »jene(m) finsteren Hort auf dem Balkan«. (*Spiegel*, 20/99, S. 270)

Der Schmerzensmann und Fischer Joseph hat mit gewohnt sentimentalischer Kraft zur Idiomenbildung einen Satz der Stunde geprägt: Das Europa der Zukunft stehe nun gegen das Europa der Vergangenheit. Was sich in dieser Phrase ohne Umschweife ausdrückt, ist die Musealisierung eines Landes. Verschwiegen wird, daß man die aus der Zerstörung entstehenden Artefakte selbst herstellt, um sie danach als Fremdes respektive Exotisches vorführen zu können. Doch davon später.

Ab dem 24. März ist bekanntermaßen zurückgebombt worden. An diesem Tag war für die einen die Zeit reif und für die anderen abgelaufen.

Daß die USA die erfahrensten Humanitaristen auf Erden sind, ist hinlänglich bekannt. Sie nehmen seit über fünfzig Jahren ihre Rolle als Desinfektor der Welt sehr ernst, zu jeder Zeit, an jedem Ort. Noch gewöhnungsbedürftig ist, daß auch das Neue Europa (einst der belächelte Alte Kontinent) bald überall sein soll (»Europa ist überall«, ARD, 24.5.99, 21:35).

Als sei es endlich in die Reife eingetreten, scheut auch das deutsche Europa endgültig nicht mehr vor aggressiven Handlungen an einem Objekt zurück. Deutschland probt den Ernstfall des Erwachsenseins und es wacht darüber, keine für es notorischen Sonder- als Schleichwege aus der Verantwortung zu nehmen.

Verantwortung für die westliche Wertefamilie zu tragen, bedeutet heute, sozialpolitökonomisch infantil gebliebene

Kleinststaaten mit strenger Hand zur späten Einsicht zu führen, daß nur gewinnt, wer früh genug den Hintern hebt und selbst ans frühe Tagwerk geht.

Im Ernst: Jugoslawien ist zu einem mythischen Land erklärt worden, wo irgendwo im Nirgendwo ein wahnsinniger König herrscht. Er tut dies zu keiner Zeit, an keinem Ort, da er das Böse schlechthin verkörpern muß. Diese Inkorporierung findet jedoch unter Absehung eines realen Körpers statt, da der schurkische Monarch zugleich Hitler und Hitlerdeutschland, zugleich Hussein und dessen öliges Irak darstellen soll. Es ist doch nicht ernstlich zu leugnen, daß die europäische Kopulation – verstanden als Vereinigung abendländischer Vernünfte – in dem Maß voranschreitet, wie sie das symbolisch Andere bzw. Verworfene eliminiert. Nicht erst seit Bekanntmachung der Dialektik der Aufklärung, nicht erst seit wir wissen, daß, wo einer geboren wird, eine andere sterben muß, sollte klar sein, daß wir durch den Krieg gegen das »Europa der Vergangenheit« der Schöpfung einer neuen europäischen Eliterasse entgegensehen. Es ist noch immer wahr, auch wenn es niemand mehr zugibt, daß jedem Krieg eine Erfindung innewohnt. Ein Feind in Gestalt der Bestie muß erschaffen werden, damit seine nachfolgende Auslöschung plausibel und schließlich notwendig erscheint.

Es ist so einfach und durchaus aussprechlich: Das Jugoslawische muß aus der Welt, damit das Nicht-Jugoslawische, das Vereinigte Europa der Zukunft, sich umso deutlicher konturieren kann. Diese Löschung als humanitären Friedensakt auszugeben funktioniert nicht nur wegen der nachträglichen Mystifikation, daß Jugoslawien z.B. immer schon ein Völkergefängnis war, aus dem jetzt endlich auch die letzten ausbrechen. Die ermannte Luftfahrt in ein zivilisatorisch plötzlich und doch eigentlich immer schon so unterentwickeltes Land konnte nicht länger aufgeschoben werden, weil es Jugoslawien unzeitgemäßerweise noch immer gab. Der Glaubensbruder, Katholik und (ich muß lachen) Demokrat Franjo (Franz) Tudjman regiert heute ein nahezu reinrassiges Kroatien, wohingegen in Belgrad oder Novi Sad oder Èurug oder Beèej oder oder noch immer Südslawen aller Art und

Prägung, aber auch Ungarn, Sinti und Roma oder Deutsche(!) leben.

Selbstverständlich habe ich in der Grundschule im vojvodinischen Beèej als zweite Muttersprache Ungarisch gelernt. Die lateinische Schrift war mir nicht weniger vertraut als die kyrillische. Junapot kivano galt mir nicht weniger, erschien mir nur interessanter als mein gekrähtes Dobar dan. Später hätte ich mich entscheiden können für eine zweite, dritte oder vierte Fremdsprache, die da Englisch, Französisch oder auch Russisch gewesen wäre. Ich hätte schließlich und jederzeit, wie das mein kroatischer Cousin, als es an der Zeit war, tat, Ingeborg Bachmann oder Oriana Fallaci, Heinrich Böll, Vladimir Nabokov, aber auch Saussure, Michel Foucault, Wittgenstein oder, wenn ich dazu unbegreiflicherweise jemals Lust verspürt hätte, auch Christian Graf von Krockow bzw. Joachim Fest lesen können. Ist es wirklich ein so unbegreiflich dunkles Geheimnis, daß es in Jugoslawien keine schwarzen oder roten Listen gab und auch keine öffentlichen oder heimlichen Bücherverbrennungen?! Und wer weiß schon, daß Danilo Kis ein Jugoslawe war und sein Vater ungarischer Jude und seine Mutter Montenegrinerin? Er ist übrigens in Paris gestorben.

Ich keuche mich nur deshalb durch das angeblich kerneuropäische Bildungsparadies der jüngsten Vergangenheit, weil der Kriegsdemagogie der selbsternannten, kriegführenden Superzivilisten ein kulturelles Gedächtnis entgegengesetzt werden muß.

Denn ein entscheidender Aspekt der supramilitärischen Strategie liegt darin, die Heterogenität und Historizität Jugoslawiens zu leugnen. Für die USA begann das atomwaffenfreie Land überhaupt erst im Moment seiner Zerstörung zu existieren, für Europa wurde es erst dann interessant.

Ich sagte es bereits am Anfang: die JugoslawInnen sind aus der Zeit gefallen. Sie existieren nur noch als altlastende Vergangenheit des in Ehren sich verjüngen wollenden Neueuropas, als Projektion des verdrängten Eigenen. Wie kann aber seine Zukunftstracht eine Soldatenuniform sein? Daß dem so ist, zeugt von einem verschwiegenen Paradigmenwechsel. Die Diplomatie, das Gerede, die tönerne Tatenlosigkeit gehören fortan einer Vorzeit an. Die Nachzeit, die mit der Zerstörung eines ohnehin verwesenden Europas begann, wird arm sein an Geschwätz und im weitesten Sinne an Dichtung überhaupt und voll von Taten und Tätlichkeiten. Der Krieg ist die Herstellung von Fakten und räumt Zweifel aus und auch Verzweiflung, über die gesprochen werden müßte, und für die es aber weder Zeit noch Worte wird geben dürfen.

Und Jugoslawien bzw. Milošević wird nur deshalb noch am Leben gehalten, um die für alle erlösende Losung auszugeben – die der bedingungslosen Kapitulation.

Am Ende wird Jugoslawien sich selbst diesen Gnadenschuß geben, und der doofe Medizinerwitz von der gelungenen Operation mit Todesfolge für den Operierten wird wieder einmal realisiert sein.

Deshalb ist es wichtig genau hinzuhören, wenn der Chefchirurg Billy the adult seiner guten Hoffnung Ausdruck verleiht, daß »die Serben« den Sprung ins 21. Jahrhundert doch noch schaffen mögen. Als habe nicht seine Regierung dafür gesorgt, daß Jugoslawien für eine unabsehbar lange Zeit nur noch sehr kleine Sprünge wird machen können.

Zur Barbarisierung Jugoslawiens trat durch die Rede eines Gefolgsmannes von Clinton, Kenneth Bacon, noch seine Virtualisierung: Diesen Krieg habe man sich als einen Spielfilm mit leichter Überlänge vorzustellen, von dem gerade die ersten fünfundzwanzig Minuten abgelaufen seien. Die Regisseure und Produzenten stellen sich ganz unverhüllt vor ihr ahnungsvolles Publikum, das wohl auch diesmal den Ausgang kennt und trotzdem zusieht, weil die da unten solche Spinner sind und deshalb unberechenbar oder weil Milošević ein so großer Verbrecher ist und denen sieht man immer mit angespannter Angstlust zu.

Dieses Barbarenland, das seltsamerweise an der gleichen Donau liegt wie »unser« schönes Land, wird aus der Historie gestrichen. Es wird schon jetzt in eine unvordenkliche Unzeit getrieben (ins »Mittelalter« bzw. in die »Steinzeit« zurückgebombt) und wird schließlich nie gewesen sein.

Der »dritte Weg«, die sozialistische Alternative, die föderative Völkergemeinschaft, wird wie eine immer schon über-

flüssige Wucherung aus der kulturellen Erinnerung heraus-
geschnitten sein und ein späteres Rest(müll-)jugoslawien
oder auch Großserbien wird ein lästiger und zudem aus eigener Schuld und Dummheit gewordener Almosenempfän-
ger (des IWF), ein weiterer Parasit des um seine Gesundheit
und Integrität fürchtenden Europakörpers sein.

Deshalb wird sich dieser europäische Körper verschließen
müssen. Sein Aseptikum heißt jetzt und für die Zukunft mi-
litärischer Philanthropismus oder humanitärer Militarismus,
und dieser Korpus wird sich – und tut es propagandistisch
schon heute – als Opferkörper zeigen und seine Wunden vorführen. Denn, so heißt es, niemand wollte diesen Krieg, doch
wir Eigenen sind von den je Anderen gezwungen worden zu
einer Handlung. Diese Tat hat aber nicht im engeren Sinne
einen Täter, weil sie im Zeichen der moralischen Notwehr
steht.

Jugoslawien und alle, die in Zukunft der Vergangenheit
zugeschlagen und damit zerschlagen werden, haben keine
Zeit mehr. Aus der Sicht der real existierenden Sozialdemo-
kratien, der Vereinigten Technologischen Innovative, könnte Jugoslawien bestenfalls ein folkloristisches Museum für
naive politische Kunst werden. Ein Ausstellungsstück der eigenen frühen Jahre.

Aber jetzt geht wohl doch mein Optimismus mit mir
durch.

Hingestellt

So. Das wäre geschafft. Ist jetzt nicht leicht, die Betten ab-
zuziehen. Aber geht schon. Bin zu Hause, wenigstens. Mache Hermann noch eine Wärmflasche. Mir auch. Ist sonst zu
kalt.

Wecker steht auf kurz vor. Gut. Jetzt aber.

Schlafe schlecht in letzter Zeit. Wache auf und lohnt das
Einschlafen gar nicht mehr. Kein Wunder.

Ja, wenn ich könnte. Also, wenn ich es mir leisten könnte. Ich kann mir auch was Schöneres vorstellen. Das ist kein
Zuckerschlecken, tagein, tagaus. Von morgens bis abends.
Gar nicht zu sprechen von den Überstunden. Unbezahlt, versteht sich. Können am Sankt Nimmerleinstag abgebummelt
werden. Aber, wer hat schon Zeit zum Bummeln. Höchstens
am Sonntag. Und dann haben die Geschäfte geschlossen.
Und immer nur Schaufenster gucken macht auch keinen
Spaß.

Sicher, wir machen hier und da was zusammen. Ausflüge
mit dem Fahrrad, ins Umland, ins Grüne. Auch mal mit dem
Auto weiter raus. Im Sommer an den See, Grillen. Aber man
ist auch müde, will nur mal richtig ausschlafen. Gar nichts
machen müssen. Müssen muß man die ganze Woche. Und
dabei, es reicht gerade mal so. Obwohl wir uns kaum was leisten. Ich koche selber, groß Essen gehen ist nicht drin. Vielleicht am Geburtstag oder so. An meinem bleiben wir aber
zu Hause. Mir schmeckt es im Restaurant nicht. Und der Ab-
wasch macht mir nichts. Geht ruck-zuck, wenn man's ge-
wöhnt ist. Man spart doch auch so viel und es ist ja keine
Einschränkung. Einschränkungen sind ganz was anderes.
Wenn ich sehe, wofür andere, was andere, wo andere, wie
andere so leben. Also, das würde mir auch gefallen. Nur, man
muß für so was auch geschaffen sein. Bin eigentlich gar nicht
der Typ dafür. So weite Reisen. Man weiß gar nicht, was einen erwartet. Vielleicht holt man sich was weg oder wird ent-

führt und erschossen oder beklaut. Aufschlag zahlt man sowieso. Die denken doch, die gebratenen Tauben, daß uns das in den Schoß fällt, wir nur die Hand aufhalten müssen. Daß wir arbeiten, das sehen die nicht. Aber es ist auch viel Ungerechtigkeit. Vielleicht, wenn ihnen mal jemand zeigen würde. Spenden nützen doch nichts. Wollen muß man aber schon. Das nimmt einem niemand ab.

Hermann sagt immer, Das Handwerk hat Deutschland groß gemacht und Wer nicht will, der hat schon. Tja.

Jetzt mach ich aber doch mal das Fenster. Bißchen Luft. Nee, ist das die Marion da unten. Das gibt es doch gar nicht. Was hat die denn für komische Sachen, ach, nein, ich dacht schon. Was man so sieht, manchmal.

So. Das Fenster laß ich mal auf Kippe.

Zeit zum Einschlafen. Bin ja auch müde.

-- !

Wenn ich die im Büro manchmal so höre. Denen glaube ich auch nur die Hälfte. Was die wirklich denken. Neulich sagt jemand was von mehr Integration, mehr Verständnis, Austausch, Zuhören und voneinander lernen. Aber der muß ja nicht mit denen Tür an Tür. Ich auch nicht. Kann es mir aber vorstellen. Den ganzen Tag das laute Gedudel und diese Kochdünste. Das kriegt man nie mehr richtig aus den Kleidern. Deren Kinder sind auch, also, manchen will man lieber nicht über den Weg laufen. Die diskutieren nicht lange. Ist eben eine andere Kultur. Obwohl, manchmal würde ich auch gerne einfach. Und in der Stadt sieht man sie ja auch. Sind ganz schön viele. Ich weiß nicht, vielleicht zu viele.

In der Firma haben wir auch eine. Die spricht aber gut Deutsch. Ist schon immer hier. Die Eltern aber nicht. Ich habe sie mal gefragt, ob sie Heimweh hat und wann ihre Familie zurückgehen will. Die hat mich nur komisch angesehen und dann irgendwas Patziges geantwortet. Das sagt sich leicht, mehr Verständnis, mehr Austausch. Man ist eben verschieden. Einmal wollte ich der was Nettes sagen. Daß ich finde, sie spricht sehr gut. Wo unsere Sprache doch so schwierig ist, wenn man die nicht von klein auf automatisch, also mit der Muttermilch quasi. Aber die hat wohl nicht verstanden, was ich ihr sagen wollte. Hat ein langes Gesicht gemacht. Mir den Rücken gekehrt. Jemand hat gesagt, daß die studiert hat und nicht lange bleiben wird. In der Firma. Vielleicht grüßt sie deshalb so knapp. In Ordnung ist das nicht. Ihren Namen kann ich mir nicht merken. Warum auch. Die bleibt ja doch nicht. Na ja.

Ist viel Arbeit. Und immer muß alles schnell gehen. Wenn man dann Fehler macht, ist es auch nicht richtig gewesen. Dann hätte man eben genauer, nächstes Mal sorgfältiger, nicht so hektisch, lieber eine Stunde dranhängen als die ganze Arbeit umsonst. Dabei ist niemand von uns vor acht zu Hause. Manche schon, aber die kennt man nicht. Hängt doch alles miteinander zusammen. Was ich liegenlasse, muß die Kollegin doppelt machen. Sollte sie jedenfalls.

Aber die Arbeit macht mir auch Spaß. Immer was Neues. Lebenslanges Lernen, praktisch. Ich könnte das nicht. Jeden Tag dasselbe. Ist man wie abgestellt, wie am Fließband. Muß es auch geben. Die verdienen auch nicht schlecht, am Band. Wahrscheinlich mehr als unsereins. Und jedes Jahr auf die Straße für noch mehr Lohn. Und der Job ist denen doch sicher, wenn sie's mit dem Krankfeiern nicht übertreiben. Anders als bei uns, wo man immer kämpfen muß. Nacharbeiten, vorarbeiten. Zu Hause geht es dann weiter. Läßt einen nicht los. Hätte ich da lieber das oder dort jenes. Hört nie richtig auf.

Dann wird man auch schnell alt in der Branche. Auch so ein Problem. Da kriegt man richtig Angst. Aber Angst macht müde. Macht einen langsam. Zu langsam.

Wenn ich sehe, was die in der Schule schon alles lernen. Ich weiß nicht, ob das gut ist. Aber es geht wohl nicht anders. Nachher kriegen wir die gar nicht mehr zu sehen. Fallen gleich ein paar Stufen höher. Ist doch so, oder?

Wenn ich krank bin, also richtig krank, dann bleibe ich aber schon zu Hause. Hat ja niemand was von, wenn man sich tot arbeitet. Ist aber schnell langweilig zu Hause. Oder nur ungewohnt. Ich weiß nicht. Lange im Bett liegen mag ich nicht. Man wird so trübsinnig davon. Denkt an früher. Was man hätte können. Und wie es alles gekommen ist. Im Haus ist dann niemand. Nur die alten Leute. Und der Postbote guckt komisch. Kennt einen ja nicht und sieht einen plötzlich am hellichten Vormittag. Macht sich dann seine Gedanken, der Mensch. Und ich kann ihm ja schlecht sagen, daß die falsch sind. Aber die Wohnung wird mal richtig sauber. Und abends wird warm gegessen. Hat auch was für sich. Nach drei Tagen bin ich wieder auf dem Damm. Länger als drei Tage ist nicht drin. Der erste Tag ist immer schwierig. Alle fragen einen. Man muß dieselbe Geschichte zig Mal am Tag erzählen. Fühlt sich wie ein Betrüger. Komisch ist das. Manche sagen, Hast wohl mal `ne Auszeit gebraucht?! Das ärgert mich sehr.

Dabei brauchen andere viel mehr Zeit. Frühstückspausen, Mittagspausen, Kaffee und Kuchen am Nachmittag. Feiern zum Einstieg, zum Ausstieg, manchmal auch Beförderungen. Die werden aber im kleinen Kreis begangen. Und immer Sekt. Mir aber nur einen Tropfen mit viel Orangensaft. Ich bin gar nicht so. Aber mein Magen macht das nicht mit. Wozu sich zwingen. Man muß auch mal Nein sagen können.

Hermann konnte das nicht. Liegt jetzt im Bett. Schon vier Wochen. Rührt sich nicht. Wollte eines Morgens nicht mehr aufstehen. Habe ich ihn liegen lassen. Wenn ich abends nach Hause komme, sprechen wir jetzt lange. Ich kann einmal alles los werden. Hermann versteht mich, auch wenn er nicht viel sagt. Ich weiß, daß ich ihn bald weggeben muß. Es ist schon von toten Ratten die Rede, die in der Wand krepiert sein müssen. Der Kammerjäger ist bestellt für nächste Woche.

Zwei, drei Tage kann ich ihn noch behalten. In der Erde liegt er noch lang genug. Wenn man so viele Jahre verheiratet ist, hört manches auf. Sammelt sich vieles an und bleibt liegen.

Mensch, schon so spät. Bin ich morgen wieder wie zerschlagen. Wie totgeschlagen. Totgelacht sagt man und schlag mich tot, wenn einem was nicht einfällt. Kann doch aber mal passieren. Darf aber nicht.

Ich könnte mir auch was Schöneres vorstellen. Wenn ich nur könnte, also, wenn ich es mir leisten könnte.

Aber alles in allem. Muß ja.

Die Frage ist, wie gestorben wird

»Marcel aber ist so gestorben: (...) sie haben ihn unter die Dusche gestellt, die sicher nicht zu heiß und nicht zu kalt war, nur ist er zum ersten Mal nackt gewesen nach vielen Jahren und unter das Wasser gekommen. Ehe es jemand begreifen und nach ihm langen konnte, war er schon umgefallen und auf der Stelle tot.« (Malina, S. 283)

Ein alter Landstreicher ist umgekommen, weil man ihm die »Ausdünstung seines Glücks« weggewaschen hat. Die Erfahrungen seiner Wanderung, die Spuren seines Lebens waren in diesem Körperschmutz.

Auch so beschreibt Ingeborg Bachmann ein Verbrechen, das »innerhalb des Erlaubten und der Sitten« stattfindet. Ein Mensch ist enteignet worden, weil er für die städtischen Hygienisten nur noch ein Dreck war. Ihn zu säubern bedeutete, ihn seines Wissens und seiner Erinnerung zu berauben. Nichts daran ist unerheblich oder unabsichtlich.

Es ist ein Kennzeichen der Bachmannschen Prosa, daß darin die Darstellung der Gewalt nie so ausgestaltet ist, daß sie voyeuristische und denunziatorische Gier befriedigen könnte. Die Gewalt ist stets das Ergebnis einer zuvor ausführlich vorgetragenen Erzählung über ihre Entstehungsbedingungen und die Gründe ihres Fortbestehens. Es ist notwendig, diesen Bericht konzentriert zu lesen. Eine Lektüre, die nach einem Plot oder einem Thema fahndet, bleibt distanziert und äußerlich. Bachmanns poetologische Reflexion und ihre poetische Erfahrung haben sie den geraden Weg zu den Worten verlassen lassen. Nur eine Praxis, die abseits eines utilitaristischen Sprachgebrauchs liegt, kann, Bachmann zufolge, entbergend sein, dort, wo etwa das Verbrechen durch schnelle Praktikabilität der Sprache und der Sprechenden verborgen wird.

Diese Arbeit fördert eine Frage zutage, deren Aktualität ungeheuerlich ist. Vor allem aufgrund der Tatsache, daß die so

Fragenden unter Verdacht geraten. Wer es sich heute erlaubt, die Doktrin einer ethisch-ästhetischen Befreiung anzuzweifeln, wird des gesellschaftlichen Verbrechens verdächtigt, die Moralkeule zu schwingen und damit den spaßtragenden Schichten denselben brutal ausprügeln zu wollen. In Zeiten wie diesen fristen die Ironie und der melancholische Witz ein trauriges Irrendasein. Sie sind zu langsam, zu schwer, von geradezu verschlagener Polysemie und schließlich ganz überflüssig. Denn die freie Rede ist längst ungebunden. Jedenfalls dann, wenn sie im Augenblick des Gebrauchs vergessen wird und niemanden schert. Die Vergangenheit, die eigene und die allgemeine, soll monumental sein. Ist sie das nicht, dann soll sie sich ins Kellerstübchen trollen und unser Oberpalais mit ihrem Jammern und Klagen verschonen.

Der geglückte Jungmensch versteht seine Gegenwart durch die Idolisierung der Zukunft. Das heißt: Er versteht sie nicht, was ihn jedoch kalt läßt. Seine Kälte verdankt sich einer stabilen Indolenz, die wiederum Ergebnis eines Lebens ist, das rechenschafts- und referenzlos, das Fremde und Fremdbestimmte als Eigenes ausweist und ohne Mittel bleibt, diesen Irrtum zu erkennen.

Es geht noch immer und wieder darum, eine Form der Ansprache zu finden, die weder einen modischen Sozialdarwinismus bedient, noch die Phrasen der akuten Spaß-durch-Freude-Kampagne repetiert.

Es lohnt die Anstrengung, auch einen hundertundersten Blick auf die Literatur Ingeborg Bachmanns zu werfen, wenn man auf der Suche ist.

Was Bachmanns Geschichtsauffassung betrifft, so kann gesagt werden, daß sie der Vorstellung eines zyklischen Verlaufs der Historie einen größeren Raum gewährt als einer Ideologie der linearen, historisch-evolutorischen Progression. Sie geht davon aus, daß unser Geschichtsbewußtsein von beiden Erfahrungen geprägt ist. Das Postulat der Linearität ist jedoch im allgemeinen wirkungsvoller und bedarf kaum einer Verteidigung. Schließlich erleben wir die fortschreitende Alterung unseres Körpers und das Leben selbst erscheint oft genug als ein allmähliches, aber unaufhaltsames Sterben. Die Tatsache jedoch, daß die Historie auch eine Geschichte von Wiederholungen und Kontinuität ist, wird gern als pessimistische Demagogie oder moralische Regression denunziert.

Bachmanns literarische Prosa, vor allem die Schriften der Todesartentrilogie, erzählen Geschichten, die keine Geschichte gemacht haben, weil sie in aller Heimlichkeit und doch mit voller Billigung und Kenntnis der Rechtsprechenden geschehen. Sie berichtet von Taten, die Verbrechen sind und die doch keinen Schuldigen kennen. Denn die Täter selbst bilden die juridische Trinität auf Erden. Ihre Opfer nehmen auf der Bank der Angeklagten Platz. Auch für sie legt Bachmann ihr Zeugnis ab:

»Du sagst Faschismus, das ist komisch, ich habe das noch nie gehört als Wort für ein privates Verhalten (...). Aber das ist gut, denn irgendwo muß es ja anfangen, natürlich, warum redet man davon nur, wenn es um Ansichten und öffentliche Handlungen geht. Ja, er ist böse, auch wenn man heute nicht böse sagen darf, nur krank, aber was ist das für eine Krankheit, unter der die anderen leiden und der Kranke nicht. (...) Ich kann niemand erklären, nirgends hingehen und beweisen, daß er es wirklich ist.« (Franza, S. 71)

Ein starkes Motiv ist also die Herausbildung menschlicher Beziehungen, deren Grundlage und/oder Voraussetzung kriminell ist. Der meist nur in einer gesichert politischen Rede geduldete Begriff *Faschismus* tritt hier als Zeichen und Beschreibung für ein intimes Verhältnis zwischen Zweien auf. Die Eine wird uns in der Position der Enteigneten vorgestellt. Ihr Leben, ihr Wissen um die Bedingungen und Möglichkeiten ihrer Existenz, sind ihr weggenommen worden bzw. wird sie mit einem Erkenntnisverbot belegt über ihr eigenes Gewordensein. Dies geschieht seitens des Räubers zum Zwecke der eigenen Wissens- respektive Lebensvermehrung. Der Täter dehnt sich aus und drängt sein Opfer an den Rand der Inexistenz.

Dies bezeichnet Bachmanns Begriff vom (unsichtbaren) Verbrechen.

Die mit Stummheit Geschlagenen sollen zu einem widrigen Zungenschlag bewegt werden. Damit nicht über sie hinweggeschwiegen werden kann oder sie sich selbst verschweigen.

Dieses Verbrechen findet bei Bachmann seinen radikalen Ausdruck in der Beziehung des Mannes zur Frau und umgekehrt. Dabei wird die Frau als Beute eines Denkens herausgestellt, das zum Sterben führt. Sie ist Kollaborateurin in einer Mission, deren Ziel ihre eigene Auslöschung ist. Der Mann hingegen ist derjenige, welcher sich in den Dienst einer destruktiven Vernunft gestellt hat und demzufolge ein Denken produziert, das zum Verbrechen führt.

Fanny, Franza und die Ich-Erzählerin in *Malina* sind zwar einerseits Beraubte. Andererseits haben aber vor allem Franza und ihre namenlose Schwester in *Malina* sich auf den Weg gemacht, dem sie unterwerfenden Gesetz sprachlichen Widerstand entgegenzusetzen. Sie schreiben, sie sprechen, sie stottern und stammeln, ihre Körper versagen den vorgeschriebenen Dienst und sie werden schließlich zu einem unabweisbaren Ärgernis. Zwar kann man sich ihrer schließlich doch entledigen, aber ihr Sterben ist so eklatant, auffällig und langwierig, daß sich die Indizien und Verdachtsmomente zu Beweisen auswachsen.

Denn darum geht es hier: daß das Ungeheuerliche so geheuer ist, daß es sich als unabwendbares Schicksal, als ein natürlicher und gar notwendiger Verlauf verkaufen bzw. kaufen läßt.

Bachmann widerspricht dem, indem sie das in aller Heimlichkeit geführte Geschäft auf seine testamentarischen Vertragsbedingungen hin untersucht und feststellt, daß dort mindestens eine Signatur fehlt: es ist die weibliche.

Bachmann erklärt durch ihre Unter-Schrift dieses älteste Schreiben für ungültig bzw. rechtswidrig.

Wir sind bloß Puppen, Puppe!

»Bei der Geschlossenheit dieses Systems ist individuelles Handeln kaum möglich. Es ist mir sehr wichtig, in meinen Büchern die Determiniertheit aufzuzeigen.« (E. Jelinek)

Seit der Publikation ihres Romans *Die Liebhaberinnen* hat Elfriede Jelinek an der Darstellung dieser Geschlossenheit gearbeitet.

Ihre Protagonistinnen und Protagonisten sind lückenlos verstrickt in ein totalitäres System. Sie sind Sklaven ihres Standes, ihres Geschlechts, ihrer Rasse. Sie kennen keine Verzweiflung und keine Zweifel, sie erleiden ihr Leben, aber sie leiden nicht. Ihre einzige sie vorwärtstreibende Freude ist der Haß bzw. Selbsthaß. Kaum eine hat indes die Folgen eines vollständig destruktiven Verhältnisses zwischen Mann und Frau (*Lust* u.a.) oder zwischen Mutter und Tochter (*Die Klavierspielerin*) deutlicher gezeichnet als Jelinek. Auch die nach bürgerlichem Modell gebaute Kleinfamilie tritt nicht anders auf denn als Hort und Ursprung mörderischer Schwerverbrechen (*Die Ausgesperrten*).

Man kann sagen: Jelineks Prosa widersetzt sich dem Exodus der Politik aus der Literatur. Aber auch, wenn sie alles zu sagen versucht, nichts und niemanden schont, sich selbst inszeniert als physische Inkarnation ihrer Texte, so ist ihr Aufstieg in den letzten zwanzig Jahren unaufhaltsam gewesen und ihre Popularität eher noch steigend (zuletzt: Verleihung des Büchner-Preises). Man hat sie wohl zur Närrin erklärt und die hat bekanntermaßen alle Freiheiten und spricht dichtend die lautere Wahrheit. Jedoch kann sie den Herrscher heute nicht mehr stürzen – so sehr man auch über ihre bitteren Humoresken lacht oder weint.

Es ist schon wahr: Jelineks Romane strahlen eine »Dialektik ohne Trost« (Alexander von Bormann) aus. Es gibt keinen Ausstieg aus der Falle Welt und der Knecht will immer nur selber herrschen und es in der gleichen Art tun wie sein Herr. Es sind Untote und zugleich sehr reale Sozialcharaktere, die Jelineks Prosa bevölkern. Alle sind gesellschaftlich mehr oder minder unauffällig, obwohl sie zugleich pathologische Fälle sind, die jedoch tatsächlich die Norm ausfüllen. Es gilt für sie, daß »das Individuum die eigene soziale Anpassung nur vollbringen (kann), wenn es an Gehorsam und Unterordnung Gefallen findet; die sadomasochistische Triebstruktur ist daher beides, Bedingung und Resultat gesellschaftlicher Anpassung«. (Adorno)

Jelinek ist eine Sammlerin und ihre Texte sind Collagen aus Zeitungsnotizen, Gerichtsakten, Werbetexten, Filmen, Alltagsszenen, Schundromanen, hohen und trivialen Kulturwaren und schließlich ihren Studien musikalischer (z.B. Schubert, Mahler), poetischer (Rilke, Heine) und politischer Werke (Marx, Kant, Hegel). Sie ist also keine Eskapistin, aber doch eine radikale Pessimistin, die in ihrer Prosa keine magischen Para- oder Metawelten duldet. Durch die Komposition ergibt sich eine Konzentration und Präzision der Aussage, die ungebunden oder im losen Verbund der Alltagsphrase unsichtbar würde, obgleich sie darin nicht weniger wirkungsvoll oder präsent ist.

Die Frauen gehen ökonomisch begründete Vertragsverhältnisse ein, um versorgt zu sein, auch wenn sie sich dafür mit Haut und Haaren verschachern müssen und bis an ihr frühes oder spätes Ende nur hassen werden (*Die Liebhaberinnen*), die Tochter hat sich im von der Mutter streng berechnenden Gefühlshaushalt niedergelassen, weil ihre Gier nach Gehorsam und Unterordnung von dieser am effektivsten befriedigt wird. Auch wenn die Unterwerfungssucht das Ergebnis der mütterlichen Rechnung ist. (*Die Klavierspielerin*)

Diese Frauen übertreten kein Verbot und die Gesetze sind ihnen nicht minder heilig als ihren Folterknechten. In dieser Hinsicht ist Jelinek desillusionierend: es gibt kein Subjekt, außer es ist unterworfen.

Der Umstand, daß Jelineks Bücher sich relativ gut verkaufen (ob sie gelesen werden, ist noch eine ganz andere Frage), ist bedenkenswert und unheimlich. Ich unterstelle: Die Käufer und Käuferinnen der Jelinekschen Horrorbücher mögen wie Entflohene aus dem literarischen Kabinett der Autorin sein.

Doch mit dem Kauf eines Buches der Marke Jelinek werden aus ihnen radikale Sympathisanten einer kaum noch zu übertreffenden Gesellschaftskritik.

Das jedoch kann man Jelinek nicht zum Vorwurf machen. Sie hat ihr Bestes gegeben und das ist ihr auch wirklich genommen worden, ohne jedoch das vielleicht Erhoffte zurückzuerhalten. In einer Marionettendemokratie, die so repressiv ist wie sie tolerant erscheint, kann auch der schärfste Ton die Puppen nicht von ihren Fäden trennen.

Bachmann–Jelinek

Jelinek ist eine Dichterin unter den ProsaistInnen. Bachmann ist eine Dichterin, die unter großen Mühen, aber mit poetischer Genauigkeit zur Romancière geworden ist. Für beide gilt: sie sprechen von den Dingen, die sich in den Begriffen eingenistet haben und zugleich zeigen sie, wie sich die Begriffe in den Dingen eingenistet haben. (vgl. A.v.Bormann) Das bedeutet, daß sie ein skeptisches und immer wieder ›fremdelndes‹ Verhältnis zu den Worten und den Dingen haben. Sie suchen weniger nach dem richtigen Wort und seinem wahren Sinn, weil dieser ohnehin denunziert ist und bloß noch in den Dienst der Normenproduktion gestellt ist. Aber sie verlegen ein Wort an einen für es verbotenen Ort und zeigen, welche Wirkung es dort zu entfalten beginnt.

Doch Jelineks Prosa nähert sich einer Ästhetik, die ein geschlossenes System von Welt- und Selbsthaß vorstellt. Ihre Texte sind abgeschlossen und sie schließen ab von der Welt und den Menschen. Ihre ProtagonistInnen sind sprachlos und werden nie in die Lage versetzt, es zu merken. Sie sind so vollständig und für immer enteignet, daß sie ihren angestammten Platz niemals verlassen werden. Jedenfalls nicht, um eine Revolte anzufangen, allenfalls, um sich noch tiefer in die Anästhesie zu begeben. Mit anderen Worten: sie werden zuletzt harmlos, auch wenn die Verhältnisse, die sie hervorbrachten, monströs sind. Sie geraten zu lächerlichen Figuren, die zugleich so abstoßend und unheroisch sind, daß sie nicht einmal zu Solidarisierung oder Mitleid einladen. Sie sind so ungastlich wie ihr Leben unwirtlich ist. Man verläßt und vergißt sie nur zu gern wieder. Gleichzeitig gibt es kaum einen behaglicheren Schauder als diese Elenden in ihren Reagenzgläsern zappeln zu sehen. Keine der beiden Lesarten kann in Jelineks Sinn sein.

Die Erkenntnismöglichkeiten, die aus ihrer Literatur entspringen, sind aber so vielfältig wie die Zahl ihrer Sujets. Familie, Staat, Ökonomie und ihr Verhältnis zur Produktion von Liebesmodellen, urbane und vor allem ländliche Sittengemälde, die Erfindung der Kindheit zwecks Installation eines vierten oder fünften Standes oder schließlich die sadomasochistische Triebstruktur als Bedingung und Resultat bürgerlicher Subjektbildung. Aber all diese Dinge werden entfaltet, um am Ende in Form einer Aussage über deren unbedingten sozialen Determinismus abgeschlossen und zugleich verschlossen zu werden.

Jelineks Literatur ist also auch beeinflußt durch gründlich gescheiterte politische Utopien der 60er Jahre.

Nicht minder aber geprägt von den literarischen Avantgarden der Moderne, von denen sie aber die Einsicht trennt, daß das utopische Projekt einer Zerstörung aller falscher Werte in einer repräsentativen Demokratie mißlingen muß, da die Bewegung in eine Mode und diese in ein Repressarium umgewandelt wird. Letzteres kann nicht mehr nachgewiesen werden, da es im Zeichen der rechtskräftigen Freiheit antritt und vertreten wird.

Bachmanns Literatur hingegen ist ungleich offener, auch wenn daraus genauso wenig ein naives Pathos der Aufklärung herauszulesen ist. Aber: sie führt uns doch an einen Ort, den wir noch nicht bis zum Überdruß kennen und täglich aufsuchen müssen. Das heißt aber nicht, daß dieser Ort jenseits des Diesseits ist. Es bedeutet nur, daß wir uns in einer anderen Weise bemühen müssen, ihn zu finden.

Das wird uns nicht kraft negativer, nihilistisch-pessimistischer Lebensverachtung gelingen. Wir sind im Gegenteil genötigt, eigene – vielleicht verlorenen – Schmerzen zu leiden und zu lieben, was ungleich gefahrvoller ist als sich der zweifellos potenten Ohnmacht des Hasses und der Destruktion zu verschreiben. Wir sind aufgefordert, in einen radikalen Dialog zu treten. Ein Gegenüber auszuhalten, das sich nicht zur Einverleibung in unser eigenes ausgehöhltes Selbst eignet. Am Beginn steht hier die Einsicht, daß wir bestohlen worden sind und selbst nur Diebesgut im Mund haben, das man uns aber aufgezwungen hat, weil wir rechtens nichts eigenes besitzen dürfen. Es geht um nichts weniger, als diese Hehlerware nicht noch weiter zu verbreiten und den nur zu leicht ergatterten Besitz wegzuwerfen. Auch wenn uns das zunächst gewissermaßen nackt und stumm zurückläßt.

Bachmann ist keine Metaphysikerin. Aber eine Ruferin in der unbemerkt wachsenden Wüste ist sie doch. Dieser Ruf ist am Ende doch provokanter als der gezielte Schlag in unsere abgedroschenen Gesichter. Letzterer befriedigt noch unseren masochistischen Anpassungszwang, ersterer spricht uns in unerlaubter Weise an.

Презиме и име..................
Nom et prénom

BEČEJAC   BRANKICA

Дан, месец и година рођења..09.12.1970
Date de naissance

Место и општина рођења..NOVI SAD
Lieu de naissance et commune

Пребивалиште и адреса стана..STARI BEČEJ
Domicile habituel et adresse exacte

BORE VLAJKOVIĆA 29

Име оца..................BRANISLAV
Le nom du père

Име мајке..................ANICA
Le nom de la mère

Матични број..................
l'immatriculation

2

3

linke Seite oben links:
die zwei Wochen alte
Brankica mit ihren
Eltern, 1970
linke Seite oben rechts:
die zwei Jahre alte
Brankica, 1972
linke Seite Mitte:
Brankica, drei Jahre alt,
1973
linke Seite unten:
Brankica mit Vater und
Cousin, 1972
oben: Brankicas jugo-
slawischer Kinder-Reise-
pass, ausgestellt am
10. Juli 1984
rechts: Brankica 1985

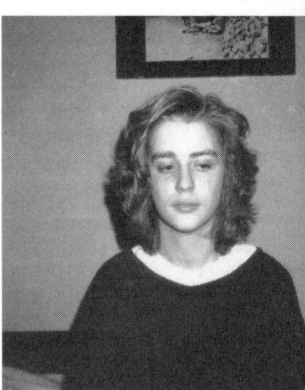

oben und ganz oben: Brankica
als Gymnasiastin während eines
einwöchigen Aufenthalts auf dem
Jugendhof Steinkimmen, ganz
oben mit Carola Ebeling, 1988
links: Brankica Anfang der
1980er Jahre

*links: Brankica zu
Beginn der 1990er
Jahre
unten: Brankica
Mitte des Jahres
1992, Foto:
Susanne Hermeling*

rechts: Brankica mit Susanne Hermeling Mitte der 1990er Jahre
unten rechts: Brankica 1998 zu Besuch bei Carola Ebeling, die auch das Foto machte
unten links: Brankica in der gemeinsamen Wohnung von ihr, Philipp und Martin in der Großen Pfahlstraße in Hannover, 1998; Foto: Carola Ebeling

oben: Brankica und Jörg Djuren im Harzvorland (Lutter/Barenberge), etwa 1998
unten: Brankica und Philipp Storz auf dem Balkon ihrer Wohnung in Berlin, 1. Mai 1999

oben: Brankica am Landwehrkanal, Berlin, Ende 2000
rechte Seite oben: Brankica und Philipp Storz in Berlin,
Ende 2000
rechte Seite unten: Brankica in Bremen, Sommer 1999;
Foto: Carola Ebeling

Brankica Anfang 2000, Foto: Gisela Dischner
rechte Seite oben: Brankica und Martin Cronimus zu Besuch bei Chris Bezzel
(lim Bild links), Anfang 2000, Foto: Gisela Dischner
rechte Seite unten: Brankica und Martin Cronimus, Mai 2000

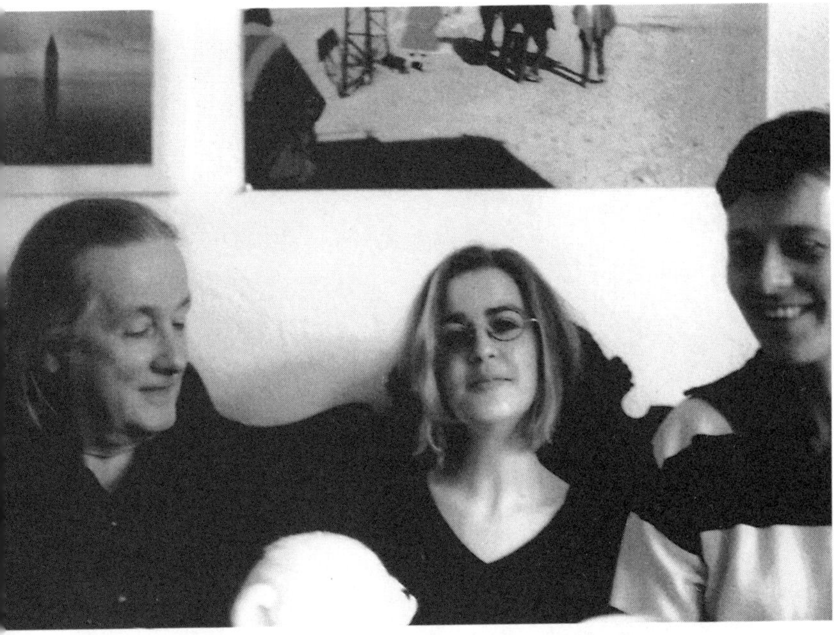

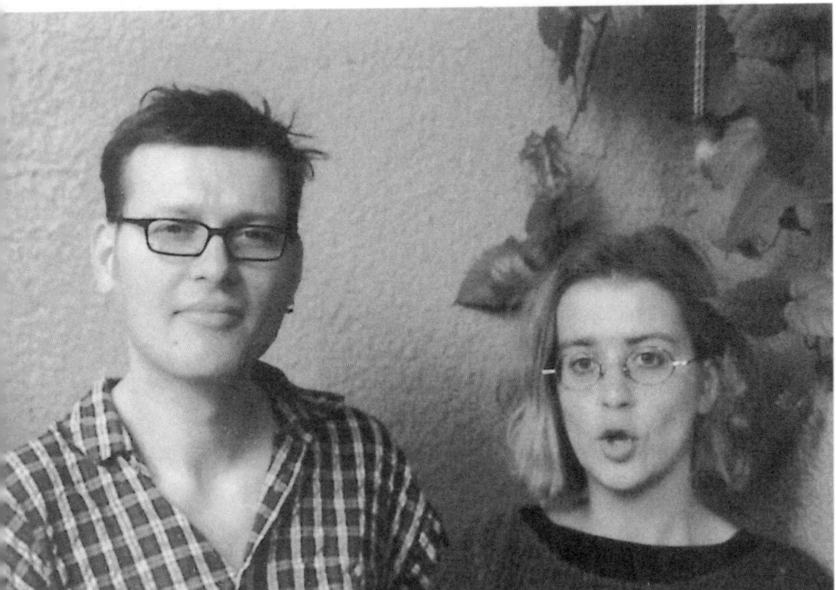

Brankica am 4. September 2000 in der Wohnung von Chris Bezzel, der auch das Foto machte

gurine, foto: clément de wroblewsky
807-5J 26.04.2001

Lieber Chris,

weil wir wirkliche Freunde sind, sorgst du dich um mich. Das kann nicht anders sein. Aber ich kann dir danken dafür, weil doch die Sorge eines wirklichen Freundes eine Umarmung ist im Leid. Doch ich will für keinen Kummer machen. Mein Liebes.

Ich hoffe, daß ich für dieses Mal aus dem Schlimmsten heraus bin. Das bin ich eine Tote oder etwas ähnliches, abends arbeite ich wahnsinnig und viel. Aber mein Wahnsinn versteht sich - ist nicht exzentrisches NA. Er verläßt nicht meinen inneren Kreis. Nachts liege ich und mein Herz schlägt mich, in mir schnell und laut. Meine Angst entfaltet sich dann ganz und meine Träume sind grauenhaft.

Ich muß mich einmal ausruhen. Die Wärme jetzt, hilft mir schon ein wenig.

Und meine Freunde.

Du kannst mich gerne - bitte - einmal anrufen. Ich werde es bei dir auch versuchen. Siehst du: in der Not fresse ich Metaphern wie Brot.

So ist das!

Deine Brankica

Berlin phone 394 34 48
teléfono 96 57 28 701
C·Y·V design © produced by CITTI

oben: Postkarte von Brankica an Chris Bezzel, 26. April 2001

Texte für Brankica Bečejac

Lebenslauf

Brankica Bečejac stellte sich an anderer Stelle im Jahr 2000 selbst wie folgt dar: »Brankica Bečejac, geboren 1970 in Novi Sad, lebt seit 1977 in der Bundesrepublik. Sie ist Germanistin und freie Autorin in Berlin. Außerdem Mitherausgeberin der *Zeitschrift für intellektuelle Zwischenstufen*. Sie publiziert sowohl literarische Prosa und Lyrik als auch kultursoziologische Essays; u.a. zur neuesten Technikgeschichte und zur Geschichte und Gegenwart der Geschlechterdifferenz.

Weitere wissenschaftliche und literarische Veröffentlichungen in verschiedenen Zeitschriften. U.a. im *konkursbuch*, im Bremer *Stint* und in der Münchner *Neuen Sirene*. Regelmäßige Publikationen in der Wochenzeitung *Freitag*.

Thema und Motiv ihrer Literatur ist der Alltag, das Kleingeschriebene und -gesprochene. Im Mittelpunkt steht das unauffällige und in der Bergung der allen bekannten Heimlichkeit sich abspielende Grauen. Der Mensch darin ist weder gut noch an sich böse. Er oder sie ist die Summe dessen, was ihm und ihr geschieht oder verweigert wird. Und doch gibt es den und die Einzelne. Als Hoffnung und in Wirklichkeit.«

Brankica Bečejac wurde am 14.6.2001 von ihrem Geliebten (und Ehemann) in Berlin in einem so genannten Beziehungsdelikt ermordet. Zu sagen ist hier, dass wohl die Beziehung genau dort aufhört zu existieren, wo ein Mensch zu solcher Gewalt greift. Sie hat in ihrem Alltag diese Formen von Gewalt immer bekämpft und nirgends geduldet. Über Jahre hat sie sich selbst in ihrem Schreiben gegen diese Form sexistischer Gewalt und gegen ihre Entnennung in der Individualisierung gewandt, sie hat angeschrieben gegen die Vertuschung der gesellschaftlichen Grundlagen, die solche Taten hervorbringen. Nun wurde sie selbst zum Objekt dieser Strukturen. Allein in Berlin werden jährlich 15-16.000 Fälle häuslicher Gewalt gegen Frauen aktenkundig – die Dunkelziffer liegt weit darüber. In der Sensationsberichterstattung der Zeitungen über den Mord an Brankica Bečejac wurde mit keiner Zeile die frauenverachtende Grundlage dieser auch deutschen Kultur als Ausgangspunkt solcher Taten benannt. Ihre Texte sind auf diese Ignoranz wohl die beste Antwort.

Sicher ließe sich hier vieles ergänzen: ihr Abitur an einem Gymnasium in Hannover primär unter Schülern der oberen Mittelschicht, unter denen sie immer fremd blieb, ihr Studium (Germanistik und Sozialpsychologie), ihr Engagement als Jugendliche in der SAG (Sozialistische Arbeitergruppe), wo sie für öffentliche Auftritte Schulungskurse mitmachte, und später ihre Mitarbeit im Frauen-Lesben-Kollektiv der Universität Hannover. Oder ihre ersten Schreibversuche und ihre erste öffentliche Lesung noch als Schülerin in Hannover mit Lyrik, die sie selbst später verwarf. Auch könnte ein Lebenslauf von ihrem Hin- und Hergerissensein zwischen verschiedenen Lebens- und Liebesentwürfen und unterschiedlichem sexuellen Begehren erzählen, oder den Schwerpunkt auf ihre literarische Entwicklung legen, ihre frühe Begeisterung für surrealistische Literatur und später ihre Annäherung an konkrete Poesie und dann ihre Entdeckung von Ingeborg Bachmann.

Wieder ein anderer Schwerpunkt könnte darin liegen, ihr späteres Leben zu beschreiben, ihre Heirat mit ihrem Geliebten und späteren Mörder primär aus aufenthaltsrechtlichen Gründen, der Versuch eines anderen Zusammenlebens mit ihr nahen Menschen in Berlin, die langsame und schwierige Etablierung als Schriftstellerin, ihr Schreiben für den *Freitag*, ihr erstes Literatur-Stipendium.

Oder ihr Lebenslauf könnte die Geschichte eines Kindes von Arbeitsmigranten erzählen, des Wechselbades zwischen den unterschiedlichen Wertsystemen und Anforderungen und der frühen Erfahrung von Ausgrenzung.

Brankica Bečejac selbst hat sich einmal für die obige Kurzfassung entschieden. Da in diesem Buch vielfältige Texte von ihr und über sie zu finden sind, ist es am einfachsten, diese Texte zu lesen, um mehr über sie in all ihrer Widersprüchlichkeit zu erfahren.

Jörg Djuren

Marina Achenbach

Die versiegelte Tür

Das Telefon hatte geklingelt, zu früh, um ein normaler Anruf zu sein. Fast schreiend tönte es: Ich bin im Neuköllner Klinikum – ich kann nicht sagen, was geschehen ist – ich kann es nicht sagen! Ich bin es – Philipp. Eine Ärztin übernahm den Hörer: Mein Name ist Dr. Thomas. In dieser Nacht hat sich eine Tragödie ereignet. Martin Kronimus hat seine Frau erschlagen und sich erhängt.

Wir haben uns mit Philipp von da an in unserer Wohnung verschanzt, Paco, mein Lebensgefährte, und ich, zuweilen auch Jörg als vierter. Würden Geister kommen? Würden uns Bilder überwältigen oder das Entsetzen, auf das wir ständig warteten? Freundinnen und Freunde tauchten auf, sie waren nun kaum erkennbar, düster und fast stumm. Die Beruhigungspille, die Philipp von den Ärzten für die erste Nacht bekommen hatte, blieb am Grund einer schwarzen Lackschale liegen – wie eine Metapher für die Entscheidung, sich von Anfang an durch nichts zu besänftigen.

*

Es war an einem warmen Nachmittag an den Gartentischen vor der Ankerklause, einem Lokal am Landwehrkanal, dem Ausgangspunkt des turbulenten türkischen Marktes, dass Brankica mir von ihrem Entschluss erzählte, die gemeinsame Wohnung von Martin, Philipp und ihr, den Lebensort zu verlassen. Das bedeutete, sie aufzulösen. In ihrem Haus würde sie in drei Wochen in eine kleine Wohnung für sich allein ziehen. Die beschrieb sie ausführlich: wo ihr Schreibtisch stehen, wo Platz für Gäste sein würde. Auch das Abendlicht auf dem Balkon zum Hof hin erwähnte sie. Gerade wurde auch eine zweite kleine Wohnung frei, Philipp wollte sie nehmen. Martin war noch unschlüssig, ob er in der Nähe suchen wollte oder in einem anderen Stadtteil. Schwierig dürfte es nicht werden, in Berlin gab es genug freie Wohnungen.

Wir kamen auf das Schreiben, das für sie das Dringlichste wurde, sprachen über ihre und meine Vorhaben. Sie war von Selbstvertrauen erfüllt wie selten, wir steigerten gegenseitig unseren Enthusiasmus. Irgendwann erzählte sie auch von Knut, den ich nicht kannte und einfach den Dichter nannte. Seine szenische Textmontage hatten wir drei Wochen vorher in der Volksbühne gesehen, an dem Abend lernten sie sich kennen. Sie gab einen nüchternen Bericht von den bisherigen sparsamen Begegnungen mit ihm, bis sie auf meine direkte Frage hin lachend zugab: Gut, ich habe mich verliebt. Aber das sei nicht so wichtig, stellte sie gleich klar, es könne in vier Wochen vorbei sein. Ganz sicher aber sei er ein neuer Freund und werde es bleiben, das wisse sie, und diese Gewissheit schien sie am meisten zu freuen.

Und dann erzählte sie von ihrer Geschichte mit Martin: Dass sie sich kennen lernten, als beide eingeladen waren, ihre Gedichte vorzutragen, vor acht Jahren. Sie beschrieb Martin als charismatischen Studenten. Wenn er einen Vortrag im Seminar hielt, war der Raum überfüllt, wurde die Zeit überzogen, die Debatte am folgenden Tag fortgesetzt. Brankicas Augen leuchteten hin und wieder im flirrenden Blätterschatten der Linde auf, an uns vorbei zogen Kreuzberger Familien mit Plastiktüten voller Gemüse. Sie sagte, neben ihr hätte Martin aufgehört, Gedichte zu schreiben. Dafür Schuld zu übernehmen, lehnte sie ab, doch sie wollte ihm helfen, den Mut für die eigenen Dinge wiederzufinden. Seit gewisser Zeit würde er trinken, täglich, immer mehr. Man merke es ihm kaum an, erklärte sie, weil ich überrascht war, nur daran, dass er schweigsam werde.

Plötzlich sagte sie: Martin ist suizidgefährdet. Diese drei Wörter. Wir schauten uns schweigend an. Ich hatte zu viel Respekt vor ihren Kenntnissen der Psychologie, die meine weit übertrafen, um dazu etwas zu sagen. Wir guckten nur und versuchten, im Gesicht der anderen etwas zu lesen. Da wischte sie das Bedrohliche des Satzes wieder weg: Es ist vorbei. Wir haben es diesmal hinter uns. Du ahnst nicht, was wir hinter uns haben. Er hat Angst. Aber ich werde ihn nie verlassen. Das weiß ich mit absoluter Sicherheit.

Sie war dünn geworden in den vergangenen drei Wochen, übernächtigt, in einer hinreißenden Aufbruchstimmung. Es war unser letzter Nachmittag in der Ankerklause.

Ob der Dichter mit ihrem Entschluss zum Auszug zu tun hatte, berührten wir nicht. Ich vermutete es nicht, denn Paco und ich waren längst sicher, dass Brankica eines Tages dieses Nest verlassen würde. Nicht so bald vielleicht, denn sie hingen alle drei sehr an dem gemeinsamen Ort, er gehörte zu ihrem Lebenskonzept. Sie schufen sich mit viel Sorgfalt ihren Raum, der auch für andere attraktiv sein sollte. Ein Raum für intellektuelle Herausforderungen. Sie fanden hier ihren Stil, dazu gehörte auch das nicht erlahmende gegenseitige Interesse. Die Diskussion ihrer Texte war das spezielle Vergnügen, denn sie schrieben alle, wenn auch keine Gedichte mehr. Sie waren wunderbar gastfreundlich, nie lehnten sie ein Gespräch ab, zu welcher Tageszeit auch immer.

Manchmal kam ich hungrig zu ihnen, durfte den Deckel von der großen Pfanne heben und gucken, Martin steckte sofort die Gasflamme an, denn er war es, der jedes Mal gekocht hatte. Dann aß ich von den Resten ihres guten Essens in der schmalen Küche, sie tranken etwas. Anschließend gingen wir hinüber in Brankicas Zimmer, das schönste, das für sie und die gemeinsamen Gäste eingerichtet war. Die Wohnung schien ein Schutzraum für sie alle. Da schärften sie ihre Sprache und übten sich in einer ungewöhnlichen Offenheit. Für Freunde war es höchstens zu ahnen, dass sie auch Dinge verdunkelten – aus Loyalität zueinander.

Sie schienen nie daran gedacht zu haben, dass solche gemeinsamen Räume irgendwann auch verlassen werden. Einmal hatte ich es Brankica gegenüber ausgesprochen, mit Vorsicht. Das erwähnte ich an jenem Nachmittag in der Ankerklause, sie entgegnete: Und ich habe es vehement bestritten! – Nein, erinnerte ich mich, du bist stumm geblieben und hast gelächelt, schienst mit der Vorstellung gar nicht unzufrieden. Worauf sie fast zu sich selbst sagte: Du kennst mich besser als ich denke.

Das mochte zuweilen stimmen, aber ich bildete mir nicht ein, sie verstanden zu haben. Das würde Schritt für Schritt geschehen, Eile war überflüssig. Was Rätsel war, durfte es bleiben. Die bedächtige Annäherung war das Beste, das es für uns gab.

*

Am Vorabend der schrecklichen Nacht feierte Brankica mit uns den Geburtstag von Theresia, Pacos Mutter, die wie jedes Jahr zu diesem Ereignis vom Bodensee angereist war. Diesmal war es ein Essen zu viert im Café Einstein, Brankica war als besonderer Gast des Abends dazu eingeladen. Denn die gutmütige Theresia, die ein Leben lang im Krankenhaus gearbeitet hat und ihrer Menschenkenntnis vertraut, war von ihr entzückt: Ein feines Mädchen, so zart. Sie ist echt und sehr ehrlich, das sehe ich an den Augen.

Brankica übernahm wirklich die Rolle der Unterhalterin, sie wandte sich immer wieder Theresia zu, fragte sie nach ihren Erlebnissen in Berlin und erzählte auch selbst etwas: Morgen werde ich mich mit einem Dichter treffen. Der ist sehr dünn, unglaublich dünn. Es war zu merken, dass es ihr wohltat, von ihm zu sprechen. Sie seien in einem Lokal verabredet, das Würgeengel heiße. Den Namen fand Theresia erschreckend, geradezu unmöglich. Wir erklärten ihr, dass das Lokal sehr beliebt sei, auch bei uns. Brankica saß mir schräg gegenüber im schwarzen T-Shirt, sie trug einen diagonal karierten Rock, schwarze Strümpfe und Halbschuhe mit mittelhohem, dickem Absatz, fast zu groß für ihre Fesseln, doch sie hatte einen festen Stand in ihnen. So wirkte sie schmal und energisch zugleich, es passte zu ihrer Verfassung. Dieselben Sachen trug sie auch in der Nacht, die dann kam.

Als wir sie zum Abendessen abholten, hatte sie gerade an ihrer Novelle geschrieben. Es war das letzte Mal, der Computer hat das Datum gespeichert. Es tat uns Leid, sie aus der Arbeit herauszureißen, drei Wochen noch würde das Stipendium für diese Arbeit reichen, wie wir wussten. Bleib hier, wenn du schreiben willst ... Aber es gehörte zu ihrem Credo, für die Literatur keine Freundschaft zu vernachlässigen. Das soziale Zusammenleben durfte nicht verkümmern, weil sie sich zurückzog, fand sie. Zwar fühlte sie Druck, das leugnete sie nicht, aber sie war im Fluss, das Schreiben gelang, beteuerte sie, und sie würde mit Staunen die Wendungen beobachten, die ihre Novelle nahm.

Martin stand am Fenster , als wir spät wieder in der kleinen Straße hielten. Er lehnte den Kopf an die Scheibe, verdeckte mit einem Arm die Lichtreflexe und hielt Ausschau. Während unserer ganzen Abschiedszeremonie am Auto blieb er unbewegt stehen. Das tat weh. Paco ging mit hinein. Er umarmte ihn und war, als er zurückkam, besorgt wegen Martins tiefer Blässe. Wir schwiegen von nun an. Nicht weil wir das Unheil ahnten. Aber etwas von Martins Einsamkeit.

*

Am folgenden Nachmittag ging Martin zu seinem Job in einer Anwaltskanzlei. Zwei oder drei Mal pro Woche schrieb er dort bis in die Nacht Bänder ab. Dass Brankica mit dem Dichter verabredet war, wusste er, kannte auch den Ort. Er werde bis zwei Uhr nachts arbeiten, kündigte er an. Es war die Frist, die er ihr für das Treffen setzte.

An diesem Nachmittag zeigte Brankica Philipp den Strick, den Martin gekauft hatte. Um sich aufzuhängen. Er lag gerollt in seiner Schreibtischschublade. Philipp fand das Seil sehr dick, wie um ein Schiff festzubinden, ein übertriebenes Seil, nicht zu benutzen. Beide betrachteten es, scheuten sich, es zu berühren.

Dass Martin so zynisch und pessimistisch geworden war, hatten wir Berliner Freunde eine Zeit lang auf die unvollendete Magisterarbeit geschoben. Es schien an der versperrten Perspektive zu liegen. Er hatte sich zur Prüfung angemeldet, aber behauptete, ihm sei es egal, und spottete: ausgerechnet Benn und Nietzsche, über die gibt es genug, niemand wartet auf mich. Brankica war von seiner Arbeit überzeugt. Es wurde klar, dass er nur mit ihrer Unterstützung seinen Text zu Ende bringen würde. Und obwohl sie endlich das lang ersehnte Schreib-Stipendium der Stiftung Kulturfonds für ein halbes

Jahr erhalten hatte, entschloss sie sich, die ersten zwei Monate Martins Arbeit zu widmen. Sie hatte gezögert, doch dann brachte sie das Opfer ohne Vorwürfe und Getue. Er legte die Magisterprüfung mit Eins ab. Einer Dissertation stand nichts mehr im Weg. Brankica konnte sich für ihn eine Uni-Laufbahn vorstellen.

Er rief aus der Kanzlei an: Brankica solle den Strick wegwerfen. Kurze Zeit später: Sie solle ihn doch nicht wegwerfen. Sie sagte ihm nicht: zu spät – das Seil ist weg. Ihn zu belügen, zu bevormunden oder gar zu manipulieren, widersprach ihrem Prinzip. Der Strick blieb in der Schublade, bis Martin ihn, wie es ihrer Vorstellung von selbstständigem Handeln entsprach, selbst wegwerfen würde.

Gegen 21 Uhr brach sie zum Würgeengel auf.

*

Es fing an, hell zu werden und war später als zwei Uhr nachts, als Brankica und Knut sich verabschiedeten. Sie trennten sich an unserer Brücke wie auch bei ihren vorigen zwei oder drei Treffen in demselben Lokal. Davon ahnten wir nichts. Die nächste Viertelstunde ging sie allein am Landwehrkanal entlang nach Hause. Dieser Weg war auch unserer zueinander, den kannten wir beide genau, mit den leichten Biegungen des Ufers, mit der nächsten Brücke auf halber Strecke und der Ankerklause unter dem schief hängenden blauen Neon-Anker, wo unsere Nachmittagstreffen stattfanden. Auch über die Wurzeln der Kastanienbäume stolperte sie sicher nicht mehr, alles war ihr hier gewohnt. Diesem Weg konnte sie vertrauen, und die Angst, die sie so oft begleitete, blieb wohl zurück.

Philipp wartete im Halbschlaf, erschöpft von den Auseinandersetzungen der vergangenen drei Wochen. Gegen halb drei hörte er Martin kommen, stand auf und sah an den Türrahmen gelehnt zu, wie er in Brankicas Zimmer ein Laken auf der Couch ausbreitete. Somit zog er aus dem gemeinsamen Schlafzimmer aus. Da fiel wieder die Frage: Soll ich mich umbringen? Und Philipp antwortete genervt ein knappes Nein. Er sah noch zu, wie Martin sich einrollte und löschte das Licht in dem Zimmer. Die Türen zwischen beiden Räumen ließ er offen, ein sprödes Zeichen seiner Sorge und seiner Bereitschaft, etwas für ihn zu tun.

Er wurde wieder wach, als er Brankica und Martin miteinander in der Küche sprechen hörte. Sie redeten leise, es war beruhigend. Was da gesprochen wurde, bleibt Geheimnis. Philipp wachte auf von Brankicas Schreien. Ein infernalisches Schreien, sagt er.

*

Der helle Sarg fest verschlossen. *Gospodi pomiluj nas*, sang der orthodoxe Priester. Herr, erbarme dich unser. Gefangen genommen in der Trauerkapelle, unverrückbar auf der schmalen Bank, die Hände schwer, überließ ich mich dem Ritual. Manchmal traf ein Wort, löste Tränen aus und die Rebellion gegen den Tod: als ihr Name genannt wurde, als die Eltern das Kreuz küssten, das vorher auf dem Sarg gelegen hatte, und sich die sechs Totengräber aufstellten, zum Sarg hin verbeugten und ihn hochhoben, sich drehten und die erste Stufe nahmen. Einige Male ein lautes Klagen der Mutter. Brankica hatte sie dafür gelobt, dass sie, die oft stumm litt, geschrien hatte, als ihr ein fremder Mann in einem Gewaltakt in der Straßenbahn die Hand zertrümmerte und die Leute, die es sahen, untätig blieben. Nun war sie unter den Schweigenden die einzige Stimme.

Mir schien, der Priester führte die versammelte Gemeinde hinüber in den Zustand des Hinnehmens. Der Zug formierte sich hinter dem schwarzen Wagen. Draußen alles ungeheuer grün nach langem Regen, im flimmernden Licht unter den Bäumen folgte der Trauerzug dem Auto. Jetzt wäre ich gern weggegangen.

Der Priester sang. Ganz allein.

Moje janje, mein Schäfchen, klagte die Mutter.

Der Vater richtete an Brankica eine Abschiedsrede: Meine geliebte Tochter, von der ersten Sekunde an warst du für mich eine Freude, die größte Freude, und das blieb so. Ich werde immer für dich da sein, bei dir sein, zu dir stehen. Du warst so lieb, so lieb, so lieb –

Philipp stand in Pacos Jackett da, die spitze Schulter stach wie ein Buckel aus der Jacke, die schief an ihm hing. Wie ein Vogel drehte und hob er den Kopf und ging bleich ans Grab, um eine Handvoll Erde hineinzuwerfen.

In der Gaststätte saßen die Studienfreunde an einem zweiten Tisch und plauderten. Als sie sich einzeln von der Mutter verabschiedeten, sagte sie etwas, das Brankica sicher überrascht hätte, denn sie glaubte, die Eltern beobachteten sie und ihre Freunde kritisch: Die ganze Generation von Brankica – das sind sehr nette Menschen. Sie sind so liebevoll zueinander, sie halten Freundschaft und sind ehrlich.

Von den Verwandten aus Bečej in der Vojvodina und aus Šibenik in Dalmatien war niemand gekommen. Sie hatten im Internet eine Schlagzeile aus der *Bild*-Zeitung aufgelesen: Eifersuchtsdrama im Philosophenmilieu, und zogen sich zurück.

Brankicas Mutter stellte Philipp zum Schluss die gefürchtete Frage: Konntest du es nicht verhindern?

*

Die Jalousien im Hochparterre heruntergelassen, die kleine Straße wie erstarrt. Polizisten öffneten nach drei Wochen die versiegelte Tür.

Auf dem Küchentisch zwei Gläser mit verschimmeltem Saft.

Im Flur das Blut. An der Wand. Im Teppich.

Brankicas Eltern und Martins Vater gingen zusammen in die Wohnung, um die Zimmer ihrer Kinder aufzulösen.

*

Sie waren seit zwei Jahren und drei Monaten in Berlin. Brankica und ich hatten es gerade nachgerechnet. Unsere Freundschaft hatte mit einem Text von ihr begonnen, der in meine Redakteurshände im *Freitag* gelangt war. Der machte hellhörig, es war ein Genuss, so etwas uneingefordert zu bekommen: ein Essay über korrumpierende Schul-Erfahrungen ihrer Generation. Der Text war böse, die Sprache präzise, der

Bau perfekt. Gleich war ihre Stärke sichtbar, auch ihre Rücksichtslosigkeit beim Schreiben.

Wir telefonierten, ich hörte ihre lebhafte, freudige Stimme, sie erwähnte, dass sie bald nach Berlin käme, um eine Wohnung zu suchen. Wo sie dann übernachten werde, fragte ich nebenbei. Ach, wir kennen jemanden, allerdings sind wir zu dritt. Da hörte ich erstmals dieses »zu dritt« mit einer undefinierbaren Betonung. Leichthin bot ich an: Wenn ihr nichts findet, könnt ihr zu uns kommen. Wir haben Platz. Und dachte anschließend: Was habe ich jetzt wieder angezettelt? Darüber lachten wir später.

Sie kamen. Nacheinander stiegen sie mit Schlafsäcken die Treppe hoch. Zu den zwei Männern musste ich weit hoch schauen, Brankica und ich standen Auge in Auge. Es gab zwei freie Zimmer, aber sie wollten in eines: Niemand von uns schläft auf Reisen gern allein – da wäre uns nicht wohl – wir sind so komisch – wir gehen in das eine Zimmer – das ist gut so, erklärte Brankica schnell die Entscheidung, während die beiden zuhörten, als ginge es nicht um sie. Die zwei Männer, »mit denen sie zusammenlebt«. Aber nur der eine ist ihr Liebster, erklärte ich später oft, wenn wieder jemand mit der spezifischen Neugier auf die Erwähnung der zwei Männer an Brankicas Seite reagierte.

Sie fanden schnell eine Wohnung nahe am Landwehrkanal. Es ergab sich, dass Paco und ich bald in dieselbe Gegend zogen. Da hatten wir eine Zeit vor uns, in der es so einfach war, sich zu sehen. Wie gut, dass wir diese Gelegenheit nicht versäumten. Seltsamerweise liegt für mich in diesem Gedanken sekundenlang ein Trost, der doch sonst ausbleibt.

Am Ende ihres Textes, den sie an den *Freitag* geschickt hatte, erinnerte Brankica an einen »außergewöhnlich begabten, charmanten, humorvollen Referendar. Wir erfuhren von ihm, was es auf sich haben könnte mit dem vage bekannten pädagogischen Eros.« Doch bei seiner Abschlussprüfung erhielt er eine schlechte Note, die sollte ihm offensichtlich den Schuldienst verbauen. Das Lehrerkollegium hielt sich ihn vom Hals. In der Klasse wurde ein Protestschreiben verfasst. Zuletzt trauten sich nur vier Schülerinnen, es zu unterzeichnen. Diese Pointe setzte Brankica als Beweis für ihre Thesen von der Korruption durch die Schule und schloss mit dem Satz: »Ich widme Matthias Dreger, von dem ich nichts weiß und nie mehr etwas hörte, diesen Artikel.« Und er meldete sich! War Buchhändler geworden. Eine Kundin hatte die Geschichte gelesen und ihm gebracht. Brankica und er trafen sich. Wie viele solche Wunder hätte es noch gegeben?

Bei dem ersten Besuch der drei kam Brankica spät noch einmal aus dem gemeinsamen Zimmer, in Strumpfhosen und einem großen Pullover. In der Hand hielt sie aufgeschlagen mein Bosnien-Buch und las die Sätze vor: »Sarajewo ist seit eineinhalb Jahren eingeschlossen. Eineinhalb Jahre sind die Nachrichten aus Bosnien in mich eingedrungen wie Gift, ich habe dieses Gift freiwillig gefressen, ohne Unterlass, Tag für Tag ...« – Das kenne ich, sagte sie entgeistert, genauso ist es mir ergangen, wie Gift, freiwillig.

Obwohl unsere jugoslawische Herkunft von ganz verschiedener Art war, hatten wir beide von klein auf das Wissen, dass für uns ein anderes Leben möglich war. Die meisten Kinder um uns ahnten davon nichts. Auch die seltsame Schwierigkeit, von dem anderen Ort zu sprechen, war uns beiden vertraut. Es gab fast nie ein Ohr dafür, man kapitulierte und schwieg, und so kam es fast zu einem Verschweigen. Wir bemerkten aneinander sogar die unsinnige Scham, uns in der anderen Sprache nicht perfekt zu bewegen, wobei ihr Serbokroatisch ungleich geläufiger war. Und beide hatten wir zeitweilig die Lust erlebt, eine Fremde zu sein, und in manchen Lebensphasen wieder das Unbehagen darüber. Wir erkannten das alles aneinander.

Eine Woche nach ihrem Berlin-Besuch begann die NATO mit der Bombardierung Jugoslawiens, die drei Monate dauern sollte. Da schrieb sie ihren zweiten Essay für den *Freitag*, vielleicht der beste von allen, die sie in der Zeitung veröffentlichte. »Jugoslawien ist zu einem mythischen Land erklärt worden, wo irgendwo im Nirgendwo ein wahnsinniger König herrscht ...«

*

Brankicas Pass war im Verlauf der Jahre zum schlechtesten in Europa mutiert. Ihr jugoslawischer war gemäß ihrem Geburtsort in einen serbischen Pass verwandelt worden, mit dem konnte sie in den ganzen neunziger Jahren in kein Land außer Ungarn ohne lange Visaprozeduren einreisen. Vor allem war ihr Kroatien versperrt, wo die Familie ihrer Mutter bei Šibenik an der Adria lebte. Nachdem es kein Jugoslawien mehr gab und für Brankica keinen Stolz mehr, dorthin zu gehören, konnte sie auch die deutsche Staatsbürgerschaft erwerben. Am einfachsten war die Prozedur über eine Ehe. Von den Freunden war jeder bereit, Brankica zu heiraten, sie und Martin entschieden letztlich, dass sie beide zum Standesamt gehen würden. Doch das Heiraten sollte nicht zu einem symbolischen Akt werden, nicht als Siegel der Beziehung gelten, die weiterhin ganz woanders ihren Grund haben würde. So betonten sie es immer wieder. Vielleicht um sich selbst zu überzeugen.

Mittags saßen wir zum Hochzeitsessen im leeren griechischen Lokal um einen ovalen Tisch. Die Eltern von Brankica und Martin, auch Philipp mit seinen Eltern und ich als Trauzeugin. Wir taten so, als wären wir bei einem zufälligen gemeinsamen Mittagessen auf der Durchreise der drei Elternpaare zusammen. Aber sie spielten die angebliche Alltagssituation mit leichter Unsicherheit und Skepsis. Brankica hatte einen weißen bestickten indischen Schal umgelegt, den ihr die Mutter mitgebracht hatte, und unwillkürlich verwandelte das helle Tuch sie an der Spitze des Tischs neben Martin in eine Braut.

Irgendwann ging es im Gespräch um Freundschaften, plötzlich sagte Martin: Ich habe keine Freunde. Der Satz fiel schwer in den Raum. Martin merkte es, nahm ihn nicht zurück, setzte nach: Es gäbe für ihn keine Freunde außerhalb ihrer kleinen Gemeinschaft. Das sei die Wahrheit. Vielleicht sei er nicht fähig zu Freundschaften. Der Vater zuckte zusammen und schaute geschmerzt auf ihn.

Die Vater-Sohn-Geschichte mochte ich: dass sie, seit Martin acht war und die Mutter ums Leben kam, zu zweit gelebt hatten, viele Jahre in Wien, auch dass zwischen ihnen eine symbiotische Beziehung bestand. Die löste Martin allmählich auf, ohne Gespräch darüber. Die wortlose Verständigung war für mich nicht fragwürdig, während Brankica fand, Martin müsste klarer und offener damit umgehen. Sie glaubte, eine verborgene Ablehnung des Vaters zu fühlen. Martin lächelte, als er über seinen Mangel an Freunden sprach, in die Runde der verlegenen Hochzeitsgäste, ganz ausgesetzt und ungeschützt in dem Moment.

*

Die drei vermuteten in Stimmen, Blicken, Körperhaltungen oft eine Bedrohung, nahmen die Gewalt in der Gesellschaft als ständig anwesend wahr. Die Menschen hielten sie für beschädigt, darum für unberechenbar, und erwarteten stets ihre Aggressionen.

Einmal im Frühjahr, als Brankica schon vor mir in der Anker-Klause hinter den großen Scheiben saß, wies sie, als ich kam, nach draußen. Da tranken an den gerade aufgestellten Tischen Leute erstmals ihren Kaffee im Freien. Sie zeigte auf eine junge Frau, vor ihr lagen Papier, Stift, aber sie sprach erregt mit Nachbarn. Wenige Minuten zuvor hatte ein Mann sich vor ihr aufgestellt und sie wütend beschimpft. Sie schien ihn nicht zu kennen, meinte Brankica. Was er sagte, war durch die Scheiben nicht zu verstehen. Die junge Frau hatte deutlich vor ihm Angst. Sicher habe er sich durch ihre Konzentration aufs Schreiben provoziert gefühlt. Brankica sagte: Fast tröstet es mich, dass so etwas auch anderen geschieht. Denn mir geschieht es oft. Dann denke ich, ich ziehe aggressive Menschen an, ich löse solche Attacken aus.

Deutete sie die Zeichen nicht zu krass, vor allem in Alltagsabläufen? So verdächtigte ich sie. Und dann bewunderte ich wieder ihre Durchlässigkeit für alle diese Wahrnehmungen von Gewalt zwischen Menschen. In mir selbst kenne ich die Schlagbäume, an denen ich vor dem Schrecken zurückscheue, der mir bodenlos scheint. Sie setzte sich dem aus.

*

Wieder war da einer dieser Momente der Einbildung, alles sei ungeschehen. Gleich ist sie da. Und danach erneut die Furcht, wegen des Verlustes für immer traurig zu bleiben. Beim Einkaufen auf dem Kottbusser Damm hatte ich stets nach ihr Ausschau gehalten, ob wir uns nicht zufällig über den Weg liefen. Sie konnte wunderschön ihre Freude über eine Begegnung zeigen. Ein Ausruf, ein kleiner Jubel, ausgebreitete Arme, ein Aufeinanderzugehen, ein Umarmen, der aufmerksame Blick. Dann umarmte ich auch ihre Beiden, die sich herunterbeugen mussten und ungelenk einen Begrüßungskuss entgegennahmen, der ihnen nicht ganz geheuer war, auf den sie aber nicht verzichten wollten. Um es ihr gleich zu tun. Auch das steigerte die gute Laune.

Für uns beide kam das Wichtigste erst allmählich. Nicht nur ich las als Redakteurin die Texte von ihr mit höchster Aufmerksamkeit, sondern auch sie meine. Niemand sonst las sie so. Sie entdeckte jede verborgene Absicht, jedes geliehene Wort, jeden doppeldeutigen Satz. Im Gespräch und bei Kritik erinnerte sie sich an alles genauer als ich. Brankica erkannte meine Art zu schreiben ganz an: dass ich erzähle, fast ohne zu deuten, vor dem Hintergrund einer Lebenserfahrung, die ich unausgesprochen lasse, die aber durchscheinen mag. Sie las beides zusammen.

War unser Gleichsein nur eine Idee von mir? Wenn Leute sich und andere scharf nach Generationen sortieren, wenn sie Trennlinien ziehen, die niemand überschreiten soll, verliere ich die Sicherheit. Wie kann ich denken, diesen Einteilungen zu entgehen? Doch uns reichte eine Andeutung, um uns darüber zu verständigen: Die Jahre trennten uns nicht. Liebes Marinchen, fängt einer ihrer Briefe an. Sie war die Analytischere, war kundiger in Philosophie, feministischer Theorie und Psychologie. Ich war die Angstlosere und stand ungleich weniger unter dem Druck, mich in einer Welt behaupten zu müssen, die mir nur ungern einen Platz einräumt. Sie hatte erst einmal dem Nein zu begegnen, das ihr und ihrer ganzen Generation entgegenschallt, konnte nicht mit einem Willkommen rechnen. Es gab kein: Brankica Bečejac, wir brauchen dich, deine Stimme, deinen Blick, deine Erfahrung mit der Welt. Komm, sprich, schreib!

*

Die Kartons mit Brankicas Büchern, Studienmaterialien und Manuskripten standen nach der Auflösung der Wohnung in einem Zimmer, dessen Fenster auf denselben Hof gingen wie die Küche der drei. Ein Zimmer von Jörg, dem vierten Freund, der aus Hannover mitgekommen war und im Nachbarhaus auf gleicher Ebene eine Wohnung gefunden hatte. Es waren nur ein paar Schritte über den Hof hinüber, sie erreichten einander leicht. Aus dem leeren, weiß gestrichenen Zimmer, in dem nun ihre Dinge lagen, waren die Fenster und Balkone der Wohnungen zu sehen, in die Brankica und Philipp umziehen wollten. Umwuchert von wildem Wein glänzten sie in dem Abendlicht, das Brankica in ihr Leben schon eingeplant hatte. Jetzt hielt Jörg wohl diese Nähe zum tödlichen Ort noch aus, weil er die Tat aus dem Persönlichen löste. Er versuchte sie politisch zu begreifen und zu deuten. Das Geschehen ging in den Speicher seiner kritischen Erfahrungen in und mit der Gesellschaft ein.

In den Kartons fanden sich keine Notizen von Brankica, keine Zettel oder Hefte mit unbekannten Entwürfen. Was sie schrieb, hat sie fertig bearbeitet und versucht zu veröffentlichen. Zwei Trivialroman-Anfänge tauchten auf, sie waren – nach Philipp – eine Art Scherz, den sie sich gemeinsam lei-steten. Ich sträubte mich anfangs zu glauben, dass da nichts lag, vermutete, sie könnte Schriften woanders untergebracht, geheim gehalten haben.

Brankica hatte doch betont, vieles mit der Hand geschrieben zu haben. Handgeschriebene Manuskripte aber kamen kaum vor. Ihre Briefe allerdings. Davon gab es ganze Stapel bei ihren Freunden. Die Briefe gehörten für sie zu ihrer Arbeit an Texten, das war unverkennbar. Auch ihre Tagebücher, die sich später erst fanden. Von ihnen hatte sie erzählt, als ich in der neuen Wohnung die meinen so offen im Bücherregal aufstellte. Ich hatte mit elf Jahren angefangen, sie mit acht, noch serbokroatisch, das zeigte sie mir. »*Tako je moj život*«, stand am Ende fast jeder Seite in kindlicher Schrift. »So ist mein Leben.«

Mitte der neunziger Jahre hat sie aufgehört mit den Tagebüchern, wir hatten beide irgendwann diese Form hinter uns gelassen, stellten wir fest. Um uns selbst zu kreisen hatte angefangen uns zu stören. Ob es nicht ein Verlust war, blieb unklar. Freunde haben ihr eigene Tagebücher anvertraut. Dieses Wort benutzte sie: anvertraut. Sie hatte vor, mit den Tagebüchern zu arbeiten. Wie sehr Kindheit und Jugend ihr eigentliches Interesse waren, merkte sie beim Schreiben ihrer Novelle.

Doch gehört zum Schreiben nicht die undressierte Vorform, die spontane Notiz? War es bei ihr anders? Brankica hatte Paco einmal erklärt, wie sie ihr Gedächtnis trainierte. Beide sprachen gern über den Rückzug des Malers in sein Atelier und der Schreibenden in ihr Zimmer. Beim Lesen würde sie nichts anstreichen, sagte sie, sondern versuchen, sich das Wichtige von Anfang an zu merken. Ging sie so auch mit ihren Stoffen um? Glaubte sie, sie alle in sich zu tragen? Sie wollte nicht für die Schublade schreiben.

Es war nicht gleich erkennbar, dass Brankica einen starken Ehrgeiz hatte. Erst allmählich wurde mir deutlich, wie klar sie ihre Ziele setzte und die Verwirklichung anstrebte. Eine anfangs nicht vermutete Seite von ihr trat hervor. Dabei hatte ich schon beim ersten Telefongespräch eine Ahnung davon bekommen. Da fragte ich sie, was ich unter ihrem Text über sie als Autorin anmerken dürfte, zwei, drei Wörter nur. Sie zögerte, dann sagte sie nachdrücklich: Schriftstellerin. Soll ich einen Buchtitel nennen? fragte ich weiter. Sie: Ein Buch gibt es noch nicht, aber Texte in literarischen Zeitschriften. Okay, entschied ich, es wird Schriftstellerin heißen. Mich machte diese sanfte Anmaßung in ihrem Ernst, dieses Wollen, fröhlich.

Den Anfang ihrer Novelle – den Entschluss zur Selbsttötung als Voraussetzung der Erzählung – konnte ich nicht akzeptieren. Woher dieser Gedanke, fragte ich sie. Ist das wirklich dein eigener Stoff, nicht ein geliehener? Dazu schwieg sie ungerührt. Nun liegt das Unvollendete als ein fast Ganzes vor, bis zu dem Punkt, an den Brankica gelangt ist, und es erweist sich als unerbittliche Wanderung durch eine Kindheit voller Verletzungen und Einsamkeit, in der ein Junge die Alltagsgemeinheiten ohne Selbstmitleid durchsteht, wie nur Kinder es können.

Brankica kam im Lauf des Textes zu sich: Die Schriftstellerin war da, nicht nur als Absicht, sie fand gerade ihren Ton. Hätte die Novelle das Ende genommen, wie sie es geplant hatte? Oder wäre sie schreibend vom Selbstmord ihres Erzählers abgekommen? Vielleicht durch die Fülle an Leben, die ihre Figur Leonhard Gast umgibt? Ich kann nicht anders als so etwas zu hoffen, aber der letzte Satz des Manuskripts vom 12. Juni deutet es nicht an: »Der Erzählung kann doch niemand mehr eine andere Richtung geben.«

*

Ich suchte ein Buch von Peter Handke in meinem Regal. Handke ist gut, überraschend gut, hatte sie gesagt, und sofort hatte ich Lust, ihn auch zu lesen. Sie war auf einmal hungrig auf Handke-Texte, hatte in der Bibliothek gleich maßlos viele Bücher von ihm und über ihn bestellt, ein Stapel vom Boden bis zur Schreibtischkante. Der stand in ihrem Zimmer, als es versiegelt wurde, eine Mahnung der Bibliothek kam an. – Weißt du nicht, dass seine Mutter sich das Leben genommen hat? fragte mich Brankica. Über sie habe er ein Buch geschrieben, *Wunschloses Unglück*. Er hätte viel verstanden, fügte sie noch an, und ich habe versäumt zu fragen, woran sie dabei dachte. Dieses Buch hatte sie wahrscheinlich noch nicht gelesen, als sie selbst über ihre Mutter schrieb. Unter dem Pseudonym Milica Pajic veröffentlichte sie ihren Text im März 2000 im *Freitag*, mit Skrupeln, denn sie nahm an, dass die Mutter nicht damit einverstanden wäre. In beiden Geschichten kommen die Mütter zum Wochenende von der Arbeit mit einem fast sorglosen Übermut nach Hause, der bald wieder erlischt. Zeichen ihrer nicht gelebten Möglichkeiten. Die Eltern fanden den Text auf Brankicas Computer, ihre Mutter war tief berührt: Sie hat mich geliebt.
Nun fand ich das Buch von Handke in meinem Regal,

schmal, dunkel. Darin eine Widmung: Für Niko zum Geburtstag von Paco. Ein Geschenk für meinen Bruder Nikola. Ein Geschenk für meinen eigentlichen Toten. Meine Gedanken an die beiden vermischen sich, weil Nikola, als er durch einen Unfall starb, gerade 31 geworden war, wie Brankica es in einem halben Jahr geworden wäre. Und weil Brankica und Nikola nach schwierigen Zeiten einen Aufbruch erlebten, der sie glücklich machte. Und weil diese Tode nicht hinnehmbar sind.

Wir üben, den Tod zu akzeptieren. Am Einfachsten scheitern wir: dass unsere Gestorbenen nicht mehr den Morgen und den Abend erleben, dass alles ohne sie weitergeht. Sie müssten dabei sein, sind es aber nicht. Sie würden atmen, denken, doch in einem einzigen Moment wurden sie ausgeschlossen aus dem Leben. Zuerst scheint es zu helfen, sich ein Bild zu konstruieren und ihr zu kurzes Leben in sich abzurunden, ihm Anfang und Ende zu geben. Nur irgendwann gilt das nicht, und es ist unmöglich sich damit abzufinden, dass Brankica die Brücke über den Landwehrkanal nicht mehr passiert, im Wind schaudert, mit der U-Bahn zu einer Lesung fährt.

Und es ist nicht so, dass sich hinter diesen Gestorbenen die Lücken schließen. Ohne meinen chaotischen, respektlosen Bruder, meinen Lehrmeister des Leichtsinns und der Toleranz, bin ich eine andere geworden. Die Welt wurde anders. Ihn ersetzt niemand, seine Rolle übernimmt niemand. Nichts wiederholt sich. Es ist alles immer anders mit den Menschen. Das Gespräch, das ich mit Brankica hatte, kann niemand sonst aufnehmen und weiterführen. Keine Aussicht, keine Hoffnung darauf. Keine Besänftigung, nur ein Sich-Ergeben. Und die Trauer. Wir sollten sie eindringen lassen, statt sie zu fürchten, sie lässt das Leben fühlen und verwandelt sich vielfach.

Brankica im Traum. Ein großes Zimmer, Menschen im Hintergrund, vertraut, aber undeutlich. Sie taucht unerwartet auf, setzt sich entfernt von uns in der Nähe des Fensters auf einen Stuhl, geschwächt, aber rosig, freundlich, geradezu liebevoll uns gegenüber. Ein Raunen: Endlich kommt sie aus ihrem Zimmer! Wie schön, wir haben es kaum zu hoffen

gewagt – denn Brankica hat sich für lange Zeit zurückgezogen – aus Trauer um ihren getöteten Freund. Sie trauert
mit ihrem ganzen Wesen, ohne Rücksicht auf sich, ohne
Schonung und Milderung.

Philipp Storz

Erkenntnis und Anerkennung

1.

Sind Erkenntnis und Anerkennung einander entgegengesetzt? – Wir befragen die Welt danach, wo wir in sie hineingehören, und wollen doch nicht von ihr verschlungen werden. In der ersten, kleinsten der gemeinsamen Wohnungen ist das Glück am größten, nach einer überstandenen schrecklichen Zeit der Liebe und der Eifersucht. Nicht einmal fünfzig Quadratmeter Hannover, einer Stadt, die nie mit Inspiration in Verbindung gebracht werden wird, aber sie wie jeder Ort geben kann, sind unser Reich.

An diesem Ort wird gelesen und geschrieben und nachgedacht, natürlich wird auch gegessen und getrunken und eingekauft.

Wir gehen zu Fuß viel aus, auf Spaziergängen, auf Universitätsbesuchen und Einkäufen an den Kiosken und Buden, die fast immer geöffnet haben. Cafés und Kneipen, »Das kleine Museum«. Linden in Hannover ist in meiner Fantasie ein bisschen so, wie ich mir eine der süddeutschen Universitätsstädte vorstelle.

Es gibt selbstverständlich ein anderes Hannover der Einkaufsstraßen und des U-Bahn-Baus, des Bankenviertels hinter der Oper und eines zutiefst mittelständischen niedersächsischen Umlandes. Man gelangt dorthin auf einer Autobahn, von der es heißt, sie sei nur deshalb gebaut worden, um dem einstigen Landesvater Ernst Albrecht eine schnelle Fahrt zu seinem Wohnsitz zu ermöglichen.

Wir haben ein Seminar über die »Konstruktion des Poetischen« in einem Raum des Welfenschlosses, das der Universität als Haupt- und Repräsentationsraum dient. Heute finden dort keine literaturwissenschaftlichen Seminare mehr statt. Das Haus wird während der weltberühmten Computermesse jeweils für eine große Party eines namhaften Herstellers von der Universität vermietet.

Welche Erinnerungen habe ich jetzt an diese Zeit? – Zum Beispiel der Satz von Edgar Allan Poe: »Der Tod einer schönen Frau ist der poetischste Gegenstand der Welt.« Vor allem ein selbstgeschriebenes Referat über Roman Jakobsons »Eine Generation, die ihre Dichter vergeudet hat«, das beginnt mit dem Satz »Die Trauer über die Abwesenden verdeckt die Abwesenden«. Der Dichter Majakowski erschießt sich 1930 und die russische Revolution ist endgültig gescheitert. Am schlimmsten ist, dass immer weitergemacht wird, auch wenn der ›Geist‹ nicht mehr existiert. So entsteht der Eindruck, in einer Welt der lebenden Toten zu existieren.

Später werden Brankica und Martin in der »Technischen und Universitätsbibliothek« arbeiten, in deren Kellergeschoss täglich Hunderte von Bestellungen aus aller Welt bearbeitet werden, die technische und wissenschaftliche Artikel verlangen. Es heißt, dass die meisten der Kunden Rüstungsgüter herstellen.

Wie können wir unsere Haltung zum Weltgeschehen finden? – Vielleicht, indem wir unsere bestimmte Position kennen und aus der das Beste zu machen versuchen. Möglicherweise auch, indem wir das Gefühl nähren, keine besondere Position zu haben, und uns daher zugleich unterhalb und oberhalb der weltlichen Einrichtungen platzieren. Ein Lösungsversuch, aber nicht ungefährlich.

Die Zeit, um die es hier geht, die zweite Hälfte der neunziger Jahre, bedeutet auch in Deutschland, dass der weltliche Zusammenhang, die »hohen Weltbelange«, wie Brankica sie spöttisch nennt, uns zu keinen großen Hoffnungen zu berechtigen scheint. Alte Reiche sind zusammengebrochen. Neue Imperien werden auf ganz neue Kriege gegründet. Dritte Wege, wie der jugoslawische, den man einmal vor sich gesehen haben mochte, scheinen ohnehin ins Nichts zu führen und wer sich, wie in Jugoslawien, nicht schnell genug auf die Seite geschlagen hat, soll sicherheitshalber dennoch atomisiert werden.

Martin beginnt schon bald zu kochen. Ich verstehe lange nicht, was das bedeutet. Ich habe dem Essen nie viel Bedeutung gegeben, mich ziemlich schlecht ernährt, kaum größeres Unwohlsein dabei verspürt. Brankica isst ganz gern, zum Beispiel Kartoffelbrei mit angebratenen Zwiebeln, Peperoni und Würstchenscheiben. Martin übernimmt jedoch das Kochen jetzt fast immer. Es ist für ihn, ich werde das erst sehr viel später erfahren, ein wesentlicher Liebesdienst. Essen ist sehr wichtig, wie auch das Essen wieder loszuwerden. Das Essen, oder das Hungern, konkurriert mit dem Sprechen, oder ersetzt es, oder verbietet es, oder hält es an, um dann im Schreiben loszubrechen. Genau weiß ich es nicht, es ist nicht in meiner Erfahrung. Aber ich werde nie richtig verstehen, wie sich das wirklich anfühlt. Es bleibt, für mich, theoretische Rekonstruktion.

Martin trinkt Dosenbier und Wein. Er kifft. Einmal rauchen wir zu dritt Hasch und es ist wunderbar. Ich bin begeistert. Wir wiederholen es ein oder zwei Wochen später. Das Wunder stellt sich nicht noch einmal ein und ich bin enttäuscht. Wir tun es nicht wieder. Martin raucht von Zeit zu Zeit noch. Das Trinken bleibt auf jeden Fall. Brankicas Versuche, ihn davon abzubringen, scheitern letztlich. Eine deprimierende Erfahrung.

In einigen wenigen mehrtägigen Phasen der von Martin sonst so polemisch bedachten ›Abstinenz‹ lerne ich Martins Nüchternheit kennen, die mit Tatendrang und guten Vorsätzen verbunden ist.

Wir wünschen uns weder die Abstinenz noch die banale Ausschweifung des Betrunkenseins. Wir wollen nicht daran glauben, dass eherne Regeln gelten, die besagen, dass, wer den Alkoholismus überwinden wolle, hinfort nie wieder trinken dürfe. Wir wollen nicht viel halten von Selbstdisziplinierung. Oder wir meinen, dass die Regeln menschlicher Entwicklung längst ihre Bedeutung verloren haben. Sind wir deswegen arrogant und endlich selbstzerstörerisch?

Nur ein einziges Mal frage ich Brankica, wie das sexuelle Verhältnis zu Martin ist. Ihrer Auskunft nach wenig schön. Aber das ist nur eine Momentaufnahme, lange Zeit her. Kein Zweifel sowieso, dass sie Martin furchtbar liebt.

Ich frage sie nie warum, oder was es ist, das sie so sehr liebt. Seine ausschweifende kompromisslose Denkweise? Die lässt zwar immer mehr nach, kommt aber auch immer wieder. Ist es die sich weiter drehende Schraube, deren ins Fürchterliche weisende Richtung wir nicht erkennen, oder nicht erkennen wollen, weil wir nur die Umdrehung sehen? Weil wir nur sehen, wie Schlimmeres sich bessert, auch wenn das Bessere sich auch wieder verschlimmert? Viele kleine Schritte werden gemacht, vorwärts, rückwärts und seitwärts, und keine endgültige Grenze wird überschritten, die zur Entscheidung zwingt.

Dabei ist Martin zugleich immer ein hilfsbereiter Mensch, der die Bedürfnisse der anderen erkennt, auch wenn er ihnen deshalb noch nicht entspricht. Benötigt man seine praktische Unterstützung, dann hilft er auch. Er enthält es einem aber auch nicht vor, was er missbilligt.

Für Martin war alles schon immer uralt und Ewigkeit und Ewigkeiten her. Er war, bezogen auf die Zwischentöne der Gegenwartskultur und -politik, ziemlich naiv. Alles schien schon in der Herrschaftsgeschichte vorgekommen zu sein. Die angeblichen Befreiungsmöglichkeiten, die wir der Gegenwart auch immer abzuringen versuchten, erschienen ihm schon immer verstellt durch eherne Gesetze. Zugleich war er, aufgrund dieses Pessimismus, in einigen praktischen Gegenwartsvollzügen überhaus handlungsfähig. Den ehern empfundenen Verpflichtungen bei der Erwerbsarbeit und in der Familie kam er ohne zu zögern nach. Ob er sich dabei und dafür gehasst hat? Es war ihm kaum anzumerken. Hat er es nicht doch auch genossen, das Konventionelle zu tun, ohne viel dabei zu denken und zu leiden? Brankica war entsetzt über seine Verschlossenheit in diesen Zeiten. Sie empfand ihn dann wie narkotisiert.

Er schloss sich einer, nun wirklich verschworenen, ökonomisch-philosophischen Studiengruppe an. Diese versuchte wohl tatsächlich davon überzeugt zu sein, dass durch eine analytische Operation die Welt aus den Angeln zu heben wäre. Eine hauptsächlich durch marxistische und nietzscheanische Elemente bereicherte Theorie, angewandt auf die archaisch-antike politische Ökonomie, sollte dieses Wunder vollbringen.

Nach vielen Diskussionen, einem starken Insistieren unsererseits – Brankicas vor allem – löste Martin sich von dieser Gruppe nach einiger Zeit wieder. Ausschlaggebend war wohl die intime Erfahrung mit einer quasi-väterlichen Autorität in dieser Gruppe während eines mehrwöchigen Ferienaufenthaltes.

Es wäre möglich und es ist mir auch vorstellbar, das Resultat eines Bildungsvorgangs, den andere, den ich selbst oder den wir an uns erfahren und vollzogen haben, darin zu sehen: in der Lage zu sein, ein Eigenes den Umständen, unter denen man lebt, entgegenzusetzen. Vielleicht um produktiv auf diese zu wirken, vielleicht auch bloß, um von ihnen nicht überwältigt zu werden. In dem schlimmen Fall, in dem dies nicht gelingt, gibt es nur noch ein nacktes Wissen um sich, ohne Verwirklichung des Empfundenen und Gedachten, d.h. ohne Verbindung zur Welt.

Ich denke noch immer, dass es eine gute Idee von Brankica war, für den Fall, dass all unsere ›Ambitionen‹ zu nichts führen würden, sich auf ein selbstbestimmtes Leben hin auszurichten, das sich selbst nicht mehr mit den Fantasien von großen Dingen quälen müsste und dennoch gelungen wäre, auch wenn es die »hohen Weltbelange« links liegen ließe.

2.

In Berlin haben wir uns abgeschnitten und in der Weite eingesperrt gefühlt. Ich fühle noch immer so und versuche noch immer vergeblich zu entkommen – oder heimischer zu werden.

Dann ist es doch Brankica gewesen, die unsere Abgeschlossenheit öffnen wollte, schon begonnen hatte sie zu öffnen und im Aufbruch war. Durch den Anreiz und die Hilfe einer neuen Liebe, frei von destruktiven Verstrickungen. Schon am Anfang des gemeinsamen Lebens von Brankica, Martin und Philipp war dieses Leben eine Notlösung, nicht nur ein geplantes Zusammentreten Gleichgesinnter zu höheren Zwecken. Denn Philipp war ja immer schon verliebt in Brankica und Brankica in Martin. Aber Brankica wollte Philipp dabeihaben und Philipp wollte immer bei Brankica bleiben. So einfach ist es manchmal.

Später wollten wir glücklich sein und auch dabei sein, wenn es etwas Wichtiges gibt. Sicher haben wir einen Platz gesucht, vielleicht auch einen privilegierten. Wie kann man sich einem Strom anvertrauen, der erst selbst zu schaffen ist?

Eine Straße in Hannover, eine Straße in Berlin. Eine kleine Querstraße für eine andere, eine Einkaufsstraße für eine andere. Als wären wir daran gebunden, immer dieselben Ensembles vorzufinden, ›dasselbe Stück zu spielen‹, gleich wo. Denn ist das Leben nicht meistens, wenn schon nicht Arbeit, dann einkaufen gehen, spazieren gehen, Kaffee trinken gehen.

Sprechen wir über eine Welt, deren Wurzeln von Ungerechtigkeit und Gewalt zwar für alle offenliegen, in der aber dennoch nichts ›Bedeutendes‹ mehr zu geschehen scheint, in der keine große Veränderung erkennbar ist, die neue Hoffnungen nähren könnte. Das müsste zu ändern sein. Verbringen wir ein Wochenende in einem gemieteten Haus und nehmen wir etwas auf Tonband auf. Wen soll das interessieren? Ein Spiel?

Wir spielen schließlich doch Vater-Mutter-Kind und ›Familie‹. Wir denken, dass wir uns das geben können, es uns gut tut? Wir wissen, dass wir es nur spielen?

Wir hatten womöglich eine eigene Sprachform entwickelt. Viele, die bei uns zu Besuch waren, waren es nur ein Mal, denn sie sprachen ja nicht unsere Sprache. Wir sehen auch viel fern. Brankica und ich liebten die trivialen Genres oft sehr. Zum Beispiel wird ein Raumschiffkapitän auf einem Planeten von einer fremden Macht gegen einen Vertreter dieser Macht zu einem Zweikampf gezwungen. Offenbar ein Ritual dieser Kultur, deren ›Menschen‹ in Rätseln sprechen. Wie sich herausstellt in einer Sprache, in der die Legenden und mythischen Vorbilder ›nachgespielt‹ werden, so dass diese Sprache nur verstanden werden kann, wenn es gelingt, wenigstens ein Element dieser Mythologie zu begreifen. In solch einer Serie gelingt das natürlich.

Wir fahren in den Urlaub. Martin und Brankica zusammen nach Italien, Griechenland. Angemessene Orte, schöne Reisen, wie es heißt. Ich bin nicht dabei. Brankica fährt einmal an die Ostsee, Laboe. Sie fährt mit dem Zug. Wir begleiten sie, fahren hinterher oder voraus mit dem Wagen. Wir bleiben dann ein Wochenende, ungeplant. Danach bleibt sie allein. Sie kann es dort alleine kaum ertragen. Später erzählt sie, hat sie doch den einen oder anderen Ort, im Café, am Strand, gefunden für ein paar Tage, an dem sie es aushalten konnte. Sie wusste natürlich, dass eine begabte junge Frau, die viele Talente ihr eigen nennt, sich ›spielend‹ behaupten können müsste, in einem nichtssagenden Hotel, in einem biederen Badeort, der sich dazu poppig (Ballermann) geben will. Aber solche Orte sind auch wirklich grauenhaft, weil viele, die hierherkommen, ein grauenhaftes Leben führen und nur schwer zu ertragen sind. Immer dieselbe Frage: Warum geht mich nur alles so an? Aber es ist so.

Ich fahre mit ihr an die Ostsee, Rerik. Auch hier sind schwere Kämpfe, die durchgehalten werden müssen, an der Tagesordnung. Paranoische Wahrnehmungen werden gemacht. Wie können diese Menschen nur so leben und urlauben? Warum kann es nicht anders sein?

Alleinseinsübungen für mich. Wie später verstohlen von mir bemerkt, heimliche Erleichterungen. Die vielen Dienstreisen, ich arbeite inzwischen als Programmierer in einem Forschungsinstitut, nach Bonn sind doppelt gesehene Eindrücke. Das Von-zuhause-fort-sein ist einsam, andererseits bietet es mir außergewöhnliche Erfahrungen. In einer fremden Stadt, auch wenn es nur Bonn ist, lassen sich doch für mich ›süddeutsche‹ Erinnerungen finden. Außerdem ist da das Gefühl einer gewissen Wichtigkeit, mit eigenem Hotelzimmer und so weiter. Eine Anerkennung ohne Erkenntnis, dachte ich. Jedenfalls ohne dass das, was ich für Erkenntnisse halte, hier für die Anerkennung irgendeine Bedeutung hätte. Was ich tue ist von Wert, ohne dass ich selbst darin einen Wert sähe. Dennoch, eine gewisse Leichtigkeit bringt das auch, wenn ich mich nicht blind nur auf das eigene Über-Ich verlasse, sondern die ›weltliche‹ Anerkennung annehme, auch wenn die sich ›nur‹ auf Arbeit und Verdienst bezieht.

Aber ist ein Leben als Schriftstellerin da nicht noch viel besser? – Eine, für mich, späte Erkenntnis: dass ihr, Brankica, Anerkennung wichtig gewesen ist, gewesen wäre. Nicht nur die, die die Lieben und Nächsten geben können. Sondern die, die nur die nicht Beteiligten dem Werk und seiner Schöpferin geben. Brankica wütet, wenn Texte abgelehnt werden. Ist das Arroganz, Eitelkeit und Anmaßung? Es leben sozusagen die Künstler-Klischees hoch. Alle wissen von den Künstlern, dass die sich alle für die Überragenden, Anerkennenswertesten und so weiter halten. Die Lektoren wissen nichts? Vielleicht wirklich nicht so viel. Immerhin gibt es Märkte, Strömungen, gibt es Angesagtes und Abgesagtes. Hörensagen, Vetternwirtschaft und all das. Wie immer.

Es hatten sich aber Anerkennungen angefunden, Stipendien und ein Buchangebot. Diese geben vielleicht sogar ein materielles Fundament für die Lebenssicherung. Also kann ich meine Arbeit aufgeben, die bisher für uns benötigt wurde, und mich wieder den eigenen Plänen widmen. Wie schön.

Aber Brankicas sich abzeichnende Möglichkeiten und Anerkennungen werden auch mit Angst und Misstrauen betrachtet, von Martin. Schreiben sei eine einsame Tätigkeit. »Du brauchst mich gar nicht. Du wirst dein Glück machen. Du wirst es ohne mich machen. Du wirst interessante Menschen kennen, die dich bewundern. Ich bin nichts. Meine ganze Vergangenheit uninteressant und bedeutungslos. Meine Ideen verraucht oder verbraucht.« Nur mit ekstatischen Lebe-und-schreib-Anfällen dagegen anzukämpfen. Strohfeuer der guten Vorsätze, als solche schon erkannt, auch wenn es noch brennt, auf dem Weg in die Hölle. Die tatsächlich seine Hölle ist, denn wir sind ja froh über die günstige Entwicklung und was will Martin eigentlich?

Nur flache Zeichen bei Martin: unausstehlich sein, trinken, fernsehen, videoten, jobben, nichts tun. Ich lebte offenbar Ignoranz und denke: »Du kannst ihn nicht abbringen von all dem? Dann lass es ihn doch machen. Er mag sich nicht begeistern lassen, von deinem Geschriebenen, von eigenen Plänen, von anderen?« Ich kann das nicht ändern.

Ob sich uns das Leben schon länger in ein Überleben gewandelt hatte? Es schien uns ja ein unheimlicher Zug der Gegenwart, das Leben auf ein bloßes Überleben einzuschränken und dies dann auch noch zu verherrlichen.

Das Wohltuende und Notwendige der Spiel-Rollen lindert die Not. Wenn du dann und dann und bei dieser oder jener Krise jene Rolle für mich spielen könntest? – In den schlimmsten Streits sind wir dann immer in ein Sprechen solcher Rollen übergegangen, die alleine im Stande waren, uns die lebenswichtige Distanz zu geben zu den eingefleischten Sehnsüchten und Süchten, den unbefriedigten Wünschen.

Aber es ist nicht nur einer manchmal furchtbaren Not geschuldet, dass wir spielen wollen. Manches Mal spielen wir einfach so. Wir spielen ein Radio-Gespräch, wir spielen ein Interview, wir spielen eine Eisenbahnfahrt.

Wir nehmen das auf Kassetten auf. Brankica hat viele Kassetten mit Aufzeichnungen, auch von früher, Gespräche mit anderen, Jugendfreunden. Aus dem Radio aufgenommene Musik, als Schülerin, in ihrem Zimmer. Als sie älter war, hatte sie ein, für die ›Verhältnisse‹ der elterlichen Drei-Zimmer-Wohnung, üppiges eigenes Zimmer. – Oder spielen wir doch ein elterliches Küchenabendessen! – Mit Schnittbrot, Aufschnitt, dünnem Tee und Bier aus Gläsern. Es gibt uns eine aufregende blaue Stunde zurück, die uns die Faszination des familiären Zusammenseins empfinden lässt. – Obwohl wir wissen, dass jene Abende auch Zeiten und Orte peinlicher Befragung, schuldbewusster Lüge oder unfreundlichen Schweigens gewesen sind. Wir können das jetzt immerhin spielen, auch wenn es mir schwerfällt, meine Rollen richtig zu sprechen – Ich hatte keine ›solche‹ Familie, in der es in einer solchen Wohnung solches Abendbrot gab. Wenigstens erinnere ich mich nicht daran.

Martin hasst all diese Spiele. Ich will nicht, was soll das? Ich mache mich lächerlich. Entweder das, oder er weiß etwas, das wir nicht bemerken: dass diese Spiele gefährlich sind.

Die Person des Mörders erscheint, in ihrer Nüchternheit und im Nicht-Sprechen, -Rufen, -Schreien als ein Automat. Doch zugleich als eine Alltagsgestalt, deren körperliche Nähe und deren Gesten mir vertraut sind. Es ist sein Arm, es sind seine Glieder, die sich bewegen. Ein Ringen, aber auch ein Totentanz. Er erzwingt sich die überweltliche Bedeutung. Er macht auch sie zur Puppe, die schließlich bewegungslos daliegt. Ein Schlag war zu viel, ein Schlag hat sie bewusstlos gemacht. Sie, Brankica, ist dann nicht mehr dabei. Der Kreis ist aufgebrochen. Sie ist nicht mehr bei uns, und was hat sie gedacht, wo ist die genaue Grenze des Bemerkens, Spürens, Wissens noch um das: Das bin ja ich, jetzt, noch. Ich kämpfe hier mit meinem Mann und meinem Geliebten um das Leben, mein Leben, das nur meines ist, nicht seins. Es muss ausgedacht und gesprochen werden – sie schreit ihn an und ruft mich. Er ruft nichts, sagt nichts, nur die Geräusche seiner Bewegung – später wird klar, dass er ganz nüchtern war. – Ja, es geht alles so schnell. Wie der Mensch aus der Wüste springe ich aus dem Bett und sehe sie schon dort im Gang vor der offenen Küchentür. Später wird eine Skizze gemacht. In der Mitte getroffen? – Der Hammer. Das Knirschen, als ich am Kopf getroffen werde. Etwas später: Ich weiß das Messer im Voraus. Ich sehe es dann wenige Tage später im Landeskriminalamt.

3.

Sie war eine – was denn? welche denn? – Frau. Sie liebte nicht nur Männer erotisch, auch Frauen oder umgekehrt: vielleicht auch Männer. Warum blieb sie bei den Männern? Warum waren die Freundschaften zu den Männern immer zahlreicher? Die Freundschaften zu Frauen ebenbürtiger? Eine

Tochter ihres Vaters war sie. Bundesrepublik Deutschland, Bundesrepublik Jugoslawien. Als letztere nicht mehr wirklich existierte, was war da aus Deutschland geworden? Was war aus den Frauen geworden? Was aus den Kollektiven? Und literarische Produktion statt philosophisch-linguistischer Analyse – ein Fortschritt?

Mit den Männern zum Beispiel, auch dort die Frage, warum wird gerade diese Form der Individualität und Anpassung gewählt? Aber auch die Frauen, warum werden jene Wege beschritten, hinein in ein Leben der selbstgewählten Abhängigkeit? Ist dies die einzige Möglichkeit, ist es eine Entwicklung, eine Notwendigkeit? Oder der Entwicklung der Wirklichkeit in einer politischen Gegenwart im Großen und, spürbarer auch, im Kleinen zuzuschreiben?

Immer wieder Brankicas sicheres Empfinden, eine Wahrnehmung gemacht zu haben, die anderen entging und die sie zu einer Voraussicht befähigt und berechtigt: was jetzt gleich geschehen könnte? – Sie könnten jetzt auf mich zukommen, ein Mann, mehrere Männer, oder Jungs oder ein Paar oder sonst wer, mit der ihnen selbst vielleicht noch gar nicht bewussten Möglichkeit, grundlos töten zu können. Diese Möglichkeit genügt ja schon. Gewalt. Diese wird auch ausgeübt. Die Angst folgt der Möglichkeit. Jede Frau kennt sie. Sie ist bekannt. Darüber ist hinwegzugehen, meistens. Wenn nicht? – Gelingt es denn den Anderen leichter, sich zu vergessen, sich zu vergewissern? Sicher, vielen. Allen nicht. Nicht immer. Das Sich-vergessen und das absichtsvoll Böse, oder: Resultiert das Böse aus der Ausgeschlossenheit, aus dem Verlust der lebendigen Beziehung zur Welt? Oder aus dem behäbigen Strom der Gleichgültigkeit und dem Mitmachen bei den Gewalttätigkeiten der sozialen Welt? Schon in der Schulzeit hat Brankica vieles davon wahrgenommen. Sie fragt sich: »Habe nur ich es nicht vergessen, was mir getan wurde, was ich darin gewollt habe, in diesem Leben?« – Erkenntnis kann Mittel sein, sich zu wehren, bedeutet aber auch, sich der Gefahr auszusetzen, schmerzvoller zu erkennen.

Brankica ist manchmal so witzig. Humor ist Erkenntnis und wesentlich. Witz und Scherz sind die häufigsten Spiele und ganz unverzichtbar. Dies bedeutet, die Erfahrung ›kleiner‹ Anerkennungen, die man sich selbst durch die analytische Schärfe des Witzes gibt, ist wohltuend. Die Distanz zum Eigenen, das nie so eigen sein kann (ernüchternde und kraftvolle Erkenntnis!), ist wichtig. Sprachscherze als geistiges Lebensmittel täglich genossen sind etwas Gutes.

Brankica ist eine Frau und hat einen schönen Körper, der begehrt wird. Sie erfährt aber auch, als abstoßend und gefährlich wahrgenommen zu werden. Beides hängt zusammen, jedenfalls scheint es bei vielen Männern so zu sein. Eine Folge ist, dass sie sich auch manchmal dick und hässlich fühlt. Sie fühlt sich kleingemacht und wie ein Kind behandelt. Aber auch ein Kind kann begehrt und gehasst werden. Die Abwehr gegen die Anerkenntnis dieser Leidenschaften ist größer als bei einer Erwachsenen. Wenn wir die Verschlingungen an den anderen Menschen erkennen können, wenn wir nicht nur die notgedrungen halbherzigen Synthesen und Entwicklungserzählungen sehen können, sondern auch die einzelnen Stränge, die bei Berührung umso empfindlicher schwingen, dann können wir uns von den Menschen her auf einiges gefasst machen. Und wenn wir uns nicht so sehr gefasst machen? Wollen wir nicht oder können wir nicht? Zum Beispiel: zum Erwerb arbeiten. Sind wir noch nicht so weit, dies überhaupt auszuhalten, oder sind wir bereits darüber hinaus, es aushalten zu müssen?

Wovor haben wir überhaupt Angst? Davor, dass wir jenes an den Mitmenschen bemerken, wovon diese nichts wissen, so dass wir mit ihnen alleine sind, obwohl wir mit ihnen zusammen sind. Denn nichts kann dieses Wissen uns einbringen außer ihre Freundschaft oder ihre Feindschaft. Und wenn es die Freundschaft dann ›eines Tages‹ nicht mehr gibt?

Bei diesen außergewöhnlichen Talenten, von vielen oft als blendend oder verblendet erlebt, musste sie immer wieder die Frage bewegen: Und wer sorgt für mich? Wer versteht diesen Zusammenhang, dieses Verhängnis, in mir?

Eine der Fragen, die Brankica gestellt hat, war die nach der Pubertät. Diese Frage hat eine Geschichte, die mindestens bis dahin zurückreicht, wo die Nähe der Jugendlichkeit zum Aufruhr, zur Zerstörung des Alten, der Herstellung einer anderen Welt, zur Revolution betont wird. Die Pubertät als kleine Rebellion, aber auch als Revolution, als Wiederherstellung des Alten im Neuen. Das ist auch unser Problem. Die ›Pubertät‹, verstanden nicht als Lebensalter, sondern als Teil einer Haltung zum Leben. Also zum Beispiel als die Frage nach der Einsamkeit des eigenen Erlebens und Denkens. Sind die anderen mit der Welt oder mit mir? Gelingt es uns, ein Leben zu finden, das nicht nur eine Anpassung an die gegebenen Verhältnisse ist? Darf man diese Frage überhaupt verneinen – »Es gelingt nicht« – und was wird dann passieren?

Habe ich denn je geglaubt, das Pathos einer in Frage gestellten westlichen Welt, ganz in Frage gestellten Gegenwart, zu teilen? Oder, vielleicht, zu teilen, ja: aber mich auch wirklich zu einer Veränderung dieser Gegenwart willens und bereit zu finden? Oder bin ich nicht vielmehr Brankica gefolgt? Denn es könnte ja so gewesen sein, dass sie mir bereits eine andere Welt als die mir bekannte Gegenwartswelt bedeutet hätte – so dass ich mich in dem warmen Windschatten der Pionierin hätte bewegen können?

Was ist denn so eine Pionierin? Eine Soldatin der Veränderung, des Vorandrängens und der Wegbahnung für die Übrigen. Eine Soldatin, ja, die militärische Jungfrau (Jeanne d'Arc), die, weshalb, am Ende getötet werden wird? – Weil die Rückwirkungen ihrer Kraftentfaltung ignoriert werden sollen? Wirklich verwundbar schien Brankica nur durch Frauen zu sein.

Schließlich hatte sie die Jungfräulichkeit, unter ziemlichen Mühen, aufgegeben und hat mit Männern geschlafen. Innerhalb einer relativ kurzen Zeit mit relativ vielen. Um das richtig alles zu versuchen. Dann sogar geheiratet – nämlich ihn, Martin – und, könnte man sagen, noch ein Kind dazu bekommen, mich.

Handlungen schaffen Tatsachen, auch an einem selbst.

Dinge, die einem unbekannt sind und doch kein Geheimnis, wenn sie sich herausstellen.

Eine Intellektuelle zu sein hieß jedenfalls, jene direkte Beziehung zu imaginieren, die ein eigenes Wort über eine ›große Sache‹ als auf diese einwirkend betrachtet und dabei zu der Erkenntnis kommt, dass diese große Sache im diesseitigen Kleinen begründet worden ist. Und schreiben kann bedeuten, eine Wahrnehmung zu haben, die vom Innersten zum Äußersten führt, ohne dass einen die mittlere Lage des alltäglichen Lebens abhielte. Eine Unternehmung, die darauf zielt, diese Lage zu begreifen und die Gründe zu erkennen, die dazu geführt haben, dass wir so leben, wie wir es tun.

Ist es erlaubt, sich so mit der Welt zu messen, oder gibt es eine herausfordernde Anpassung, die auch eine Möglichkeit zu leben bereithält?

4.

Seit Brankicas Tod muss ich anderen, mir näher oder ferner Stehenden, immer sagen, dass sie Recht haben mit dem, was sie sagen, während ich selbst dieses Recht zu sagen und zu bewerten, wie und was und warum alles so gewesen ist, kaum wahrnehme. Selbst die Polizei und die *Bild*-Zeitung wissen etwas Wesentliches zu berichten – »Sie diskutierten nächtelang und dann nahm er den Hammer«.

Das ist einfach. Aber auch wenn es kompliziert wäre, heißt doch eine Theorie zu gebrauchen, dass zu Tuende in Gedanken vorwegzunehmen. Worüber man spricht, schreibt und denkt, das wird auch getan oder es passiert. Ich komme nicht los von der Vorstellung, wir hätten es uns im Voraus bereitet, durch unsere untauglichen Versuche, etwas »anders« zu machen.

Man sieht schon: Ich hatte die Weise unseres Lebens nie frei bejaht noch verneint. Die wonnige Süße, ein starker Diener zu sein, geschützt durch die Stärke der ›Herrschaft‹ – und immer auch Nutznießer gewesen zu sein –, entpuppt sich als Sünde, deren folgende Strafe es ist, Brankica nicht mehr als geliebtes Gegenüber der Erinnerung erkennen zu können. Der Dienst ist zu Ende und meine jetzige Freiheit ist, als Fortsetzung der Vergangenheit, obszön. Ich habe vielleicht nie begriffen, wie ernst alles ist.

Eine fantastische Vorstellung, wie wenn durch meine Intrige sich zwei andere Kinder auf dem Spielplatz getroffen hätten. Als hätte der kleine ER die kleine SIE dann mit einem stählernen Sandschäufelchen zerlegt. Bis die kleine Puppe liegen bleibt. Ich haue mit meinen Ärmchen an ihm. Er merkt das kaum. Er klettert auf einen Baum, der hoch ist. Ich sehe blöde zu. Ich sehe auch zu, wie er herunterspringt und sich an einer Astgabel aufhängt. Hätte es sich so abgespielt?

Er erschlägt sie mit dem Hammer und ersticht sie danach noch viele Male mit einem großen Messer. Fast schneidet er ihr den Kopf ab. Das ist es also, was sie dann ist. Fleisch, Blut und noch ein paar Knochen und Fetzen. Aber wenn ich mein Herz spüre, dann ist das mein Herz. Wenn ich es zerdrücke, zersteche, zerschlage, werde ich tot sein.

Ich sagte zu Martin: »Ich finde es völlig unbegründet, deine Eifersucht, warum sollte sie dich verlassen?« Ich denke erst gar nicht daran, dass sie mich ebenso verlassen will. Denn es ist doch meine ungestellte Frage an sie: Warum bist du bei Martin, mit ihm? Also warum? Aber die Frage müsste sein: Warum ist sie überhaupt bei uns, warum ist sie nicht lange schon ›weg‹?

Denkt sich Martin »Wenn ich ihr Herz und ihren Kopf zerschlage, wird sie mir nie wieder antworten. Aber wenn sie bewusstlos ist, vielleicht noch nicht tot, muss ich mich dann nicht unterbrechen? Aber dann ist sie mir erst recht entzogen – erst recht überlegen, wenn sie sich vor mir verschließt. Dann will ich sie eben doch noch öffnen, dass sie mich nicht übergehen kann! Ist noch Leben in ihr?«

Martin hat ihr das Leben genommen und sich. Er war es alleine, aber das Denken fragt immer nach Zusammenhängen. – Nach dem Tod ist alles in seine Einzelstränge zerteilt und ich kann es nicht wieder zusammenfügen. Die Toten liegen auseinander. Ein jeder geht seiner Wege.

Susanne Hermeling

Pathos und Passion

> Es ist das Leben ein Kreuz und deshalb hängen wir daran.
> Es ist also keine Frage von Wille und Wahl. Und doch.
> Niemand sagt uns, wie wir da zu hängen haben. Ein jedes
> kann es sich aussuchen. Kopfüber und den Blick nach vorn
> oder zur Seite oder auf die eigene Mitte. Außerdem kann man
> statt an Stahlnägeln auch an Seidenbändern hängen.
> Es tut dann nicht so weh und sieht hübsch aus.[1]

Germanistik, erstes Semester. Der Schulzeit gerade entronnen. Sitzen auf Auslegware zwischen Jugendmöbeln im hannöverschen WG-Zimmer. Referatsbesprechung – Faust, zweiter Teil. Brankica liest ihre Deutung über die Figur Helena. Dass Helena sterben musste, weil sie rausgerissen wurde aus der heimatlichen Erde – ohne Wurzeln, die stecken geblieben waren, wurzellos verendend. Sagen die anderen: »Besser wär's, du würdest es etwas weniger pathetisch vortragen.« Weinen über das eigene Pathos und über die deutsche Sachlichkeit. Die Sachlichkeit war auch die eigene – darum der Schmerz. Pathetisch gesprochen: deutsches Auge blickt kalt auf jugoslawisches Herz im selben Körper. Pathos bedeutete der ironischen Reife pubertärer Rest und heimatliches Erbe. Hieß wie Vater und Mutter weinen um zurückgelassene, warmduftende Erde.

Dubravka Ugrešić sagte, *Nostalgie ist eine Sache der Exilanten. Wem oder was gilt die Sentimentalität? Der Liedzeile, dem Duft ... sie haben nur für jene Bedeutung, die an der kollektiven Erinnerung teilhaben. Ohne die Erinnerung keine würdige Bestattung für ein totes Land.*[2]

Weinen dann nochmals nach dem Vortrag im Seminar. Weinen um Helena. Aus Scham auf der Damentoilette, weil das Schweigen so spöttisch klang. Das echte Gefühl als weinerlich auswies.

Weinen aus Empfindlichkeit, die ein Ergebnis echter Kränkungen war. Welche Kränkung des aber doch blonden, aber doch perfekt deutsch sprechenden, aber doch gebildeten Mädchens? Wo war der Riss, in dem ein Pathos wachsen kann? Was z.B. bedeutet es, außen deutsch, doch »innerlich behaart«[3] zu sein.

»Vor einigen Tagen hat mich ein junges, sehr schick angezogenes, mittelgroßes, langhaariges, äußerst geschminktes türkisches Mädchen mit sehr langen Fingern aus ihrem Weg geschubst. Dabei warf sie mir einen seidigen Wimpernblick zu, als sei ich das stinkendste Stück deutscher Scheiße, das ihr je über die enge Flur gelaufen sei. Verblüfft sagte ich bloß: ›Nanu, warum denn das?‹ Überstürzt wandte sie daraufhin ihre Augen ab und stob mit ihrer Kameradin um die Ecke.«[4]

Szenen aus der Vergangenheit.

Erinnerungen an die jugoslawische Nachmittagsschule in Deutschland. Wenn ein Kind »zurückging«, wurde es von allen beneidet. »Wir waren indoktriniert von einem Bild der Idylle und des Glücks, von einem Bild der Brüderlichkeit und der Wärme, die wir *hier* nie erfahren könnten.«[5] Jugoslawia. Paradisia. Nostalgia.

Ortlos.

»Bis 1982 hörte man *es* noch. Im Hochsommer des gleichen Jahres verschwand es für immer.«[6]

Der Akzent verschwand nicht einfach. Tretrollertretrollertretrollertretroller. Unzählige Male mit Kinderstimmchen auf Band gesprochen. Die Zunge will vom Zungenrrrrrrrrr nicht lassen. Irgendwann reißt sie sich doch los.

Die Zunge reißt sich los, die Erinnerung bleibt. Jugoslawien – Deutschland – Jugoslawien – Deutschland. Jugoslawien – untergebracht bei der Familie des Vaters, der Mutter. Angst und Verlassenheit. Dann nach Deutschland zu den Eltern. Libertäre Kindergartenpädagogik. Dann Jugoslawien mit der Mutter. Schuluniform. Tito. Dann Deutschland. Vater, Mutter. Schule. Spielplatz. Angst. Wenigstens die Würde soll gewahrt werden. Erinnerung ist Passion. »Ich lache nicht mit. Ich nehme mich zu ernst.«[7]

Endlich will die Angst vor der Ausweisung ein Ende finden in einer geglückten Einbürgerung.

»Martin und ich haben endlich einen Heiratstermin bekommen. Ich werde deutsch sein. Noch in diesem Leben. Ich werde Sozialhilfe bekommen, die PDS wählen und spontane Trips ins europäische Ausland machen. Ich werde ›Danke‹ sagen, wenn das Dokument mir überreicht wird, und mich kollektiv unschuldig fühlen. Es wird eine Zweitgeburt sein. Alles auf Anfang. Noch mal von vorn – jetzt aber richtig. Nur die Fliegen, die dann stets in meiner nächsten Nähe herumlungern werden, verursachen mir ein kleines Unbehagen.«[8]

Wir witzelten ausgiebig über Slawier und Arier. Über vor leidenschaftlichem Patriotismus kochendes Slavenblut. Geäfftes Jugodeutsch. Über sprachbehinderte Arier, die stümmelten: Branischka, Brantzika, Branitza Betzejak. Daraus wurde Poesie. An Frl. Branitzwa Bejacek. Von Branitscha Bejecatsch. Dein Brankawitz.

Die Empfindlichkeit blieb mit der Erinnerungsfähigkeit. Sie machte die Welt zum temporären Aufenthalt. Der *Gast* ist potenzielles Opfer kalter Augen, harscher Worte, schlummernder Mordgelüste.

»Ein ähnliches Stimmungsbild jugendlichen Übermuts durfte ich bei meinem nachmittäglichen Spaziergang durch unseren in die Jahre gekommenen Georgengarten betrachten: Eine muntere Horde 20- bis 28-jähriger Studierender (ruhig verschiedener Fachrichtung) spielte auf dem matschigen Rasengrün Baseball. Glückte ein Wurf, so hallte das Klatschen der wechselseitig angebotenen Handflächen und das Freudengeschrei (Yeah, suppa, saugeil, Alter! bla...) wackerer Profiamateure weit ins Land. Als mir danach zwei etwa 14-jährige Mädchen auf dem Weg entgegenkamen, befürchtete ich mit einigem spontanen Ernst, dass sie versuchen könnten, mich zu verprügeln.«[9]

»Die Empfindlichkeit begründet das Empfinden mit dem Opfer: dem Kind, der Frau, dem Obdachlosen, dem Gast in dieser Welt. Wie die ›Empfindungsoffenheit‹ Leonhard Gasts die Entscheidung für das Selbstopfer, den Freitod begründet. Seine Entscheidung für den Tod ist nicht die Abwendung vom Leben. Sie ist ein radikaler Kommentar gegen die Zurichtungen und Vernichtungen, die ein vollständig erinnernder Mensch leiden kann.«[10]

Vollständige Erinnerung. Vollständiges Leid. In der Jugend ist Christus Identifikationsfigur.

Und Kafka. Das Leiden wird literarisch. Das eigene Schreiben wird mit den Jahren zu einem Ringen darum, von der Identifikation, der blumigen Feier des Elends abzurücken. Jedes weggelassene Adjektiv erscheint als gelungene Selbstüberwindung. Das literarische Projekt dringt als erneute Sprecherziehung in den Alltag ein. Ich habe mich mit Soundso getroffen und hatte mir vorgenommen, so wenig maniriert wie möglich zu reden. Nun muss der erkämpfte Sprachreichtum in kontrollierte Bahnen gedrängt werden. Auch fürs literarische Geschäft. Doch manches abgewiesene Manuskript wird mit einem wortreichen Brief an den Lektor gerächt. Hier wird die Lust am Bemeistern des Überkandidelten schamlos ausgelebt.

Das literarische Projekt ist, den Schmerz sichtbar, die Wunde offen zu halten, auf unpathetische Weise. Anders als bei Jelinek, deren Gesellschaftsanalyse zwar durchdringend ist bis auf die Knochen, doch kein Fünkchen Hoffnung im sozialen Determinismus aufkeimen lässt. Bachmann dagegen *nötigt* uns, »eigene – vielleicht verlorene – Schmerzen zu leiden und zu lieben, was ungleich gefahrvoller ist, als sich der potenten Ohnmacht des Hasses und der Destruktion zu verschreiben.«[11]

Der Entschluss, den Schmerz ernst zu nehmen hieß auch, sich gegen ein affektiertes, maskierendes Pathos zu stellen. Auch mit Selbstironie, deftigem Sarkasmus und einer Hellhörigkeit für Sentimentaldemagogie in der Politik. Eigene Empfindlichkeiten. Das Pathos betrunkener Männer, aufopfernder Frauen. Die Betroffenheit eines Joschka Fischer. Sämtlich Anlässe für Parodien.

Natürlich war alles ganz anders.

Es lebte das feine und drollige Pathos. Das herzliche, kitschige und anrührende, geheißen Sentimentalität.

Fundament einer gut sentimentalen Politik. Mit lustig feuchten Augen trällerten wir »Jugoslavija, Jugoslavija«.

Die intime Welt war von Sentimentalität durchflochten. Elterliche Arbeiterschicksale. Fiepsend Schutz suchendes Meerschweinchen. Kindlein klein. *Leises Spiel* – Märchen über eine Wohnzimmerlampe. Branitz. Kunz und Lehm. Teile einer Privatkollektion von Erinnerungen.

Als Folge der Sentimentalität erschien die Alltagsuntüchtigkeit, an der wir unsere gerührte Freude hatten. Brankicas Berichte zum großen Weltscherz: »Ich wollte im Waschsalon dieses eine Mal alles richtig machen. Mit angestrengter Konzentration unternahm ich die einzelnen Schritte. Holte eine Münze aus dem Automaten, füllte Waschpulver in die Maschine, wählte das Programm, warf die Münze ein und drückte auf Start. Die Maschine lief. Eine Sekunde später bemerkte ich neben mir den gefüllten Korb mit meiner schmutzigen Wäsche.«

Warum dies aufgeschrieben wurde?

Ohne die Erinnerung keine würdige Bestattung für ein totes Kind.

1 Aus einem Brief an Susanne Hermeling, Berlin, 6.6.1999

2 Unveröffentlichtes Interview in englischer Sprache mit der Exil-Schriftstellerin Dubravka Ugrešić aus Kroatien für die Zeitschrift *Zwischenstufen*, September 1997

3 »Ortlos – Ausgewiesene Schuld«. In: *Die Prüfung*, a.a.O., S. 84

4 Aus einem Brief an Susanne Hermeling, Berlin, 1.11.1999

5 Unveröffentlichtes Gespräch mit Nenad Stefanov für die Zeitschrift *Zwischenstufen*, September 1997

6 »Ortlos – Ausgewiesene Schuld«. In: *Die Prüfung*, a.a.O., S. 83

7 »Ortlos – Ausgewiesene Schuld«. In: *Die Prüfung*, a.a.O., S. 83

8 Aus einem Brief an Susanne Hermeling, Berlin, 1.11.1999

9 Aus einem Brief an Susanne Hermeling, Hannover, 12.11.1995

10 Aus einem Brief an den Verlag Kiepenheuer & Witsch, Berlin, 20.3.2000.

11 »Die Frage ist, wie gestorben wird«. In: *Die Prüfung*, a.a.O., S. 83

Jörg Djuren

Grenzüberschreitungen

Einmal, als Brankica und ich uns in einem Café in intensiver Unterhaltung gegenübersaßen, meinte sie plötzlich lachend zu mir:»Ich habe eben die ganze Zeit überlegt, wieso die Träger deines BHs nicht zu sehen sind.« Für einen kurzen Moment hatte sie mich als Frau wahrgenommen.

Die sexuelle Ambivalenz war etwas, was uns in guten Zeiten verband, Zeiten, in denen ich für sie ihre »ältere Schwester« war. Es gab auch Zeiten, in denen sie dies als Anmaßung empfand – als männliche Okkupation.

Als Einzelkind war Brankica nicht nur Tochter, sondern auch Vaterkind und Sohn ihrer Eltern gewesen, die mit ihrem Vater regelmäßig auf den Fußballplatz ging. Umso schwerwiegender war der Einbruch der Geschlechtszuweisung – dass dies alles nun nicht mehr sein könne. Sie würde zur Frau gemacht werden, als sie körperlich als Mädchen-Frau sichtbar wurde. Damit verbunden war die Zuweisung unsagbarer Schuld für ihr verwerfliches Begehren, sei es auf Männer oder Frauen gerichtet, nach einer anderen Geschlechtlichkeit, eines Geschlechts und einer Sexualität jenseits der binären Oppositionen, die sie trotz allem zu leben versuchte. Die Auseinandersetzung mit dieser Schuld, das schuldlos schuldig sein – für ihr Begehren, für ihre ›unnormale‹ Sexualität – im Kontext eines Aufwachsens in Verhältnissen, in denen Sexualität schon an sich als etwas Schmutziges galt, und in denen sie als ›Ausländerin‹ auch von außen dem Schmutz zugerechnet wurde – spiegelt sich in ihrer Literatur wieder. Dies war sicher ein Anlass zum Schreiben.

Eine Schuld, die sich auch in Angst umsetzte. Eine Angst, die wiederum ihre Bestätigung fand, sowohl durch das Verhalten ihrer Eltern, z.B. in der Reaktion auf das Auffinden eines Liebesbriefes an ihre Philosophielehrerin in der Schule, als auch durch die aggressive Ausgrenzung durch Mitschülerinnen und Mitschüler. Dabei richteten sich die Aggressionen gerade ihrer Mitschülerinnen und Mitschüler in vielen Fällen nicht so sehr auf konkrete Handlungen, sondern auf sie als ›seltsame‹ Person, Ausländerin, Arbeiterkind an einem Gymnasium der gehobenen Mittelschicht. Sie war intellektuell und sprachlich den meisten überlegen und trat doch nicht einmal adäquat auf, weder geschlechtlich noch alltäglich, und darüber hinaus war sie in einer Zeit, in der dies lange nicht mehr als ›angesagt‹ galt, politisch linksradikal aktiv (d.h. sie war zeitweise sehr aktives Mitglied der SAG, der Sozialistischen Arbeitergruppe, einer trotzkistischen Organisation). Und dann ging sie noch mit ihrem Meerschweinchen in den Park. Die Geschichte von dem »seltsamen Mädchen, das mit seinem Meerschweinchen spazieren ging«, erreichte sogar mich als ehemaligen Schüler dieser Schule auf dem Tratschwege, lange bevor ich Brankica an der Universität kennen lernte, ohne sie zunächst mit dieser Geschichte in Zusammenhang zu bringen.

Viele ihrer Freunde und Freundinnen fielen ebenso aus der Norm heraus. Dieses Anderssein war ein Teil dessen, was sie mit den meisten ihr nahen Menschen verband. Und es gab immer wieder in den sexuellen Liebesbeziehungen zu Männern und Frauen, wie in anderen Liebesbeziehungen, Momente, in denen eine Außerkraftsetzung der Norm gelang. Auch dies findet sich in ihrer Literatur, am Rand, zwischen den Zeilen. Ein Zwischenraum, der ihr wichtig war, als Melancholie, als Wut über die Gewalt, die ein Leben jenseits der Norm verunmöglicht. Sie hat ihre Literatur wie die Literatur Ingeborg Bachmanns, die für sie als Autorin von zentraler Bedeutung war, nie als hoffnungslos begriffen. In der Spur, im Aufzeigen des Verbrechens, der Norm, lag für sie auch immer eine Möglichkeit des Anderen, das hier das Schweigen durchbrochen hatte.

Ihre größere Fähigkeit sah sie nichtsdestotrotz im Sprechen, im Sprechen mit Anderen die Normalität zu entkleiden, sie in ihrer Obszönität nackt dastehen zu lassen. So ist auch ihre Literatur für sie als konkrete Poetin stark vom Sprechen und vom Tonalen bestimmt worden. Nicht zu trennen ist dies von der Mühe, mit der sie sich die deutsche Sprache als Kind in Perfektion angeeignet hatte, sich selbst vom Rekorder abhörend, und der Bedeutung, die diese fremde Zunge, die nun ihre eigene wurde, bezüglich Nähe und Distanzierung zu ihren Eltern hatte und bezüglich der Fähigkeit, überhaupt zu sprechen. Auch Teile ihrer letzten und längsten literarischen Arbeit, der hier im Buch abgedruckten Novelle, hat sie im Prozess des Schreibens auf Band aufgenommen und abgehört, um so die tonale Wirkung im Überarbeitungsprozess besser einbeziehen zu können.

Dabei ist immer zu bedenken: Brankica hat um all diese Dinge gewusst, sie hat sie analytisch und intellektuell hinterfragt und in Gesprächen hin und her gewendet, um sich ihnen in Brüchen wieder anzunähern, mit Wut auf die politischen Verhältnisse, gerade auch im Kleinen, im Alltäglichen. Literatur ist kein Tagebuch, sondern Kunst und Politik – das Private ist aber politisch.

Und sie war ebenso eine deutsche, linke, radikalfeministische Intellektuelle wie ein jugoslawisches ›Gastarbeiter‹-Kind und hat versucht, beiden Klischees nicht gerecht zu werden.

Ein gemeinsames ästhetisches Konzept von Brankica und vielen ihr Nahestehenden war die Aufhebung der Grenzen zwischen Politik, Kunst, Wissenschaft und dem Privaten. Das war ihr auch in ihrer politischen Praxis wichtig. Etwas, was sie schon früh von der SAG entfernte und im Studium im Autonomen-FrauenLesben-Kollektiv aktiv werden ließ. Dies findet sich aber auch in der literarischen Ausarbeitung ihrer Abschlussarbeit, im Theaterstück, das sie anstelle eines Thesenpapieres für ihre Abschlussprüfung verfasste und in ihrer Arbeit für die Wochenzeitung *Freitag* in Berlin (der Ablehnung eines ›objektiven‹ Journalismus) wieder. In ihrer Literatur ist diese Haltung allgemein präsent.

155

Trotz aller intellektuellen Durchdringung konnte sie sich nur bedingt von ihren Schuldgefühlen und ihrer Scham befreien. Das galt bis zuletzt. Und hier liegt eine besondere Grausamkeit und ein besonderer Verrat ihres Mörders, ihres langjährigen Geliebten, der um all diese Dinge wusste, um ihre Bedrückungen, ihre Angst, und sich zum Vollstrecker ihrer Albträume aufgeschwungen hat, indem er die patriarchale Norm erfüllte, nach der Männer, die verzweifelt sind, nicht nur sich selbst, sondern ihre ganze Familie auslöschen – weil sie, ›die Frau‹, wie Mann und Frau wissen, doch immer schuldig ist.

Carola Ebeling

Brankicas Briefe

Brankica und ich kannten uns 18 Jahre lang. Mit keinem anderen Menschen konnte, kann ich so weit zurückgehen in gemeinsame Erinnerungen. Mit keinem anderen hat mich eine solch intensive, nahe, immer wieder auch schwierige, ambivalente Freundschaft verbunden, keine solche Liebe. Die Präsenz der anderen in den Zeiten tatsächlicher Abwesenheit: manchmal Monate, einmal Jahre. Die Kontinuität trotz der Brüche und darin.

Was für ein lebensbedeutsamer Zufall, dass wir, so verschieden unsere Elternhäuser waren, beide auf dasselbe hannoversche Gymnasium geschickt wurden und auch noch in derselben Klasse landeten. Wir waren beide zwölf Jahre alt. Wir beschlossen unsere Freundschaft feierlich.

Die vorliegenden ausgewählten Briefe stammen aus den Jahren 1996 bis 2000. Der Briefwechsel setzt ein, nachdem wir uns drei Jahre lang weder gesehen noch geschrieben oder gesprochen hatten. Beide studierten wir während dieser Zeit, sie in Hannover, ich in Oldenburg: beide Literaturwissenschaft.

Ein halbes Jahr lang ist unser »Gespräch in Briefen« die einzige Form des Austauschs. Dann führten wir es weiter, neben Telefonaten und Besuchen. Für uns beide war es eine Ausdrucksmöglichkeit, die unersetzlich war. Und unverzichtbar war die Freude, einen Brief der anderen im eigenen Alltag zu empfangen.

Dass hier fast ausschließlich ihre Briefe zu lesen sind, ist der Intention des Buches geschuldet, das die Autorin und die Persönlichkeit Brankica Bečejac und ihr Werk vorstellen will.

Liebe Carola!   Hannover, den 12.2.96

Da es uns bei realer Anwesenheit der je anderen nicht einmal möglich ist, einander zu grüßen, wähle ich nochmals den Weg brieflicher Korrespondenz. Briefe sind ja immer an eine Abwesende gerichtet. Jetzt bist Du in der Ferne für mich leichter ansprechbar geworden. Aber dieser Zustand ist uns nicht neu. Immer wieder neu ist aber der Akt des Ansprechens selbst. Ich schreibe auch jetzt ins eigentlich Unbekannte hinein, an eine Unbekannte, die doch nie unbekannt sein wird.

Manchmal glaubte ich Dich zu sehen. Häufig erwies es sich als Trugbild. Ganz sicher war ich mir nur selten. Der Schreck aber darüber, daß Du es bist, es sein könntest, war jedes Mal intensiv.

An groteske Komik grenzend war denn auch die vermeintliche Begegnung vor dem »Notre Dame« (wann war das eigentlich? Vor einem Jahr? Oder länger?). Die abrupte Nähe, mein zögerndes Zugehen auf Dich, schon wollte ich Dich grüßen, hätte ich nicht die tiefe Abweisung in Deinem Gesicht gelesen. Schließlich dieser seltsam allegorische Moment, als ihr – in der Hoffnung, die Straßenbahn noch zu erreichen – vor mir hergelaufen, von mir weggelaufen seid! Natürlich seid ihr nicht wirklich vor mir auf der Flucht gewesen. Es war nur so ein eindrückliches Bild von unserem Verhältnis: auf der Flucht sein voreinander.

Erinnerst auch Du dieses jähe Aufeinandertreffen?

Ich wollte Dir einen Gruß senden. Einen herzlichen, erinnernden Gruß.

Vielleicht wirst Du ihn erwidern.

Brankica

Oldenburg, den 13.2.96

Liebe Branki (sollte ich Dich anders nennen?),
hätte ich Dich in den vergangenen drei Jahren irgendwo gesehen, und ich habe mich nicht blind dafür gemacht, so wäre ich niemals davongelaufen – ohne zu wissen, was passieren würde, davongelaufen wäre ich nicht. Die Frau vorm »Notre Dame«, das war nicht ich, und von einem Traum hast Du mir doch nicht erzählt? Ich habe mich mehr als einmal gefragt, was geschehen, wie ich reagieren könnte, wür-

de ich Dich sehen bei einem meiner Aufenthalte in Hannover – und wie Dein Verhalten mir gegenüber dann wäre. Die
Bilder fielen ja nach Stimmung sehr unterschiedlich aus. Nur
das Weglaufen kam nicht darin vor; ich glaube, das hätte ich
nicht ertragen, selbst, wenn ich kaum bei mir gewesen wäre.

Ich schreibe jetzt gleich, weil ich auf »bessere«, klarere
Worte nicht warten will und auch nicht weiß, wann deren
Zeit wäre. Der Brief in meinem Kasten – das ist eigentlich
eine Unmöglichkeit, auch diese schon mehrmals phantasiert
als solche. Nach drei Jahren, und dies ziemlich genau, Deine plötzliche Gegenwart in Deinen geschriebenen Worten,
die doch nicht in einen von Dir freien Raum einbricht: richtungslose Aufwühlung.

Aus ihr heraus also diese Erwiderung Deines Grußes ...
Carola

Hannover, d. 15.2.96

Liebe Carola,
unsere Briefe aus den vergangenen sieben Jahren haben wohl
alle eins gemeinsam: das Besprechen der verstrichenen Zeit.
Der Zeit zwischen zwei Begegnungen, zwischen zwei Briefen,
zwischen zwei Gedanken an die andere. Es war die Zeit des
Schweigens immer lang, zu lang. Wenigstens was die »Zir-
kulation« des Gesprächs über das Schreiben anbelangt, will
ich die begonnene Bewegung nicht wieder still werden lassen.

Es ist wirklich erstaunlich, welches Ausmaß an halluzina-
torischer Kraft mich diese »Begegnung« imaginieren ließ.
Also war es ja vielleicht wirklich eher ein Traum, der nur von
mir nicht als solcher erkannt wurde.

Kaum kann ich es glauben, daß es tatsächlich drei volle
Jahre sind, die wir buchstäblich nichts voneinander gesehen
und gehört haben. Es ist wahr und eben doch nicht wahr,
denn die Zeit verläuft trotz gegenteiliger Rechnung nicht li-
near. Die »Vergangenheit« greift in unser Jetzt und ist ebenso gegenwärtig wie der Augenblick. Das ist tröstlich und
schrecklich zugleich. Es ist schön, insofern die Kostbarkeiten
der gewesenen Süße nicht wirklich für immer enden (wir
also einmal – für immer – erwachsen sind und andersartige

Sehnsüchte nur Infantilitäten sein können) und furchtbar, insofern auch die Schmerzen und die erlittene Unterwerfung niemals zu einem letztgültigen Ende kommen.

Das gilt für Frauen in besonderem Maße, denn sie erinnern notwendigerweise genauer. Diese Not entsteht aus der Schmach, »nur« eine Tochter zu sein, aus dem ersten sexuellen Übergreifen, aus der Okkupation ihrer Körper als sexualisierte Territorien, als zu erobernde Ländereien. All dies muß erinnerbar bleiben, damit wir es einmal benennen, herausstellen können. Denn die Opfer kennen keine Sprache, sie sind naturgemäß stumm und sollen es auch bleiben, damit sie die Namen ihrer Täter nicht nennen können. Das Erinnern verhindert es, stumm zu werden.

Du weißt es ja, daß mir die Sprache, das zum Sprechen kommen, immer unabdingbar war. Heute betrachte ich diesen Sprechakt (auch als Sprechen im Schreiben) als widerständisches Moment. Poesie ist die Subversion gegen das Opfersein.

Und wenn ich dann die beiden Frauen betrachte, die wir waren und wohl manchmal noch immer sind, dann erscheint es mir, als hätten wir ein sehr altes Schicksal noch einmal besiegelt. Denn wir waren uns ja alles, und in dieser Totalität waren wir der anderen eben auch die größte Feindin und nicht nur die Freundin. Es war ja eben dieses unentwirrbare Geflecht, in dem wir uns immer befanden. Der anderen immer gleichzeitig der Quell der Freude und der Qual zu sein.

Es ist ein Traum von mir, daß wir aus diesem historischen Verdikt aussteigen könnten. Was könnte uns hindern, nicht mehr Konkurrentinnen zu sein? Ich will nicht in Dich einbrechen! Ich will mich Dir nähern, ohne daß wir einander immer wieder Richterinnen sind.

Und dann möchte ich Dir ein bißchen aus meinem Leben berichten. Noch immer studiere ich, obgleich sich das Studieren im institutionellen Rahmen so langsam seinem Ende entgegenschleppt. Meine Abschlußarbeit wird als Zentrum Ingeborg Bachmann und Ludwig Wittgenstein haben. Nicht dem Mangel an impulsiven Ideen, sondern meiner besonderen Trägheit und auch Traurigkeit ist es zu verdanken, daß das alles so verhältnismäßig langsam geschieht.

Diese kleine Drei-Zimmer-Wohnung in der Bethlehemstraße teile ich mit meinem geliebten Freund Martin und mit meinem besten Freund Philipp.

Martin ist mein Geliebter und mein Freund. Philipp ist mein Freund und manchmal auch eine Freundin (ich glaube, sie würden Dir gefallen). Bevor Susanne zu ihrer Freundin gezogen ist, habe ich mit ihr zusammengelebt. Ansonsten habe ich nur noch einen Freund *[Gemeint ist Jörg Djuren, C.E.]* (...) Ich bin nicht reifer geworden, aber auch nicht dümmer. Manchmal wünsche ich mir eine Tochter, aber ich bin klug genug, es nicht zum blutigen Ernst (wie Susanne es nennt) kommen zu lassen.

Ich wünschte, Du würdest mir schnell zurückschreiben. Mir von Deinem Leben erzählen und mir berichten, was Du von dem allem so hältst.

Dein Brief hat mich nicht minder bewegt wie der meine Dich!

Ich danke Dir für den Gruß.

Tatsächlich nennt mich niemand mehr bei meinem alten Kindernamen. Aber wir beide haben uns eben als Kinder schon gekannt.

Alles Liebe,
Brankica

1. Mai 1996

Liebe Carola!

Die bodenlose, kalte Dumpfheit der letzten Tage setzt sich auch heute fort. Trotzdem will ich Dir schnell antworten, denn Dein Brief duldet keine lange Zeit des Wartens. (...)

Würde es mir zuviel Anstrengung bedeuten, mich Dir (und damit mir selbst in unserer langen Freundschaft) erneut zu öffnen, dann hätte ich gewiß jenen ersten Brief nicht geschrieben. Dir erschien mein letztes Schreiben *[es handelt sich nicht um den Brief vom 15.2., C.E.]* zu indirekt, vielleicht sogar oberflächlich (?!) Eigentlich aber wollte ich Dich so unmittelbar als möglich an meinen gegenwärtigen Sorgen teilnehmen lassen. Auch dazu bedarf es Vertrauen (insofern, als ich davon ausgehe, daß Dich mein »Alltag« überhaupt interessiert).

Jetzt habe ich drängende Fragen an Dich: Du schreibst, daß Du bedeutsame, vielleicht sogar grundsätzliche Unterschiede zwischen uns wahrnimmst. Diese bezögen sich vor allem auf leidvolle Erfahrungen, den Umgang damit und schließlich auf den »Kern« des Leidens selbst.

Aber: was oder welche vielen Umstände und Begebenheiten sind es, die Dich leiden machen? Ich erfahre von der Wirkungsweise, von der Qual des Zerfallens, der Starre oder auch des nackten Schreckens. Aber was sind die Auslöser (nach Ursachen zu fragen, wäre geradezu unverschämt waghalsig) für die verschiedenen Weisen des Schmerzes?

Sicher fügen Dir andere Menschen Schmerzen zu: weil sie Dich nicht sehen, nicht sehen können.

Vielleicht auch, weil sie roh und rücksichtslos sind und es ihnen niemand nachweisen kann und will. Die Brutalität der meisten Menschen ist ja gerade deshalb so unauffällig, weil sie in die Normalität eingelassen und gesellschaftlich effizient ist.

(...)

Und schließlich: Welche Bedeutung(en) hat R.? Auch wenn es mir heutzutage vergleichsweise phantastisch geht, so leide ich doch immer noch unter »diversen« sexuellen Ängsten, deren Ursachen nur zum Teil aus meiner Autobiographie herauszulösen sind. Die ideologische Überfrachtung des Koitus ist eine »geschmacklose« Absurdität (...).

Wem oder welcher da was an ihrer Sexualität gehört, also wirklich eigen ist, scheint mir als unbeantwortbar.

Vieles aber ist beantwortbar. So z. Bsp. der Grund für meine neuerliche Annäherung an Dich. Ich empfinde Dich – und Deine Briefe bestätigen das lebhaft – als eine ausgesprochen bereichernde, interessante und sensible Gesprächspartnerin. Ich finde Dich schön, Deine Stimme (deren Klang mir immer gegenwärtig ist) angenehm, ebenso Dein Lachen. Ich versuche, Dich vor allem in Deiner Gegenwärtigkeit wahrzunehmen. Bislang verlaufen solche Vorstellungen in Spekulationen.

Könntest Du Dir vorstellen, daß ich Dich bald einmal besuche?!

(...)

Die Arbeiten an der neuen Wohnung *[Brankica, Philipp und Martin sind Anfang Mai gemeinsam in die Große Pfahlstraße im Hannoveraner Stadtteil List umgezogen, C.E.]* sind mühselig, aber Freitagabend werden wir das Schlimmste hinter uns haben.

Die Freude darüber könnte wohl größer sein, wenn ich mich mit Martin gut verstünde. Manchmal empfinde ich dieser Tage kalte Gleichgültigkeit ihm gegenüber. Das ist – seiner Natur widersprechend – ein äußerst bitteres Gefühl. Es wirkt isolierend und erstickt alle Freuden.

Jedoch war es mir ja möglich, diesen Brief zu schreiben. Das bewirkt Regung, ein motiviertes Begehren (nämlich Dich anzusprechen) und schließlich einen Ausweg aus der seelischen Stummheit.

Morgen muß ich wieder früh aufstehen, wie jeden Morgen, wie jeden Tag, um zur Arbeit zu fahren *[Ein Job als studentische Hilfskraft an der Uni-Bibliothek, C.E.]*.

Es gibt für mich keine Gewöhnung an diesen Zustand, und es soll auch keine geben. Würde ich mich anästhesieren zum Zwecke der Routinierung, dann blieben auch andere Lebensbereiche von dieser Betäubung nicht unberührt.

Auf bald!

Bleib lebendig und empfindsam – ich will es auch versuchen.

Brankica

Resse (im Garten eines Freundes), d. 16.6.96

Liebe Carola!

Für Deine Karte bin ich Dir innig dankbar. Sie brachte mir große Erleichterung und auch den nötigen Antrieb, endlich selbst wieder zu schreiben.

Seit geraumer Zeit (also seit meinem unseligen Arbeitsantritt) fühle ich mich geistig etwas lahm und viele Dinge ergreife ich nur mit halber Kraft.

Ich hatte gehofft, daß meine (erstmalige) Seminarabstinenz sich befreiend auf mein Denken und auch meine poetische Arbeit auswirken würde. Aber der disziplinatorisch so durchdringend wirksame Rhythmus der Erwerbsarbeit hat an Einfluß noch nicht verloren. Aber davon klage ich Dir jetzt schon lange genug.

Tatsächlich sehe ich einem baldigen Treffen mit einiger Freude und auch Neugierde entgegen. Ich bin sehr gespannt, wie Du heute die Welt und uns in ihr wahrnimmst. Einiges konnte ich aus Deinen Briefen entnehmen, aber sicher nur den kleinsten Teil. Denn ein Gespräch, eine warmherzige Begegnung erschöpft sich freilich nicht im Austausch der Worte. Und auch Briefe sind im Grunde Geheimnisse, die durch vielfache Interpretation des augenscheinlichen Inhalts dann schließlich ein Gespinst an Bedeutungen erhalten können. Häufig bleibt auch Unzufriedenheit über den eigenen (oder angenommenen) Ausdruck darin.

Jedenfalls wünsche ich mir von Herzen, daß wir uns bald sehen, und schlage daher vorläufig das zweite Juli-Wochenende vor.

(...)

Ich habe bislang nicht gewagt, Dich anzurufen. Im Laufe der Jahre ist es mir immer schwerer gefallen, zu telefonieren. Es ist mir eine zu befremdliche Situation.

Wie geht es Dir?

Es wäre doch sehr schön, wenn Du mir bald wieder schriebest!

Auf bald!

Brankica

Zaharo, d. 30.8.96

Liebste Carola!

Eigentlich wollte ich Dir gleich schreiben und dann sind aus Tagen doch wieder Wochen geworden. Gleichzeitig habe ich unablässig auf Post von Dir gehofft, doch auch mein Briefkasten blieb leer. Warum? Ich habe unser Zusammensein in Oldenburg sehr genossen. Einem baldigen Wiedersehen stand doch eigentlich nichts im Wege. Trotzdem haben wir beide geschwiegen. Ich habe mich bei Dir sehr aufgehoben gefühlt. Unsere Gespräche waren so verständnisinnig und belebend. Hängt es mit R. zusammen, daß Du mich nicht allzu bald wiedersehen konntest oder hat etwas an mir Dich irritiert? Möglicherweise aber ist meine Sorge ganz unbegründet. Denn auch ich kann ja eigentlich keinen Grund nennen. Außer dem gierigen Fraß der Alltäglichkeit, der mich zu oft befällt.

Ich bin seit nunmehr einer Woche mit Martin in Griechenland (...) Seit einigen Tagen ist es mir wieder möglich, ausgiebig und konzentriert zu lesen, was mir ein feiner Genuß ist. Ich habe nochmals »Der Fall Franza« zur Hand genommen ...

1.9.

Offenbar hat mich ein ausführliches Schreiben über meine Bachmann-Lektüre überfordert, denn der Brief liegt jetzt schon seit zwei Tagen etwas schwer in meiner Tasche (zwischen den Seiten eben jenes Buches).

Morgen werden wir unsere Reise fortsetzen und uns ins »Innere« des Landes – nach Arkadien – bewegen. Es wird mir seltsam sein, das Meer nicht mehr in unmittelbarer Nähe zu wissen. Wie Du weißt, bin ich eine, der Trennungen überaus schwer fallen. Der Entschluß zu dieser Reise, zum Reisen überhaupt, war ein großes Wagnis. In eine Fremde aufzubrechen bereitet mir jedes Mal entsetzliche Ängste. Mein Zuhause aufzugeben, wenn auch nur für eine kurze Zeit, erscheint mir als bedrohlicher Wahnsinn. Meine Wohnung ist mir dann ein einziger süßer Hort der Ruhe und Sicherheit.

Jetzt bin ich sehr froh, daß ich mich habe mitreißen lassen von Martins Zuversicht.

Indes bin ich trotzdem voller Vorfreude auf Hannover.

Vielleicht erwartet mich dort Post von Dir!? Oh, das wäre so schön!

(...)

Alles Liebe!

Deine Brankica

Liebste Carola!

Es hat wohl keinen Sinn, auf bessere Zeiten für das Schreiben zu hoffen. In nächster Zeit kommen sie wohl doch nicht.

Um auf Deine Frage zu antworten – in Lutter war es sehr schön, obgleich es mir gerade jetzt in märchenhafte Ferne entrückt zu sein scheint. Jedenfalls haben wir uns entschlossen, aus dem Zeitungs- ein Buchprojekt zu machen. *[Es handelt sich um die* Zeitschrift für intellektuelle Zwischenstufen, *deren erste und leider letzte Ausgabe im Mai 1998 erschien, C.E.]* Es hat sich herausgestellt, daß unsere Artikel einen zu großen Umfang haben, als daß sie in einer Zeitung angemessenen Raum fänden.

In Lutter selbst waren wir viel spazieren in eisiger Winterpracht. Wir haben viel gesprochen, mit dem mitgebrachten Aufnahmegerät herumgespielt und »phantastische« Interviews aufgenommen. Mittlerweile erschreckt mich meine Stimme auf dem Tonband nicht mehr.

Anderes an mir hingegen schon.

(...)

Mit mir teilen sie *[Martin und Philipp, C.E.]* schließlich einen oft zähen und komplizierten Alltag. Natürlich liegen darin Vertrautheit, Geborgenheit und wohl auch Liebe. Aber ein faszinierender, mitreißender, Leidenschaft entfachender Mensch bin ich ihnen wohl nur noch selten. Das sind jedenfalls die zerrenden und würgenden Gedanken, die mich quälen und mich zu destruierenden Reden veranlassen.

15.1.97

Gerade bin ich unter Deiner Nummer vier Mal hintereinander mit einem Anrufbeantworter, auf dem eine mir unbekannte weibliche Stimme ihre Abwesenheit verkündet, verbunden worden. Hast Du wirklich seit Neuestem eine solche Sprechmaschine?!

Seit gestern geht es mir wieder besser.

Vielleicht werde ich es sogar schaffen, etwas für das Buch

[die eben erwähnte Zeitschrift für intellektuelle Zwischenstufen, *C.E.]* zu schreiben (...).

Ich freue mich sehr auf unser Wiedersehen und hoffe, daß
es auch bei dem verabredeten, kommenden Wochenende
bleibt. (...) Es wäre sehr schön, wenn Du dann auch bei uns
übernachten würdest!

Ich umarme Dich, meine Liebe!

Deine Brankica

9.4.97

Liebe Carola!

Ich verstehe Deinen Zorn nur allzu gut. Und natürlich sollst
Du nicht die Rolle der Büßerin spielen.

Deinen Brief habe ich gerade erhalten und auch jetzt
bleibt mir wenig Zeit für eine ausführliche Darlegung. Aber
Du sollst wissen, daß ich all die Wochen niemals gleichgültig war. Wenngleich das Schweigen immer verdunkelnd ist
und tatsächlich ja die andere allein läßt.

Du weißt ja, wie mein Alltag aussieht und daß ich mir jede
wache Stunde erkämpfen muß. Ich habe mit einem Romanprojekt begonnen (näheres im nächsten Brief) und auch
schon erste tastende Versuche für die Abschlußarbeit unternommen.

Darüber hinaus war ich aber vor allem enttäuscht über
Deinen ersten Brief aus Bremen. *[Ich bin im Februar nach Bremen gezogen, C.E.]*

Er schien mir ungebrochenes Mißtrauen mir gegenüber
auszudrücken. Auch ich habe ja genug davon, die Rolle der-
jenigen zu übernehmen, vor der man sich in Acht nehmen,
gar schützen muß. Auch hatte ich damit gerechnet, Dich
bald in Bremen besuchen zu können. Doch auch in dieser
Hinsicht formulierst Du sehr zaghaft. Als ob ich eine zusätz-
liche Belastung für Dich sei und Du Dich zunächst »auf-
rüsten« müßtest, um mir gewachsen zu sein.

Wenn ich Deinen Brief jetzt noch mal lese, dann scheint
mir, daß ich, zu empfindlich, nur die vage, unsichere Seite
betont habe.

Natürlich habe ich etliche Male daran gedacht, Dir zu
schreiben. Vor allem über diese Enttäuschung. Schließlich

habe ich beinahe jeden Abend mit Gedanken an einen Anruf verbracht.

Ich bin nicht gleichgültig! Bin es gegen Dich *nie* gewesen.

Als ich gerade Deinen Brief im Postkasten fand, überlief es mich kalt und ich empfand grauenvollen Ärger über mich.

Ich werde Dir in allernächster Zeit einen weiteren Brief zukommen lassen.

Bis dahin – Danke für Deine ehrlichen und direkten Zeilen.

Von Herzen liebe Grüße,
Brankica

11.5.97

Liebe Carola!

(...) Was mich anbelangt, so gibt es leider nicht viel Gutes zu berichten. Seit Wochen schon befinde ich mich in einer akuten Krisis. Dieser Zustand okkupiert sowohl mein geistiges Schaffen als auch mein soziales Leben. Der nahende Studienabschluß erfüllt mich mit paralysierender Furcht. Eigentlich bin ich ja von Arbeiten verschiedenster Art geradezu umstellt (also Artikel und Interviews für die Zeitung *[die erwähnte* Zeitschrift für intellektuelle Zwischenstufen, *C.E.]*, Magistraarbeit, Erwerbsarbeit, das erwähnte Romanprojekt), aber außer der Sicherung meines Lebensunterhalts will mir nichts so recht gelingen. Über alles legt sich schwer die Frage nach dem Sinn und Wert meiner Arbeit, meiner Pläne. Wozu das Studium beenden (wohl nicht zum Zwecke akademischer Profilierung), wie sinnvoll über Bachmann schreiben, für wen oder was die Zeitung fertigstellen u.s.w., u.s.w.? Außerdem würgen mich Existenzängste. Schon studentische Hilfskraftstellen zu bekommen, erweist sich als immer schwieriger. Nach meiner Exmatrikulation werden auch diese Arbeitsstellen für mich wegfallen. Ich sehe mich in naher Zukunft einem regelrechten sozialen Elend ausgeliefert.

Natürlich stehe ich nicht alleine da, und meine FreundInnen und auch meine Eltern werden mich zu unterstützen suchen. Aber auf Dauer wäre das natürlich kein tragbarer Zustand, und außerdem haben wir ja alle nur das finanziell Notwendigste. Da ich als Nicht-EG-Ausländerin keinen Anspruch auf Sozialhilfe habe, müßte ich also über kurz oder lang wieder irgendwelche Scheißjobs machen und wäre am Ende wohl noch gezwungen, darüber froh zu sein. Ich erlange nur sehr schwer Abstand von dieser fatalistischen Perspektive, die sicher von intensiver Furchtsamkeit durchdrungen ist. Fest steht, daß mich diese Ängste nachhaltig beeinflussen und auch einer der Gründe für mein Schweigen Dir gegenüber sind. Wir befinden uns ja doch in sehr unterschiedlichen Lebenssituationen. Ich bin sicher, daß Du meine Ängste verstehst, aber Du teilst sie eben nicht. Deine gutbürgerliche Herkunft ermöglicht Dir, von diesen pragmatischen Notwendigkeiten noch verschont zu bleiben. Dir steht Zeit zur Verfügung, die mir bitterlich fehlt.

Ich könnte diese Rede noch fortsetzen, aber in ihr klingt zuviel Vorwurf und Selbstveredelung der Mittellosen an. Das gefällt mir gar nicht und ist zudem moralisierend.

(...)

Mein Brief gefällt mir eigentlich nicht besonders – er scheint mir nachgerade oberflächlich. Aber alles andere, was ich sagen könnte, ist in einem Brief nicht gut aufgehoben. Wenn Du noch Interesse an mir und Gesprächen miteinander hast, dann melde Dich doch bitte und wir treffen uns bald, am besten in Hannover.

Über einen Brief Deinerseits würde ich mich natürlich auch sehr freuen.

Ich grüße Dich,

Brankica

Hannover, d. 15.7.97

Liebe Carola,

zunächst habe ich Dir betreff meiner äußeren (und dann auch inneren) Angelegenheiten eine freudige Mitteilung zu machen: ab dem 1.1.1998 werde ich von Seiten der verhaßten Erwerbsarbeit freigestellt sein, denn meine Eltern haben sich entschlossen (ganz ohne Einwirkung meinerseits), mir 12.000 DM zu geben. Diese Geldsumme plus einem kleinen »HIWI«-Vertrag werden mich über ein Jahr finanziell tragen.

Natürlich eröffnen sich mir phantastische und wohl auch

phantasmagorische Perspektiven. Ich sehe mich in einem Geistes- und Sentimentrausch geradezu ersaufen. Ich werde also die Nächte durcharbeiten und des Morgens in die Kissen sinken oder ich werde ganz in der stillen Früh mich aus dem Bett begeben, einen morgenkalten Spaziergang wagen und hernach mit einem heißen, starken Kaffee mich für die folgende Arbeit präparieren. Milliarden Bilder schlurfen mir so durch den Kopf, aber natürlich weiß ich, daß mich auch ohne den zermürbenden Job der Alltag einholen wird. Jedenfalls werde ich ungleich viel mehr Zeit haben, und das wird schließlich auch uns beiden zugute kommen.

Ansonsten gibt es hier und da schöne und heitere Momente, Gespräche und Begegnungen, aber mit Martin klammt es so dahin, und mir wird ganz kalt, wenn ich daran denke, daß er in dieser Situation für über einen Monat nach Portugal fahren soll und will. Wir streiten uns über kleine Dinge und Grundsätzlichkeiten gleichermaßen und noch haben unsere Versöhnungen einen schönen Klang. Aber gerade in der letzten Zeit fehlt vor allem mir eine »Reinheit« des Gefühls im Guten. Ich beginne, Vorbehalte zu haben, mißtraue dem kurzfristigen Behagen von Nähe. Doch immer wenn wir stumm sind nebeneinander, vermisse ich sofort die Vertraulichkeit, die geschwisterliche Zärtlichkeit und unbedingte Bergung.

Deshalb fürchte ich eine furchtbare Anästhesierung nach einer wie auch immer vorgestellten Trennung. Aber ist diese Befürchtung ausreichend für eine glückliche Fortsetzung unserer Freundschaft? Ich bin ratlos. (...)

Mit Philipp lebe ich innig und mit Jörg gut. An Dich denke ich mit Freuden und ebenso an einen möglichen gemeinsamen kleinen Urlaub.

Vielleicht ist unser Leben doch gut, denn wir sind ja allesamt begabt mit vielerlei Talenten.

Der Zweifel bleibt der Stachel und manchmal wünschte ich, er würde uns nicht so allerorten hemmen.

Und wie ist Dir, meine Liebe? Was treibt Dich umher? Hast Du geschrieben? Wie steht es mit Bachmann und anderen Leidenschaften? Philipp hat mir einige schöne Bücher zur geheimnisvollen »Ingeborg« besorgt. Ich werde Dir in Kürze davon berichten. Denn Du wirst ja alsbald zu mir nach Hannover kommen oder aber ich zu Dir nach Bremen, nicht wahr?! (...)

Bis bald, Liebes!

Deine Brankica

Hannover, d. 2.12.97

Liebe Carola!

(...)

Die Tage in Meuchefitz haben mich für eine kurze Frist von den hiesigen Anforderungen befreit und während unserer täglichen langen Spaziergänge konnte ich meinen feingesponnenen Tagträumen nachhängen und mich ganz lose nur der linearen Zeit verbunden fühlen. Hier ist es gerade das Gegenteil. Die Organisation der Lesung *[Brankica, Philipp, Martin, Jörg und Susanne hatten die serbo-kroatischen Autoren Dubravka Ugrešić und Nenad Stefanov zu einer Lesung nach Hannover eingeladen, C.E.]* und des Aufenthalts der beiden bei uns bereitet mir schwerstes Lampenfieber: Wie werde ich sprechen, was werde ich auf serbo-kroatisch überhaupt ausdrücken können, alles dreht sich um diese mangelnde Sprachkompetenz – ohne die ich mir wie fadenscheiniges Gelumpe vorkomme. Dann natürlich die endlose Fertigstellung der Zeitung; immer noch wird etwas geschrieben, verbessert, korrigiert und verworfen. (...)

Manchmal – wirklich überaus plötzlich – fühle ich ein Weinen, fühle wie mein Körper diesem Weinen verfallen will.

Aber ich bin in einem ganz ungewissen Sinn traurig. Ich fühle vor allem einen großen Verlust oder auch ein unbedingtes Fehlen von etwas. Es ist wohl so etwas wie ein uterales Geborgensein-Wollen. Noch gar nicht ganz Gestalt- geschweige denn Persönlichkeit-Geworden-sein und doch ganz umwogt und beschützt.

(...)

Ich möchte einmal zu Dir kommen und mich ganz frank und frei ohne Bangen in Deine Arme werfen.

Manchmal habe ich den Eindruck von mir, als sei ich von

einer unauslöschlichen Scheu gebrandmarkt; als habe das Denken, diese metaphorische Tätigkeit, ganz Besitz ergriffen von meinem Körper. Aber das ist nicht wahr, oder?

Du bist mir willkommen ...

Ich grüße und umarme Dich,

Deine Brankica

Liebe Carola!

Wirklich – mir verwirren sich bald ganz die Jahre und Lebensalter und bald werden sie wohl ohnehin in Kürze ganz unerheblich werden (anders als früher – es wurde ja damals jedes neu hinzukommende Jahr mit Stolz und Freude erwartet).

Für mich hat dieses Jahr zu seinem Ende hin eine entschieden wunderbare Wendung genommen. Und so wird es wohl als eines der schönsten mir in Erinnerung bleiben. Es naht der Tag unseres Wiedersehens, und dann werde ich Dir mit Genuß berichten.

Daß Du bei mir warst an diesem aufregenden Lesungsabend, hat mich mit Freude und Wärme erfüllt. Hast Du mich auch gemocht an diesem Abend? Zu Deinem Geburtstag schenke ich Dir noch einmal und immer wieder meine innige Freundschaft und Zuneigung.

Alles Liebe,

Deine Brankica

17.1.98

Meine liebste Carola!

Dein Brief ist wunderschön – sehr nah und vielfältig. Hab vielen Dank.

Mein längeres Schweigen war leider eher unangenehmen Umständen geschuldet, die sonders mit den »leidigen Behördengängen« und den damit zusammenhängenden Unstimmigkeiten mit G. zu tun hatten. (...)

Ich bin ganz sehnsüchtig geworden bei der Schilderung Deiner Tage auf Spiekeroog. Der Wind sollte auch mir mal die Brust durchwehen, auf daß ich etwas leichter und weiter werde. (...)

Was meine Schreibtätigkeiten anbelangt, so habe ich begonnen, eine »Literaturmappe« zu erstellen. Sie wird mehrere Kurzgeschichten, Gedichte, Essays und Aphorismen enthalten. Ich habe vor, sie dem Literaturbüro in Frankfurt zu schicken, das als eine Art Kommission und Vermittlungsstelle zu verstehen ist. Ich stelle mir vor, daß sie mir, gemäß dem Eindruck, den sie von meiner Literatur gewonnen haben, Verlagsadressen schicken, bei denen eine Vorstellung meiner Texte sinnvoll wäre.

Es ist schwer, in die älteren Texte wieder hineinzugehen, zu verbessern und zu ergänzen. Vieles ist von mir nie zu einem sinnfälligen Schluß gebracht worden und nach so langer Zeit (manche Texte sind schon drei Jahre alt) ist es schwer, den damalig intendierten Ton wiederzufinden. Jedenfalls habe ich vor, neben meiner wissenschaftlichen Arbeit, weiterhin – und sogar verstärkt – literarisch tätig zu sein. Hier wird – so hoffe ich sehr! – meine Zukunft liegen.

(...)

Ich habe meinen letzten Besuch in Bremen auch sehr genossen. Und ich stimme Dir zu, daß das offene und öffnende Abendgespräch eine besondere Wende herbeigeführt hat.

Meiner vorläufigen Planung nach würde ich gerne Anfang Februar kommen. Es wäre aber schön, wenn ich Dich schon früher wiedersehen könnte (dann in Hannover).

Was und wie Du mir über R. und Dich geschrieben hast, war mir sehr eindrücklich. (...) Das Wagnis, sich auf andere einzulassen, sie gar einzulassen ins eigene Innere, ist immer groß. Und manchmal wünschte ich, unsere libidinösen Kräfte könnten flächiger, horizontaler, stürmischer sich entladen. Gerade wir beide quälen uns mit regelrechten Todesschmerzen ab, wenn wir *den Einen* zu verlassen drohen oder besser: wenn uns droht, ihn verlassen zu müssen, weil alles andere nur zu ständiger Selbstbeschädigung führte.

Ich bin in einem von mir selbst erst halbgeloteten Zwiespalt: gerade jetzt erlebe ich eine schöne, innige Zeit mit Martin. Keine symbiotische Übereinkunft, aber die hat es zwischen uns ja nie gegeben. Andererseits bekomme ich schöne, zarte, sehnsuchtsvolle Briefe von N. Er ruft mich zu sich, heißt mich willkommen in verschiedensten Tönen und

Wendungen. Und: ich würde seiner Einladung nur zu gerne folgen. Mit Martin spreche ich darüber nur andeutungsweise, aber er leidet nicht weniger unter den Ahnungen, die er trotz meiner zögerlichen Rede natürlich hat. Nun ist es ja gar nicht so, daß ich mich vor brennender Lust verzehren würde nach »dem Anderen«. Aber ich wünschte, ich könnte meiner Freude freieren Ausdruck verleihen. So wie es jetzt ist, betäube ich mein Gefühl allzu oft. Und bald wird es mir vielleicht entschwunden sein. Dabei wünsche ich mir, daß mit N. eine sanfte, liebkosende Begegnung möglich wäre, voller Gespräch und Einvernehmen. Aber ich möchte nicht diese sengende Schuld fühlen müssen. Dieses Taktieren, Planen und Verhandeln mit mir selbst ist so öde.

Schreib mir doch, was Du dazu denkst. (...)

Bitte schick mir doch Deine Bachmann-Arbeit. Ich bin natürlich sehr gespannt auf das »berauschte« Abschlußwort.

Sei umarmt von mir, meine Liebe!

In Freude auf unser baldiges Wiedersehen,

Deine Brankica

Hannover, im Lohengrin, 9.3.98

Liebste Carola!

Heute Vormittag habe ich bereits meine erste Absage erhalten. Von der Frankfurter »Romanfabrik«. Der Mann am Telefon – ein entsetzlicher Kotzbrocken. Arrogant, unfreundlich, knappst angebunden. Sie würden gar keine Stipendien vergeben, woher ich das denn – bitte schön – hätte u.s.w. Ich war so übertölpelt, daß ich insgesamt viel zu freundlich war und auch gar keine weiteren Fragen stellen konnte. Z.B. worin denn ihre Arbeit sonst bestünde und ob ich wenigstens meine Mappe wiederbekommen könnte. Glücklicherweise habe ich nach einigen Minuten der Besinnung dann noch einmal angerufen und meine Fragen gestellt. Ob er denn überhaupt einen Blick in die Texte geworfen habe? Jaaa (ganz lässig gedehnt) – wär – ehrlich gesagt – nich so sein Ding, die Lyrik und so. Aha. Jedenfalls habe ich zum Schluß mein Manuskript zurückverlangt – ohne Rückporto. Ich bin froh, mich in dem zweiten »Gespräch« selbstbewußt gezeigt zu haben. Trotzdem hat mich das Ganze etwas »traumatisiert«, und ich bemerke, wie optimistisch ich in Wahrheit bin. Deshalb meine unselige Enttäuschung.

Es wird mir natürlich noch häufiger so gehen, und ich kann nur hoffen, daß es sich nicht mörderisch auf meine Produktivität auswirkt und ich nicht beginne, meine Texte rigoros abzuwerten.

Es ist ein harter Kampf, die Lebensängste nicht zu laut werden zu lassen. (...)

Und dann: Was wird mit Martin? Was ist mit N.? Noch immer höre ich nichts von ihm. Sollte unserer Begegnung ein so schnelles, jähes Ende beschieden sein?

Glücklicherweise sehen wir uns bald wieder.

Der Aufsatz mit dem erwähnten Titel: Sprachkörper –Traumsprache, ist gar nicht von der *[Marianne]* Schuller. Aber der, den ich Dir jetzt von ihr schicke, ist auch sehr interessant. Auf jeden Fall kannst Du Dir einen Eindruck verschaffen.

Wir haben beide eine anstrengende Woche vor uns.

Ich denke an Dich.

Alles Liebe,

Deine Brankica

Hannover, d. 5.8.98

Liebste Carola!

Heute war wirklich kein guter Tag, und so bin ich froh, daß er sich langsam dem Ende zuneigt.

Ich komme noch immer mit meiner Magistraarbeit nicht weiter, bin zerrissen zwischen der Arbeit an meiner Erzählung und der Fortführung eines primär wissenschaftlichen Monologs.

Aber gestern ist mir etwas wirklich Feines gelungen: die Niederschrift einer kleinen, rührenden Geschichte. Ich überlege, ob ich Sie P. Böhmer für die September-Ausgabe des »Literaturboten« vorschlagen soll. Sie ist doch sehr verschieden von meiner sonstigen Prosa und es wäre insofern ein seltsames Debut. Andererseits gefällt sie mir so gut, daß es schade wäre, wenn sie nur ein tristes Leben in meiner Schublade führen müßte. Ich habe sie Dir mitgeschickt und bin gespannt, wie Du sie findest und welche Gefühle sie möglicherweise auslöst.

Seit einigen Tagen lese ich wieder Elfriede Jelineks *Klavierspielerin*. Es ist wirklich ein phantastisches Buch und ich lerne sehr viel über verdichtende Komposition. Ich würde sagen, daß Jelineks Romane insgesamt sehr lyrisch sind und sich dadurch die Präzision und Schärfe ihres Blicks noch steigern.

Jelinek ist also toll, aber was soll denn nun aus mir – respektive uns – werden? Nicht nur Anne Duden lebt ja von Sozialhilfe, sondern mit ihr noch abertausende anderer KünstlerInnen. (...)

Es war so schön, Dich am Sonntag gesehen und gesprochen zu haben. Eine bittere Vorstellung, Dich jemals wieder missen zu müssen. Aber vor so einer Situation werden wir uns beide zu bewahren wissen!

Mein Liebchen, laß von Dir hören, damit Deine alte Freundin nicht allzu lange ohne Nachricht von Dir ist!

Ich schicke Dir viele Küsse.

Auf bald,

Deine Brankica

16.8.98

Liebste Carola,

Deiner Karte kann ich nicht entnehmen, ob Dir wohl oder übel ist. (...) Wie sind Deine Tage und Deine Nächte? Du bist sicher sehr fleißig. Ich versuche auch, das Arbeiten wieder als Genuß aufzufassen.

Ich habe nicht erwartet, daß mir die Abgabe der Magistraarbeit wie ein großer Befreiungsschlag vorkommen würde. Und so war es dann auch! Natürlich bin ich froh, diese teils entfremdete Produktion (sogar fristgerecht) bewältigt zu haben. Aber jetzt warten andere Dinge auf mich und die Beschäftigung damit unterliegt auch einem gewissen Druck. Ich hoffe doch immer noch, daß es nicht immer so sein wird.

Meine Liebe, unser letztes Beisammensein hat mir so gut gefallen und mir ist noch einmal klar geworden, wie treu und schön wir miteinander verbunden sind.

Ich denke, daß wir in Zukunft noch intensiver über Bachmann sprechen werden, und ich bin gespannt, was Du von meinen Ausführungen halten wirst. Ich habe den Plan, sie u.a. an *[Marianne]* Schuller, *[Sigrid]* Weigel und *[Elisabeth]* Bronfen zu schicken. Nicht zu vergessen: Gudrun Kohn-Wächter, die für meine Arbeit auch sehr förderlich war. Außerdem werde ich, nach noch notwendigen Überarbeitungen, verschiedene Wissenschaftsverlage damit behelligen. Du siehst, ich bin unermüdlich darin, die »Welt« von mir in Kenntnis zu setzen (auch wenn die meisten – siehe Literaturverlage – gar nichts von mir wissen wollen).

Es ist gar nicht leicht für mich, mir vorzustellen, wie es Dir in diesen Tagen ergeht? Herrscht nervöse Befangenheit zwischen Dir und R. oder doch eher freundschaftliches Zugewandtsein? Aber ich weiß nicht einmal, ob das die richtigen Fragen sind. Vielleicht geht es eher darum, entbunden von einer komplizierten Beziehungspsychologie, die Tage und Augenblicke zu genießen; sich also gar nicht viel zu befragen.

(...)

Übrigens: unsere Photographien haben mir alles in allem gut gefallen. Vor allem die »Küchenphotos«, die ich von Dir gemacht habe, sind wirklich hinreißend. Das lose fallende Haar gibt Dir so einen frivolen Ausdruck! Über meine Bilder mußte ich hin und wieder schmunzeln, weil sie so eine schiere Liebenswürdigkeit ausstrahlen. Ein rundes, liebes, weiches Mädchen guckt mir da manchmal entgegen. Aber das ist wohl durchaus eine Seite von mir ...

In den letzten Tagen – gewiß kein Zufall am Ende des Studiums – habe ich noch einmal meine ersten Referate herausgekramt und mit einigem Erstaunen darin gelesen. Einerseits war ich verblüfft über den Dilettantismus und die peinlichen Mängel in Form und Inhalt. Andererseits ist der Vortrag doch gekennzeichnet durch beträchtliches Engagement und dem Beharren auf einer alternierenden, nicht wissenschaftskonformen Rede. Wenngleich die Mittel zur Übermittlung dieser alternativen Aussagekraft noch reichlich unterentwickelt waren.

Mal sehen, wie es weitergeht. Jedenfalls habe ich große Lust weiterzulernen.

Kaum geduldig warte ich auf Deinen Brief. Hoffentlich ergeht es Dir gut.

Ich freue mich sehr auf Dich, mein Liebes.

Bis bald,

Deine Brankica

[Anfang Mai 1999 sind Brankica, Martin und Philipp in eine gemeinsame Wohnung nach Berlin gezogen.]

Berlin, d. 23.6.99

Liebste Carola,

ich wollte einen besseren Tag abwarten für einen Brief an Dich. Aber er kommt nicht. Manchmal – für Momente – fühle ich ein numinoses Glück in mir. Aber es kann mich nie über einen ganzen langen Tag tragen.

Dabei geht es nicht nur um die Tatsache, daß ich noch immer keine Arbeit gefunden habe. An diesem Zustand könnte ich wohl doch etwas ändern, wenn ich nur wirklich entschlossen wäre. Aber das bin ich keineswegs. Ich glaube, daß mir erst jetzt das volle Ausmaß der Traumatisierung durch die zurückliegende 4-jährige Erwerbsarbeit klar wird. Mein Widerwille zeigt es mir, mich wieder in so ein Verhältnis zur Welt und zu meiner Lebenszeit zu setzen. Er wächst mit jedem Tag. Zugleich wächst auch die Furcht vor dem unausweichlichen finanziellen Bankrott.

Gestern habe ich der Redaktion der »Jungen Welt« einen Besuch abgestattet. Wenigstens *ein* freundliches Wesen konnte ich entdecken und habe ihm mein Angebot unterbreitet. Ich werde aller Wahrscheinlichkeit nach meine geplante Rezension über Peter Handkes neueste Publikation (»Noch einmal für Jugoslawien«) dort unterbringen können.

Hast Du meinen Artikel in der »Freitag« Nr. 24 zum Krieg gegen Jugoslawien gelesen? Ich habe einige begeisterte Reaktionen erhalten. Auch aus den Reihen der Freitag-Redaktion. Bei meinem nächsten Anruf, der dem Redakteur für

Kultur & Geschlechter galt, konnte sich jedoch wieder einmal niemand an mich erinnern. (...)

Aber ich will Dich nicht zuviel mit diesem Kram behelligen. Ein bißchen ist es wirklich bloß »Kram« und erreicht mich nur von ferne. So, als sei es meine Pflicht, mich darüber zu echauffieren und es zu meiner Sache zu erklären.

Nun – was aber ist indes »meine Sache«?

(...)

Ich habe mir mit ein wenig Gewalt den Wunsch verbieten müssen, Dich nicht noch am gleichen Tag nach Erhalt Deines Briefes anzurufen. Aber ich wollte uns nicht um diese Art des Gesprächs bringen. Ich wollte (und das war auch Dein Begehren), daß Du etwas Materielles von mir bekommst. Ein Kuvert, das Dich willkommen heißt im Tag.

(...)

Wie ist Dir in der Nacht, am Tage und vor allem: wie sind die Morgen, das Aufwachen und Gewahrwerden der Gegenwart?

Für mich ist der Morgen, das zaudernde, zähflüssige Erwachen, zu einer schlimmen Zeit geworden. Das Schöne ist in den Morgenstunden am weitesten von mir entfernt. Und wenn ich allem (also auch der Schönheit) ein Ende setzen wollte, dann gewiß nicht am Abend.

Seit so vielen Jahren bin ich eine Leserin. Die Literatur ist mir mitunter die erste Welt und ich glaube ihr zutiefst. Ja, ich bin eine gläubige Leserin. An der Literatur hat sich mein moralisches Empfinden geschult. Deshalb bin ich mitunter so fremd und wenig tüchtig in der zweiten Welt.

Wo könnte mein manifester, äußerlich verkörperter Platz im Leben sein!

»Fremd bin ich eingezogen, fremd zieh ich wieder aus« (Franz Schubert, Die Winterreise).

Vielleicht geschieht mir wirklich eine Reise durch einen frühen Lebenswinter.

Aber bin ich nicht eigentlich noch jung? Schütteln mich jetzt nur die nochmaligen Wehen einer nie endenden Pubertät?

(...)

Ich muß gestehen, daß ich doch auf einen Umzug Deinerseits nach Berlin hoffe. Die Wohnung im zweiten Stock ist immer noch frei. Philipp und ich haben sie vor einiger Zeit besichtigt. Sie ist – zugegeben – ein wenig dunkel, hat aber den gesammelten Charme einer Altbauwohnung.

Andererseits bin ich mir sehr im Klaren darüber, daß Du in Bremen eine ganze Menge aufgeben müßtest. Auch ist es immer noch so etwas wie R.s Stadt, dieses halb fremde, halb schon bekannte Berlin.

Überdenk es in Deinem Herzen, was auch für Dich das Angemessene ist.

Ich würde sehr gerne Ende Juli nach Bremen, zu Dir, kommen.

Erzähle mir von Deiner Arbeit, meine Süße, und von allem anderen auch.

Adieu, ich umarme Dich.

Deine Brankica

                                        Berlin, d. 25.7.99

Liebste Carola,

es ist schon allerhöchste Zeit, daß ich Dir schreibe. Aber wie bei den vielen vormaligen Versuchen stockt mir auch jetzt nach den ersten Zeilen die Hand. Wie kann ich mich Dir mitteilen? Wie könnte ich auch nur mir selbst erklären, was mit mir geschieht.

                                        26.7.99

Ich habe keine Hoffnung, daß das Schlimmste jetzt überwunden wäre. Es wird weniger schlimme, auch schöne Tage geben und sicher noch ärgere als die zurückliegenden.

Fast täglich bin ich nun mit meinem möglichen Ende beschäftigt, und das ist sehr fruchtlos, trübe und raubt fast alle Zeit. Wie ist es aber zu dieser ungeheuerlichen Trostlosigkeit gekommen?

Sicher ist, daß die Schreiblosigkeit mich unglücklich macht. Ich schmiede noch immer Pläne, Projekte für mögliche Erzählungen, auch Gedichte. Aber ich setze *nichts* in die Tat um. Selbst die kurze Rezension über die Handke-Anthologie, die ich der »Jungen Welt« schon vor über drei (!) Wochen versprochen hatte, will mir nicht gelingen. Für vieles erdenke ich mir einen Beginn. Es beginnt also etwas in mir, jeden Tag aufs Neue, und es mündet nur immer in das gleiche Lied von der Vergeblichkeit und meinem privaten Tod.

Ja, ich hätte diese Arbeitsstelle *[beim Mieterbund, C.E.]* antreten können. Aber es war zu gräßlich und so habe ich mich nach einer Stunde Anwesenheit verabschiedet. Das ist mir sehr schwer gefallen. Denn zu meinen inneren Zerwürfnissen kommt jetzt doch wieder das enge, doch drängende Feld praktischer Probleme.

Wieder habe ich kein Geld mehr und fühle mich zugleich immer weniger in der Lage, eine Arbeit anzunehmen.

Meine Liebe, wir werden uns nicht so bald wiedersehen können. Meine finanzielle Misere ist dabei der kleinste Grund. Ich muß hierbleiben und zu einem Anfang finden. Wie soll ich Dir sagen, daß Du nicht verlassen bist! Im Gegenteil.

Du weißt ja – ich ziehe immer kleinere Kreise. Ich habe Angst vor den Menschen, ich fürchte ihre Leichtfertigkeit, ihre schwache Erinnerungsgabe, die Robustheit und Tüchtigkeit, die sie ausströmen und schließlich ihr Unverständnis. Wozu soll das führen. Ich finde, daß ich entschieden auf dem falschen Weg bin.

Ich weine jeden Tag, wann immer ich alleine bin. Eine Erkältung klingt langsam ab. Ich war ganz zufrieden mit diesem Krank-Sein. Denn ich konnte auch »öffentlich« ein bißchen leiden und mich schwach und schwächer zeigen.

Ich versuche immer wieder, mit Martin und Philipp zu sprechen. Manchmal gelingen uns ein paar Sätze, und ich bin für eine kurze Zeit nicht mehr ganz allein. Sie haben es aber meist bitter schwer mit mir. Und ich mit ihnen. Weil ich nicht weiß, wie sie mir helfen sollen und sie es auch nicht wissen. Schließlich benötigen sie selbst Hilfe. Aber ganz andere als ich.

Es ist schrecklich, diesen Brief zu schreiben. Einerseits führt er zu einer dringlichen Manifestation meiner Lage, andererseits bleibt elend viel ungesagt.

Aber wenn ich besser schreiben könnte, wäre auch mein Leben ein anderes.

Heute habe ich mich unbedingt entschlossen zu einer Tat und dieser Brief an Dich – so schwach er im Ausdruck auch sein mag – ist doch ein erster Schritt.

Ich muß versuchen, mich wieder stärker in der Welt zu realisieren. Das kann mir gelingen, wenn ich das aus mir entlasse, was in mich – ohne Maß und Unterlaß – eingegangen ist.

Was denkst Du zu alledem? Bist Du wütend auf mich? Bitte nicht. Aber was soll diese Bitte. Schließlich habe ich versprochen zu kommen und enttäusche Dich nun. Aber ich bin nicht weniger enttäuscht.

Ich möchte aber auch jetzt bei Dir sein, und Deine Briefe sind mir eine große Freude und bilden einen guten Tagesanfang, wenn der liebe Postbote sie durch den Briefschlitz schiebt.

Wohin hat Dich Dein Liebesschmerz geführt? Bist Du mit R. weiterhin im Gespräch?

Ah ja, ein paar einfache Dinge erlaube ich mir schon noch. An einem Tag vor etwa drei Wochen habe ich mir die Haare abschneiden lassen. Ich trauere jeden Tag ein bißchen mehr um sie und bereue die unsinnige Tat. Diese Reue ist so überflüssig und sinnlos, aber ich kann meinen Blick vom Spiegel kaum wenden. So häßlich fühle ich mich. Es ist mir, als hätte ich ein Opfer gebracht. Nur daß ich für die Opferung nichts zurückerhalte.

Ich werde spätestens im September nach Bremen kommen. Bis dahin werde ich *schreiben* und meine Not abtragen. Und bitte *schreib* mir, laß von Dir hören. Ich hoffe, daß Deine Arbeit gedeiht. Du bist ja schon gediehen.

In aller Seltsamkeit habe ich mich nun Deinen (lesenden) Augen überlassen.

In Liebe,
Deine Brankica

zum 17. Dezember 99

Meine Liebste,

die unnützen Dinge sind das Beste an uns. Und Deine kleine Sonne hat mir wohl geschienen. Sie meint es gut mit mir. Wie Du. (...)

Eines fühle ich sicher: daß wir uns in diesem Leben nicht mehr verloren gehen

Die Bremer Stadtmusikanten sagten: »Etwas Besseres als den Tod finden wir überall.« Das Erinnern ist unverzichtbar gegen die Tode in uns.

Wir beide wissen das.

Es ist gut, daß wir einander bald wieder halten können.

In Liebe und im Leben bin ich

Deine Brankica

Berlin, d. 16.2.2000

Liebste Carola,

bald jeder meiner traurigen Tage beginnt mit der ängstlichen Erwartung, daß ein Brief mich erreichen könnte. Eine Stipendiumsabsage, ein kalter Abschiedsbrief von Chris Bezzel, ein freundlich-distanzierter Formbrief des Verlegers Paulus Böhme, mich als treue Sekretärin verpflichtende Geschäftsbriefe für Susanne u.s.w.

Es kommt aber gar nichts. Nichts Gutes und nichts Böses.

Womit meine Figur Leonhard Gast zu kämpfen hat, daß nämlich sein Erscheinen *nichts* hervorruft in den anderen, scheint sich auch für mich allmählich zu realisieren.

Morgen aber muß ich für einen halben Tag nach Hannover fahren. Ein erstes »Konzeptionstreffen« mit den DichterInnen, die mit mir gemeinsam am 10. Juni eine Lesung veranstalten sollen, findet statt, und es soll darüber beraten werden, welche Form die Veranstaltung erhalten soll. Auch wollen wir ein inhaltliches Konzept gesprächsweise entwickeln. Und ich? Bin so leer, so bodenlos müde und traurig. Mir scheint, daß ich gar keinen Platz bei den anderen habe. Weil ich zur Zeit doch garnichts tue, fühle ich mich nicht berechtigt, bei einem solchen Vorhaben mitzuwirken.

Ich habe nichts zu sagen und nichts zu schreiben.

Einmal aber muß meine Fremdheit unter den Menschen aufhören. Was soll ich tun, damit wenigstens die Furcht verschwindet? Vielleicht mich doch einmal unter sie mischen.

Stevan *[Stevan Tontic, ein im ehemaligen Jugoslawien bedeutender Schriftsteller und Lyriker, den Brankica in Berlin kennen gelernt hat, Tontic lebte dort seit 1993 im Exil, C.E.]* hat mir aus

Feldafing geschrieben und möchte, daß ich seine zehn Seiten umfassende Erzählung »Schwester« für die nächste Ausgabe des STINT *[eine Literaturzeitschrift, deren Redaktion ich angehörte, C.E.]* übersetze. Wir müssen darüber sprechen, wieviel Zeit ich noch für die Übersetzung habe und ob mit einer Publikation einigermaßen sicher zu rechnen ist.

Auch diese Pflicht belastet mich. Aber was, bitte, belastet mich derzeit nicht?!

Schon das alltägliche Aufstehen ist nur durch inwendige Überredungen zu schaffen. Das Essen ist mir eine höchst unlustige Angelegenheit. Wenn ich mich dazu überwinde, dann nur um der unausweichlichen Übelkeit entgegenzuwirken.

Mit J. bin ich jetzt auch zerstritten. Er sagt, daß ihm die Forderungen nach Intensität, die ich an ihn stelle, unerträglich sind. Stell Dir vor, Carola – dabei will ich vergleichsweise wenig von ihm. Auch ist ihm mein Zustand dermaßen unangenehm, daß er mich lieber erst einmal gar nicht sehen will.

Leo ist endlich gesund geworden und tollt im Heu herum. Paula ist mehr wie ich. *[Leo und Paula: Brankicas Meerschweinchen, C.E.]* Sie schläft oder denkt nach. Sie bewegt sich so wenig wie möglich. Schont sie ihre Kräfte für den Tag der Tage? Wer versteht schon ein Tier, wenn er nicht eines ist.

Vielleicht also fühlen wir, Du und ich, uns in manchem ähnlich. Obgleich die Gründe für diese Lebenswundheit verschieden sind.

Es ist gut, daß wir bald beieinander sind.

Wer hat Angst vor Brankica Bečejac?

Du, meine Liebe, jedenfalls nicht.

Ich umarme Dich.

Deine Brankica

4.4.2000

Meine Süße,

nun werde ich noch einige Tage für die Übersetzung von Stevans Erzählung brauchen. Ich muß meinen anfänglichen Eindruck davon korrigieren. Den teilweise kalauernden Hu-

mor habe ich bei der ersten Lektüre nicht so recht wahrgenommen. Bei der allmählich sich entfaltenden Übersetzung
ist hingegen die partiell derbe, ja frivole Rede als komisches,
karikatureskes Element deutlich geworden. Und: man möchte doch immerzu wissen, welchen Verlauf die Geschichte
wohl noch nimmt. Ich werde Dir die deutsche Version
pünktlich schicken. Bin nun gespannt auf Deinen Eindruck.
(...)
Vielleicht sollte ich eines Tages wirklich ein Kinderbuch
schreiben. Eines, das die Schmerzen, die Langeweile und die
Angst der kleinen Menschen nicht leugnet. Und auch nicht
ihre Widerstandskraft und ihr teils begriffloses Verstehen.

Erst hat es mich erstaunt, als ich merkte, daß Kinder eine
immer wichtiger werdende Rolle in meinem »Abschiede«-
Projekt spielen. Tatsächlich stehen sie häufiger im Mittelpunkt einer moralischen oder ästhetischen Verhandlung innerhalb der Geschichte, sie sind die große soziale Verschiebe-
masse. Exekutionsmaterial verschiedenster Wünsche und
Gewalten. Manchmal denke ich, daß schon der schiere Mangel physischer Wehrhaftigkeit die Phantasie der Erwachsenen antreibt. Ich kenne es von mir selbst im Umgang mit
meinen Kleintieren. Nie bin ich mir meiner bloßen Kraft und
möglichen Brutalität so gewahr wie in jenen Situationen.
Wenn ich eines der Schweinchen im Arm halte und ihre zarten Knochen spüre und weiß: ein leichter Druck auf eines
der Beinchen und es würde splittern. Deshalb war mir so be-
klommen, als ich vor einigen Tagen in einer Zoohandlung
ein winziges Pelztier sah. Ein so kleines und dabei vollkom-
menes Wesen habe ich noch nie gesehen. Vielleicht eine Fin-
gerkuppe groß. Ich dachte: ein Schritt und es ist unter meiner Schuhsohle verendet. Ich habe noch lange vor dem Käfig
gestanden und das Tier vorsichtig betrachtet. Es hatte, glaube ich, keine Angst und mummelte munter die für es rie-
senhaften Körner. So müssen wir auch voreinander vorsichtig sein.

Von der »Publikationsfront« gibt es leider keine Neuigkeiten
zu melden. Nicht einmal manifeste Niederlagen kann ich berichten, da nicht einmal mehr Absagen mich erreichen.

Manchmal noch trifft mich unversehens der Gedanke an Paulus Böhme. Daß er sich mit keinem Wort meldet, erzeugt eine numinose Beklommenheit in mir. Unbestimmbar deswegen, weil er für ein vages Ganzes zu stehen scheint. Als eine Art Repräsentanz des öffentlichen Lebens, das nichts von mir wissen will. Aber das ist bloß eine irrationale Dramatisierung, ich weiß.

Am 13. April muß ich zu einem zweiten Organisationstreffen nach Hannover, das im Rahmen der Lesung stattfindet. Auch soll es wohl eine erste Probe geben. Nur: ich habe lediglich ein neues Gedicht geschrieben und werde daher wohl vor allem ältere Texte lesen. Zwei Monate habe ich ja noch bis zum »Ernstfall«.

Eigentlich würde ich Ende April lieber zu Dir nach Bremen kommen. Ich mag es sehr, mit Dir im Bett zu liegen. Morgens langsam wach zu werden, die ersten kleinen Worte zu wechseln, Pläne zu machen für den Tag. Auch das nächtliche Gemurmel, Plaudern, Sprechen ist mir lieb.

(...)

Wie versprochen, übersende ich Dir den kurzen Prosatext »Nach Dir«. Ich hoffe, daß etwas davon Dich erreicht.

Wie geht es mit Deiner Arbeit voran [*Meine Magistraarbeit, C.E.*]? Vielleicht kann ich schon bald die ersten Zeilen lesen?

Melde Dich, wie und wann immer Du willst.

Ich bin da.

In Liebe,

Deine Brankica

Berlin, d. 25.5.2000

Liebes Brauntier,

(...)

Stell Dir vor, ich hatte – durch Stevan vermittelt – meine erste Lesung in Berlin. In einem halb privaten Literatursalon. Gräßliches Publikum: snobistisch, neureich, blasiert. Und doch ist etwas geschehen. Schon während ich las, merkte ich die konzentrierte Stille. Ein plötzliches Anhalten, auch Erschrockensein im Begreifen. Später wurde ich bestürmt und gelobt, was mir – Du kennst mich ja – nicht gefallen hat. Ich bin dann schnell gegangen, weil es doch kein Ort war, wo ich bleiben konnte.

Gelesen habe ich ein neues Stück: Die Prüfung.

Laß bitte von Dir hören. Erzähl mir das Kleine und das Größere. Wie geht es mit dem Schreiben? Mit dem Leben?

Es liebt und küßt Dich Dein Blauling

wieder in Berlin, d. 20.8.2000, im »Jenseits«

Meine Liebste,

das erste Mal seit einer Woche befinde ich mich in einem Raum, der nicht von KleinstbürgerInnen mit mutmaßlicher oder offen sympathisierender Haltung zum alten und neuen Neofaschismus dominiert wird.

Gestern sind Philipp und ich aus Ostdeutschland, genauer aus dem Ostseebad Rerik (Mecklenburg), wiedergekommen, wo wir uns für eine kurze und dann wieder sehr lange Woche aufgehalten haben.

Gestern Nacht habe ich auch Deinen Brief gelesen. Auch ich habe eine Karte [geschrieben], die bereits frankiert doch nie ihr Ziel erreicht hat.

In all den Wochen, in denen Du nichts von mir hörtest, habe ich jeden – hörst Du?! – jeden Tag an Dich gedacht. Ich habe mich gesehnt nach allem, was wir miteinander haben. Das groß ist und klein, einfach und erhaben.

Du bist eine meiner Lebenslieben. Das ist eine Gewißheit.

(...)

Die letzten vier Wochen habe ich mit extensiver administrativer *und* literarischer Arbeit verbracht. Ich habe Bewerbungen für Stipendien und Preise verschickt. Jeden Tag habe ich neue Briefe und Mappen fabriziert. Diese Tätigkeit verschlingt Lebenszeit und -lust. Und noch immer stehen etliche Bewerbungen aus.

Leider habe ich schon erste Absagen erhalten, die rein formal begründet werden: es fehle das ordentliche Ausfüllen von Bewerbungs-/Antragsformularen. Es versteht sich von selbst, daß meine Unterlagen (die alle Stiftungen erhalten) sämtliche Informationen enthalten, die aus einem ausgefüllten Formular ersichtlich wären. Was für ein Satz!! (die

Frist für einen formal korrekten Antrag ist i. d. R. abgelaufen!) Also: sollte ich jetzt etwa daran scheitern, daß ich statt eines Vordruckes eigenes Papier verwendet habe und dem Verwaltungsbeamten xy die Lektüre eines gebundenen Textes zu viel ist?! Am Montag werde ich mit den entsprechenden Stellen und Funktionsträgern in telefonischen Kontakt treten. Mal gucken!

Was Philipps und meinen Horrortrip durch Deutschlands braunes Herz anbelangt, so werde ich Dir darüber einen gesonderten Brief zukommen lassen. Hier nur so viel: die Verflechtung von bürgerlicher Erwachsenennorm und neofaschistischer Jugendkultur funktioniert in Ostdeutschland aufs beste.

Solange meine Eindrücke so lebendig sind, werde ich versuchen, einen Artikel zu schreiben. *[Der Artikel »Die Falschen im Falschen« ist im* Freitag *vom 8.9.2000 / Nr. 17 erschienen, C.E.]* Es ist wirklich hohe Zeit, etwas zu tun. (...)

Mir scheint, Anfang September ist für uns beide ein günstiger Zeitpunkt, uns endlich wiederzusehen. Eigentlich ja nicht günstig, da doch noch zwei Wochen bis dahin verstreichen müssen.

Ich habe den Eindruck, dieser Brief birgt grammatische Irregulitäten in Hülle und Fülle. Aber das macht nichts.

Wer liebt, stammelt beizeiten.

Ich küsse Dich, mein dunkler Engel.

Auf bald,

Deine Brankica

[Die oben erwähnte Karte traf einen Tag später ein:]
20.8.2000

Meine süße Kastanienblüte,

da sie nun einmal Dir und keiner anderen zusteht, bekommst Du Deine Monstermuschelkarte. Die Muttermuschel am rechten Bildrand ist trotz ihrer Größe ebenso gestorben wie die Kleinmuscheln.

Vielleicht ist das ein Trost.

Ich grüße Dich und verspreche uns ein unabsehbar langes Leben.

Dein Liebchen Brantzitza

Berlin, d. 22.10.2000

Liebes,

bevor Stevan und eine mir noch unbekannte junge Slawistin kommen, habe ich noch Zeit und die gebe ich Dir. Seit bald drei Wochen will ich Dir schreiben. Auch, um Dir meine Bemerkungen und Überlegungen zu Kapitel 2 Deiner Arbeit mitzuteilen. (...)

Sei mir nicht böse, daß das alles so elend lange dauert. Manchmal denke ich, auch zehn Leben würden nicht genügen, daß ich ein wenig schneller werde.

(...)

Für meine kleinen Verhältnisse führe ich derzeit ein arbeitsames, geistiges Leben. Ich schreibe soviel und regelmäßig (!) wie selten zuvor. Komme nur abends aus meiner Schweigsamkeit und bin noch lange mit Sätzen und Einfällen beschäftigt.

Auch habe ich ein winziges Stipendium erhalten vom Künstlerhaus Lukas in Ahrenshoop. Im Herbst nächsten Jahres werde ich für vier Wochen in die ostseeische Einsamkeit entlassen. Ob es dann wirklich ein Überstehen oder doch eine Freude sein wird, an einem fremden Ort und allein zu sein, werde ich wissen, wenn es soweit ist.

Mein durchhaltendes Schreiben verdankt sich weniger meiner hohen Disziplin (damit war es – wie Du weißt – nie weit her), sondern einer teils trüben, teils lichten, jedenfalls angstbesetzten Perspektive: Philipp wird zum April nächsten Jahres seine Arbeitsstelle kündigen. Bis dahin muß ich zweierlei geschafft haben. Eine Arbeitsstelle finden, die uns auch über die dreimonatige Sperre vom Arbeitsamt trägt und – was nicht weniger wichtig ist – soviel wie irgend möglich geschrieben haben. Idealerweise sollte das »Abschiede«-Projekt beendet sein. Denn meine Angstphantasie zeigt mir immer ein Bild, wonach ich nach dem April für nichts und wieder nichts Zeit haben werde. Natürlich, ich hoffe noch immer auf Rettung. Eine Stiftung, die mir die frohe Botschaft bringt. Die mir kündet, daß ich nicht unter die Räder, in die Räder als Rädchen gerate. Ich weiß nicht recht, wie ich mit dieser Hoffnung umgehen soll – ob ich sie in mir laut oder leise werden lassen soll. (...)

Meine Liebste,

nachdem ich mich einmal vollständig entleert habe, vom Darm her und vom Magen, und totenähnlich geschlafen, kann ich weiterschreiben. (...)

Ich habe nicht viel Ahnung, woher dieser Anfall kam. Vielleicht das gesternabendliche Gulasch, vielleicht aber doch das morgendliche Gespräch mit Mama.

Meine Mutter ist nun doch ernstlich krank. Der Hausarzt hat sie an einen Herzspezialisten überwiesen. Der wiederum eine angina pectoris und eine Entzündung der Schilddrüse festgestellt hat. Wieder ist ihr Blut abgenommen worden. Wieder muß sie auf das Ergebnis der Laboruntersuchungen warten. Sie hat Angst und schlimme Beschwerden. (...) Sie ist in hohem Maße herzinfarktgefährdet. Zur Zeit wird sie durch die Medikamentenmangel genommen. Eine Faust voll Tabletten, jeden Tag. Sie hat Todesangst. Ich kann sie nicht nur verstehen. Ich habe auch Angst, daß sie einmal, bald, nicht mehr da sein könnte.

Laß mich Dir diesen Brief jetzt schicken, meine Liebe. Es wird nicht früher, und man soll beizeiten handeln. Wir wissen ja eben nicht viel, vielleicht fast gar nichts von unserer Zukunft.

Wenn Du ein wenig Zeit stibitzen kannst, dann schreibe mir. Von Dir, Deinen Wegen und Umwegen.

Ich rufe Dich an.

Ich umarme Dich, mein Muckel.

Deine Brankitz

Berlin, d. 27.11.2000

Hallo meine Große!

Gerade habe ich noch einmal Deinen Brief gelesen, der mich tatsächlich bereits vor einer Woche erreicht hat!

Die Zeit rast und für Dich vergeht sie in diesem Arbeits-Endspurt wahrscheinlich noch ein bißchen schneller. (...)

Ansonsten ist bei mir der große Jammer ausgebrochen.

In den letzten Wochen habe ich eine erschlagende Menge an Absagen erhalten. Jedes Mal fühle ich die Zurückweisung auch als einen narzißtischen Schmerz.

Ich bin sehr mutlos und traurig. Auch natürlich wütend über die professionellen Gepflogenheiten, die ein kapitalisierter und nach Kriterien von (kulturellem?) Profit und Gewinn ausgerichteter Betrieb zeigt.

Wichtiger aber ist noch die Tatsache, daß meine Literatur nicht gelesen wird. Ich schreibe ja wahrlich nicht »für mich«. Insofern erscheint mir das Schreiben zur Zeit absurd, weil es quasi zu einer Art Selbstbeschäftigung umgewidmet wird. Ich werde aber weitermachen. Klar.

Deine »zarte Gesundheit« ist gewiß eine Folge der aufgezwungenen Selbstausbeutung, die Zeiten wie diese tendenziell fordern. Nur gut, daß es bald vorbei ist. (...) Nicht zu leugnen ist natürlich, daß Prüfungen eine scheußliche, kränkende Sache sind und bleiben.

Bring es hinter Dich, mein Liebling.

Schön, daß Du den aufdringlichen, egomanischen, selbstversessenen H. los geworden bist. Er ist ein richtiges Prachtstück von einem Mann. Wirklich beispielhaft! Ich glaube also, daß der impulsive Ausbruch Deiner Wut auch mit dem Erkennen des »Männlichen, allzu Männlichen« zu tun hat.

Ich bin ganz entschlossen, zu Deinem Geburtstag zu kommen, auch wenn Du einen »Sack voll« Menschen einlädst. Du kennst mich. Dein Kleines ist scheu und wird schon ein bißchen wunderlich.

(...)

Wenn es Dir recht ist, komme ich am 15.12. und bleibe bis zum 18ten.

Jetzt mache ich mich an Deine Arbeit.

In Liebe und mit einer Trillion Küsse,
Deine Brankica

Die folgenden Zeilen sind mein Geburtstagsgruß zu Brankicas 30. Geburtstag; es sind zugleich die letzten Zeilen unseres »Gesprächs in Briefen«. Aus der ersten Hälfte des Jahres 2001 gibt es keine Briefe.

Bremen, zum 9. Dezember 2000

Meine Allerliebste!

Wenn eine in ihr dreißigstes Jahr geht ... – und wenn gleich zwei in ihr dreißigstes, genau genommen in ihr 31. Jahr gehen: immer noch und wieder zusammen.

Du weißt, daß ich mich wundere über diese Zahl – mich also auch wundere, daß wir uns seit 18 Jahren kennen, länger als unsere halben Leben – und doch keine zwei kleine verhutzelte Frauen geworden sind. Obwohl es schon so viele Erinnerungen gibt, die wir sehen und empfinden, und die, wie wir wissen, keine »abgelebten« sind, gibt es doch auch noch so vieles, was geschehen kann und was uns zu Teilen gar nicht ahnbar ist; aber, meine Liebe, mit Dir soll es geschehen! An uns wird es nicht liegen. – Hast Du mal daran gedacht, wie es wäre, wenn eine von uns die andere viel zu früh zurückließe? Ich denke aber an Dein Versprechen, das Du mir auf »meiner« Riesenmuschelpostkarte gegeben hast: daß uns beiden noch ein langes Leben bevorsteht. Und ich denke mir: noch einmal mehr als unsere bisherigen Jahre, vom heutigen Tage ausgehend.

Die Muschel ist viel zu klein, Dir von dem, was kommt, zu raunen. Aber gäbe sie einen Ton von sich, so würde sie von meiner Liebe sprechen. Und weil sie, wenn sie nur könnte, dies täte, lege ich sie also bei.

Und küsse und umarme Dich,
heute wie an anderen Tagen,
Deine Carola

192

Gerburg Treusch-Dieter

Quere Durchtrennung. Das rote Tuch

Es war Mord. Der Satz ist ein Zitat und steht am Ende von M.s Abschiedsbrief. Man könnte sagen, er hat mit diesem Satz den Brief unterschrieben.

Aber warum spricht jemand, der einen Mord erst begehen wird, von diesem Mord bereits in der Vergangenheit? Als ob er schon gehandelt habe, obwohl er noch handeln wird. Hat M. in Abwesenheit seiner selbst getötet, obwohl er anwesend war?

M. habe nur stumm gerungen, so P., der B. aufgrund ihrer Schreie zu Hilfe kam. Beide hätten auf M. eingeredet, an ihn hingeredet, er aber sagte nichts. Er holte nur mit dem Hammer aus. Es war ein Mord, der längst geschehen war, bevor er geschah. Er holte etwas nach, was ihm vorausgesetzt war.

Die Eheringe. Einen trug B. am Finger, der andere fand sich in M.s Zimmer. Aber er war es doch, den die Angst vor dem Verlassenwerden schüttelte, nicht sie. Er hätte den Ring doch tragen müssen.

Der Küchentisch. Die Apfelsaftgläser standen noch so, als hätten B. und M. dort gesessen, nachdem sie etwa eine Stunde später als er im Morgengrauen nach Hause kam. P. registrierte das Kommen beider in seinem Zimmer, dämmerte aber beim Klang der Stimmen ein, bis ihn Schreie vom Flur, nicht aus der Küche, weckten: Es waren die verzweifelten Schreie von B. im Kampf mit M.

War M. aus der Küche über den Flur in sein Zimmer gelaufen, um den Hammer zu holen, der laut P. immer zuoberst auf der Werkzeugkiste neben M.s Schreibtisch lag, und folgte B. ihm nach? Oder hielt M. den Hammer, noch bevor B. nach Hause kam, in der Küche in petto und erhob ihn dort zum

Schlag gegen sie? Dann wäre B. vor M. weggelaufen, und er folgte ihr nach.

Es muss doch eine Lücke geben, von der aus alles auch anders hätte geschehen können. Oder war das Geschehen determiniert, war es Zitat, Wiederholung, ein Rund- und Nachlaufschema, ein Circulus vitiosus?

Rechts durch den Flur und die Haustür, das wäre doch ein Ausweg gewesen, oder links durch den Flur hinein ins Zimmer von P.? Warum wandte B. sich nicht an ihn, der in der Wohnung war? Sie hätte doch zwischen dem einen und andern Schluck Apfelsaft sagen können, Moment mal, was ich P. noch sagen wollte – bin gleich zurück.

Oder gab es diesen Moment am Küchentisch nicht? Gab es ihn nie? War B. innerhalb der Lebensgemeinschaft mit M. und P. dennoch auf eine Ausschließlichkeit zwischen sich und M. oder aber darauf fixiert, dass das, was jetzt im Morgengrauen geschehen würde, nur sie und ihn betrifft?

Hätte sich also P. aus dem Kampf der Zwei herausgehalten, wäre durch ihn, den Dritten, keine Lücke entstanden. Sein Dazwischentreten war von Anfang an gefragt. B. hatte ihn gebeten, in die Lebensgemeinschaft mit ihr und M. einzuwilligen. Wie sonst hätte sie die Ausschließlichkeit mit M. ertragen?

P. war die Lücke, die er selbst verschloss.

Bei den Vorbereitungen für die Tötung und Selbsttötung störte P. offensichtlich nicht. M. hantierte vor ihm, dem Zeugen, mit Werkzeugen herum, zog auch die Schlafcouch in B.s Zimmer aus.

M.s Schlafzimmer schien in seiner Aufgeräumtheit dagegen unbenutzt.

Von Toten, die im Leben Tisch und Bett teilten und die im Tod durch einen Mord verbunden sind, könnte man sagen, ihr Leben hat sich, ohne dass der Tod sie schied, erfüllt?

Und wenn sie nicht gestorben sind, dann leben sie noch heute.

Aber ja doch. Eine Arbeitsgruppe zum Besprechen des Mords wäre ganz im Sinne von B. und M. gewesen, etwa so: War dieser Mord gesellschaftlich relevant oder nur ein privater Akt? Förderte er für alle aufschlussreiche Strukturen zutage oder drückte sich in ihm nur ein individuelles Problem aus? Nahm er nur Leben oder gab er auch welches? Kurzum, war dieser Mord als absoluter Tiefstand auch ein höchster Augenblick?

M. hängte sich am Haken für den Kronleuchter in B.s Zimmer auf. Den Kronleuchter legte er auf die Schlafcouch von B.

B. hätte sicher für eine solche Arbeitsgruppe plädiert. Ihre Gedanken kreisten schon vor ihrer Tötung um nichts anderes als dies: ›Wer bringt mich wie unter welchen Umständen um oder, falls dies schon vor der Geburt der Fall gewesen und ich nur als lebende Tote vorhanden sein sollte, wie kam es dazu?‹

Eine andere Freundin von mir hatte sich folgende Notiz über ihren Schreibtisch gepinnt: ›Jeder Mord ist ein Kommunikationsangebot.‹ Na ja, was man so in den Siebzigern ... Mord als Überschreitung. Mord als Begegnung mit dem radikal Anderen. Mord als Situation, in der von den an ihm Beteiligten gilt: ›Und sie erkannten sich.‹

Neben B.s Leiche lagen links und rechts je eine Brille, wann immer sie wem herunterfiel, jeder hatte dem Anderen ins ›andere Gesicht‹ gesehen.

In der Arbeitsgruppe wäre es also nicht um die Vermeidung des Mords gegangen, sondern um die Konfrontation mit ihm. Wie kommt man durch den Mord hindurch, wie überlebt man ihn, wie weiß man im Nachhinein, auf welche Weise er im Vorhinein passierte?

Ich traf B., von M. und P. flankiert, in einem von mir abgehaltenen Seminar, in dem es unter dem Titel Feministische Mythenlektüre um die ins Leben eingeschriebene Tötung und ihre Struktur des Aufschubs ging, die, so die These, aus den Geschichten unserer Geschichte zu entziffern ist.

Zum Beispiel Kore, das Mädchen. Kultisch besteht kein Zweifel, dass sie geopfert wird. Mythisch wird diese Tötung, die Schächtung und Holocaust, quere Durchtrennung der Kehle und restlose Verbrennung ist, als Befruchtung erzählt.

Hades, der Tod, gibt Kore, dem Mädchen, den Kern einer Granate ein.

Er besamt sie mit einem Samen, der nicht der seine ist, denn Kore ist die aus der Befruchtung hervorgehende Frucht und diejenige, die ihr vorausgesetzt ist. Hades gibt ihr genau das Leben, das er ihr raubt. Sie erhält es im Augenblick ihrer Tötung durch eine Granate, die als Frucht wächst, blüht und reift, während sie gleichzeitig zum Namen einer die Körper zerfetzenden Waffe wird.

Und warum machte B. immer noch eine Version ihres ›Gänseblümchengedichts‹, so fragte ich mich? Weil das Grauen da fassbar sein sollte, wo es unfassbar ist?

K. zeigte mir die Stelle auf der Wiese, wo er sich von B. nach beider Treffen im Würgeengel zwischen drei und vier Uhr morgens verabschiedet hatte: Hier, es war hier. Sein Fuß schürfte die Grasnarbe auf.

Nicht nur in dieser Nacht blieb B.s Unterwäsche, Farbe dunkelblau und spitzenbesetzt, unberührt. Ab jetzt sollte eine längere Pause zwischen B. und K. eintreten.

M. zuliebe.

M. sollte das, was er zu verkraften hatte, auch verkraften können.

M. sollte sich entwickeln, angesichts dessen, dass alle entwickelt waren.

M. fiel zurück.

M. verfiel.

M. soff.

Aus seiner Sicht wurde er ausgebürgert: Von B., die er durch den Ring am Finger eingebürgert hatte.

Aus seiner Sicht ging B., die durch ihn das Heimatrecht erworben hatte, fremd.

Die Bürgschaft, die er für ihren Mietvertrag hätte leisten sollen, wenn sie aus der Wohnung mit ihm und P. ausgezogen sein würde, lag ununterschrieben herum, als man die Toten fand.

M. hatte einen Schlussstrich durch die Kehle von B. gezogen. Sie war quer durchtrennt.

Hades erbaute Kore, von der es heißt, sie pflückte im tödlichen Augenblick Blumen, unter der Erde ein Schloss. An diesem Tat- und Standort unserer Kultur erschlägt Klytämnestra als Mutter und Ehefrau, zusammen mit ihrem Geliebten

Ägisth, den Ehemann und Vater ihrer Kinder, Agamemnon. In diesem Schloss ist es aber auch ihre Tochter Elektra, die mit Orest, ihrem Bruder, und dessen Freund Pylades den Vater durch den gemeinsamen Muttermord rächt.

An diesem Tat- und Standort sitzt also ein Vater, den die Mutter um einen Kopf kürzer macht, während die Tochter ihm diesen Kopf wieder aufsetzt: Als Zeichen-Kopf. Sie ersetzt den leiblichen durch den symbolischen Vater, was auch die symbolische Tötung der Mutter über Zuschreibungen impliziert: ›Fremdgang als Nestbeschmutzung‹, ›Heimtücke im Heim‹ und so fort.

Die Identifikation von Sohn und Tochter mit dem Vater bei gleichzeitiger Verwerfung der Mutter funktioniert. Doch damit sie zustande kam, musste zwischen Mutter und Tochter ein Bruch geschehen.

Er schließt die Wendung der Tochter gegen die Mutter ein, die dem widerspricht, was eine einzige Geschichte unserer Geschichte berichtet: Die Mutter erschlägt den Vater, weil er es ist, der die Opferung der gemeinsamen Tochter vollzieht.

Iphigenie ist das mit dem Blutbad ausgeschüttete Kind, das B. wie eine verlorene Schwester sucht.

Dabei fragt sie, kann die Feindschaft zwischen Mutter und Tochter beendet werden? Gibt es eine Tochter, die weder sich selbst noch die Mutter im Namen des Vaters negiert? Ist es einer Mutter heute möglich, für ihre geopferte Tochter einzutreten?

Die von B. beschriebene Mutter bewegt sich nach dem Tod der Tochter nicht mehr. Sie entlässt allen Dreck aus sich und dehnt ihren Körper aus, der mit den Dingen verwächst. Frei bleibt nur die Aschenspur, welche die Mutter, die sich die verbrannte Tochter hat kommen lassen, durch die Wohnung legt.

Aber es gibt auch den Vorfall in der Straßenbahn, wo B.s Mutter geschlagen wird und dabei hört, dass man auf ›so eine wie sie‹ gerade gewartet habe. ›So eine wie sie‹, das ist die eigene Mutter als Schwester.

B. hatte Angst.

Sie sprechen aber gut Deutsch.

Sie fressen aber Ratten, Frösche, Fliegen.

Sie kommen aber aus dem Osten, obwohl sie hier im Westen sind.

B. wollte auf keinen Fall einen Platz vor oder hinter geschlossenen Türen.

Sie wollte keine Situation, aus der sie aus-, oder in die sie eingeschlossen ist.

Sie wollte einen Nichtort als Ort, eine Grenze als Schwelle, die durchlässig ist.

Hatte B. zu M. in der Küche gesagt, dass alles im Übergang begriffen sei?

Verarschen kann er sich selbst, der ehemalige Speditionskaufmann, der, B. kennen lernend, zu studieren anfing.

Nein, er wird die Anzahl der Zeichen nicht berechnen, die bei offener Trennung im Unterschied zur endgültigen Trennung in einem Umzugswagen unterzubringen sind. Ja, er wird dem ganzen Brimborium von der Bedeutungsproduktion des Symbolischen einfach mal den Stinkefinger zeigen.

Zustoßen genügt.

Der Rest ist das Sichern von Spuren, Sammeln von Indizien, Analysieren von Aussagen und das Sprechen von Urteilen im Namen eines Gesetzes, das sich seit dreitausend Jahren am Tat- und Standort unserer Kultur durch das Verbrechen legitimiert.

Es müssen ja nicht immer die Atriden, es kann ja auch Ödipus sein, der den Vater erschlägt und mit der Mutter schläft und sich angesichts ihrer Selbsttötung die Augen aussticht. Blackout. Genau dann, wenn Ödipus ›blind‹ das Gesetz des symbolischen Vaters anstelle des leiblichen errichtet, genau dann entzieht er sich dem Gesetz, denn ob die Mutter sich selbst umbringt oder umgebracht wird, bleibt sich insofern gleich, als es das Blackout des Sohnes ist, das den Zeichen-Kopf des Vaters strukturell aufrechterhält.

Aktuell hat es M. allerdings eher mit dem leiblichen Vater zu tun, der bei ihm die Stelle der Mutter einnimmt. Er kommt, wie abgemacht, am Morgen des Mordes an, um eine Wohung für den obdachlos gewordenen Sohn zu kaufen, über den er nun als Mörder Auskunft zu geben hat. Dabei lässt er umstandslos wissen, dass der Sohn mit sieben Jahren die Mutter bei einem Autounfall verlor, als ob der Tod der einen Frau durch den Tod der anderen vergolten werden sollte.

Mit Blick auf die Selbsttötung des Sohnes, kann M.s Vater dahingehend verstanden werden, dass aus seiner Sicht gilt: Alles ist gut.

Immer war alles gut.

Der Sohn hatte sich im Augenblick des Verbrechens dem Gesetz zum Opfer gebracht.

Er hatte sich mit einem Henkersknoten aufgeknüpft.

Geübt hatte er ihn anhand eines Buchs für Seglereibedarf.

Doch wer schrieb vor, wer nach? B. hatte unter dem Namen Leonhard längst einen Strick gekauft: Einen Stahlstrick. Er lag stets auf dem Schreibtisch neben der Schreibmaschine, ohne dass er in B.s Novelle eine weitere Erwähnung fand, dennoch könnte es sein, dass M. mit diesem Strick einen Befehl verband, oder war es umgekehrt: B. war als Leonhard M., der sie am Leitseil führte?

Strick, Verstrickungen, und so fort.

Räum ihn weg! M. rief B. an und meinte den von ihm gekauften und in einer Schublade untergebrachten Strick. B. holte P., mit dem zusammen sie ihn besichtigte. Räum ihn nicht weg! M. rief erneut an und meinte denselben, von ihm gekauften und in einer Schublade untergebrachten Strick, ohne dass B. hätte antworten können, sie hätte ihn schon weggeräumt, denn sie hatte es nicht getan.

Im Henkersknoten sind beide, Henker und Gehenkter, verknüpft.

Außerdem hatte M. Glück. Seine Fußspitzen schwebten nur wenige Zentimeter über dem Boden. Hätten sie ihn berührt und auf den Boden der Tatsachen zurückgebracht, hätte er sich dem Gericht nicht entziehen können.

Und auch nicht dem Anblick von B., der er nach der queren Durchtrennung der Kehle wie rasend den Brustkorb zerstach. Das Messer steckte im rechten Teil, die Schneide war nach außen gekehrt.

Kennen Sie das Messer? Nein. Ja.

P. hatte den Überblick über die Messerblocks, -gruppen und -reihen in der Küche verloren.

M. war der Koch, der auch in der Jackentasche stets ein Taschenmesser mit sich trug.

M. war der Bauch und P. der Kopf?

Und B.?

Sie sagte von sich: Ich bin immer ein Drittes.

Vielleicht war das bereits das Todesurteil? Eins, Zwei, und das Dritte, das geteilt und gespalten und dem Vorwurf ausgesetzt wird, dass es nie ganz zu haben ist? Das Dritte ist immer über zwei Gegenteile vermittelt, das Dritte ist immer aus- und eingeschlossen, das Dritte ist immer ein Riss.

Das Schizoid der Welt.

B. war innerhalb der Lebens- und Tranchiergemeinschaft am Verzehr der Hirschkuh selbst beteiligt, in die Iphigenie verwandelt worden war.

Und wenn alle verdauten, ging M., der Koch, zum Klo und kotzte sich aus. Er soll nämlich an Bulimie gelitten haben. Alle wussten es, keiner sprach davon.

Ein Mann, der sich füllt und leert, als sei er schwanger und komme nieder, n'existe pas. Ein Mann ist er nur, wenn er den von innen her zerfetzenden Kern der Granate weitergibt.

Auch diese Besamung bleibt unbemerkt, sagen die Geschichten unserer Geschichte. Vielleicht war P. darum der Meinung, dass B. und M. niemals miteinander schliefen, sondern dass es sich zwischen ihnen ebenso ›platonisch‹ wie zwischen ihm und B. verhielt.

Auf der Karte, die mir B. aus Griechenland schrieb, stand das Gegenteil: ›M. ist mein Geliebter und alles ein einziges Besäufnis.‹

Die Karte fand sich im Nachlass, sie wurde nie abgeschickt.

Hätte sie mich erreicht, hätte ich auf B.s Anruf, in dem sie mir ihre Eheschließung mit M. mitteilte, wahrscheinlich weniger aggressiv reagiert. So aber wurde der Satz, mit dem sie ihre Mitteilung beglaubigte, für mich zum roten Tuch. Es war der von ihr durch nichts relativierte Satz: ›Ich liebe M.‹

chris bezzel

graue wüste
ein mord

15.6.2001
17 uhr.
philipp ruft mich aus berlin an: meine seelenfreundin brankica ist tot. ihr freund M hat sie ermordet, und danach sich
selbst. philipp war zeuge und spricht von einem »kampf«.
ich bitte ihn, mir keine einzelheiten zu erzählen. ich glaube,
ohnmächtig zu werden.

reaktion minuten nach dem telefongespräch: ich komme
mir als schauspieler vor, als würde mir die nachricht nicht
wirklich etwas ausmachen.

17.20
ich flüchte aus dem haus. unterwegs schlechtes gewissen, gefühl, eigentlich heiter sein zu wollen.

17.30
denkprobleme (reaktion, gedächtnis).

17.35
impuls, »es wegzuwerfen«. gedanke, wie ruhig man später
über diese katastrophe sprechen wird.

vergleich mit anderen katastrophen in meinem leben. ich
will die einzelheiten des mordes nicht wissen. situationen
mit brankica.

alles umsonst. schlechtes gewissen über meine fähigkeit, sofort zu schreiben, um mir zu helfen.

19.35

café tabac. an weinen von der ersten sekunde an nicht zu denken. blöde idee, dass das schreiben im sinne/zu ehren von brankica ist. es gibt keine liebe. mein geistig reduzierter 92-jähriger vater lebt, und brankica ist tot. todeswunsch gegen norma. habe das gefühl, mit brankica zu denken.

ich war sicher, dass mich brankica weit überlebt.
(brankica vor monaten in einem brief: du musst keine angst haben. gisela und ich lieben dich.)

20.25

warum hat sie M geliebt? wut auf heidrun p., die mich symbolisch ermordet hat.

21.15

scheißkerl! ich bin müde. sah das alte mythologische wörterbuch und nahm es zum trost aus dem regal.

ich bin 64 jahre alt, und da kann man den tod hinnehmen. brankica kann nicht tot sein. ich wollte ihr meine heimatstadt kitzingen zeigen.

21.30

das gefühl, irgend etwas oder alles geht jetzt nicht mehr. gedanke: »mit mir ist etwas passiert.«

getröstet durch einen satz von husserl: »natürliche erkenntnis hebt an mit der erfahrung und verbleibt in der erfahrung.« gefühl, dass es *sehr* laut ist, obwohl es ganz still ist.

meine mutter ist tot. wolf nelki ist tot.
brankica kann nicht tot sein.

ich will gisela in mallorca nicht anrufen. niemand hat etwas davon, wenn er es bald weiß.

ich muss mir brankicas leiche vorstellen, um sie mir *tot* vorstellen zu können.

ich komme mir ganz *ruhig* vor, bin es aber nicht.
ich möchte in sucre in bolivien sein, auf der plaza-bank.

22.30
M ist der erbärmlichste antiheld, den man sich vorstellen kann.

kurz ferngesehen. die ausschreitungen beim eu-gipfel in göteborg gegen die globalisierung trösten mich.

es ist *doch* so, dass einem die absurdität des lebens zu selten bewusst wird.
sonst würde man – alles hinnehmen?

heute erstmals 25 grad. ich wünschte mir, dass es regnete.

ich stehe unter dem tabu, jetzt jemandem eine e-mail zu schreiben.

22.45
es donnert kurz.

der letzte lange anruf von brankica war am sonntag (10.6.).
heute ist freitag.
noch drei tage hat sie gelebt. brankica erzählte von ihrer neuen liebe und von Ms selbstmorddrohung. ich redete ihr dringend zu, vorsichtig zu sein und die selbstmorddrohung sehr ernst zu nehmen. am 13. schrieb ich ihr eindringlich, die selbstmorddrohung ernst zu nehmen.
diesen brief hat sie nicht mehr bekommen.

22.52
das gewitter beginnt.
ich bin müde und weiß nicht, was ich mit mir anfangen soll.

man muss sich abfinden, obwohl es unvorstellbar ist, dass brankica tot ist.

der tod ist falsch pathetisch.

23.05
brankica ist tot. wie kann ich das so kalt hinschreiben?

gestern, sie war schon tot, hatte ich den impuls, sie anzurufen.

23.30
zwischendurch immer wieder das gefühl: alles ist gut.
fritz lang in godards »die verachtung«: der tod ist keine lösung.

0.00
die endgültigkeit bewirkt eine eigenartige ruhe.

in mir plötzlich grauenhafte verharmlosungsversuche.

es *kann* vom menschen nicht verlangt werden, die realität hinzunehmen – und schluss!

0.46
verglichen mit dem grauen von brankicas tod war der meiner mutter – natürlich.

2.05
das unvorstellbare ist nicht vorstellbar.

16.6.
10.30
der mensch ist dem tod nicht gewachsen, in keiner weise, und man kann es auch nicht verlangen.
aber der mörder scheint dem tod gewachsen zu sein.

12.00
die faktizität, der man ausgesetzt ist, ist erniedrigend. den tod am telefon erfahren: das ist zehnmal schlimmer als brieflich oder durch ein telegramm.

12.15
im grunde habe ich in ecuador und bolivien zwei monate
lang »meditiert«. das hilft mir jetzt, nicht zu schreien.

warum hat brankica die liebe mit *diesem* mann erkämpfen
wollen?
warum hat sie an ihn geglaubt?

es gibt keine entschuldigung für gewalt, keine.

ich *kann* noch nicht trauern, und trauere doch schon.

13.30
es ist wie im gefängnis.
ich sehe immer wieder nur die wände.

14.00
in resse.
nur dieses *eine* thema: das hat zur folge, dass man sich – mit
schlechtem gewissen – von allen anderen problemen ent-
lastet fühlt.

warum hat brankica ihre verliebung in K dem M erzählt?
sie sagte beim letzten und langen telefongespräch am 10., sie
mache nichts heimlich. aber sie musste wissen, dass M un-
fähig war, das zu verstehen.
also wollte sie die lage verbessern.

14.30
ich bin allein.
ich habe angst.
mitten im schönsten grün des gartens und waldes bei blen-
dender sonne und kühlendem wind habe ich angst.
es ist angst vor dem tod.

der scheißkerl hat brankica ermordet. zwanghaft sehe ich ihn
immer wieder auf brankica stürzen, obwohl ich nicht weiß,
wie er sie ermordet hat.

es ist seltsam: wenn ich schreibe, fühle ich den geist brankicas in mir, als würde sie mir zunicken.

ich bin müde.

ich sehe meine bilder an der wand und sehe: sie können vor
dem entsetzen bestehen; denn sie enthalten es auch.

in der not entstehen alle möglichen und unmöglichen gedanken.

der heiße sommertag mit blaustem himmel, an dem ich mit
dem tod meiner schwester rechnen musste.

trost der philosophie. das gibt es also doch. (husserl)

die wüste erzeugt ein starkes todesbewusstsein. daraus muss
keine religion entstehen (obwohl angeblich die großen reli-
gionen in wüsten entstanden sind).

ich hatte am 10. brankica noch eingeladen, jederzeit zu mir
zu kommen, auch, um einige tage allein in resse zu sein.

als mir philipp am telefon die nachricht gab, wusste ich minutenlang den namen von M nicht.

auch die wut auf M hilft nicht.

brankica erzählte mir, dass sie 7 kilo abgenommen habe.
schon bei meinem besuch ende märz sagte sie in bezug auf
M: ich weiß nicht mehr, was ich machen soll.
und am telefon (am 10.): ich habe gelogen, es ist seit einem
jahr viel schlimmer, als ich erzählt habe. er trinkt meistens
die ganze nacht, und er hatte schwerste magen- und darm-
störungen, die er auch vor mir verheimlicht hat. jetzt, seit
dem beschluss der drei, auseinanderzuziehen, sei er meistens
weg. er suche eine neue freundin, drohe aber auch mit selbstmord. ich riet ihr, ihm ihre kontakte zu K nicht zu erzählen,
wenn es nicht nötig sei.

brankica war einer der klügsten menschen, die ich in meinem leben kannte.
warum konnte sie sich nicht der gefahr entziehen?

ich versuche seit gestern zu bezweifeln, dass brankica tot ist.

17.30
peinlich entspannt vom waldspaziergang. ich blicke schon zurück!

ich wollte, seit sie in berlin lebt, mit brankica auf den schönen jüdischen friedhof in weißensee.

19.45
brankicas freundschaft fiel mir zu. sie ging von ihr aus.

es gibt kein vorbestimmtes schicksal.

0.10
brankica muß heimlich fasziniert gewesen sein von der intoleranz, aggressivität und verbalen gewalttätigkeit von M.

17.6., 10.00
es kann nicht wahr sein, dass ich nie mehr mit brankica sprechen, sie nie mehr sehen kann.
trotzdem bin ich ruhiger.

horkheimer und adorno haben mich gestern getröstet wegen des hochintellektuellen soziologischen stils. er ist analog zu brankicas denkweise.

11.00
es hat keinen sinn, immerzu daran zu denken – denke ich.
der realismus in mir denkt so.

12.00
im garten grade sah ich die junge, sehr schmale birke – und assoziierte sie mit brankica. (hatte blitzartig die idee, die birke brankica zu nennen, erschrak aber sofort.)

nie wieder kann brankica zu mir sagen, was zum spiel geworden ist: ich bedeute dir ja nichts.
oder auch: mein kleiner!

das bild: brankica schaut mir jetzt beim schreiben zu, ist ein
schönes bild.

was hat brankica falsch gemacht?

ich möchte nicht wissen, wo und wann brankica beerdigt
wird.

kritik an brankica: sie dachte zu todesnah. zum beispiel sagte sie seit einem jahr, dass sie das totale nichtverstanden-
werden nicht aushält.

14.35
ich habe *mit* ihr gelebt.

jetzt lebe ich ohne sie mit ihr. (aber dieses »mit« ist be-
schissen immanent, zurückgebogene innerlichkeit, abstrak-
te, bloße reflexion.)

das unerträgliche am tod ist die *einfachheit*, dass der tote *weg* ist.

15.35
der tod ist unvorstellbar.

19.6.
die lebensgefühlssteigerung durch todeserfahrung.
in meinen seminaren war ich heute mehr als sonst aufge-
kratzt.

der tod von brankica ist jetzt wie ein NICHTS (das ich phi-
losophisch immer leugne, wenn es um mehr als um ein
nicht-dasein geht).

ich sehe über eine endlose, flache wüste, verschattet von
grauem himmel.

20.6.
das erbärmliche sterben von brankica.

21.6.
das unvorgestellte, nie auch nur fantasierte, ist geschehen.
erwarten durfte ich die intensivierung unserer freundschaft
bis zu *meinem* tod. auch und besonders wegen brankica wollte ich nach berlin ziehen.

schon das *pathos* der gewalt ist grauenerregend, auch das
verbale. es zeigte sich bei M an seiner aggressivität und im
nihilismus seines argumentierens.
sehr lange *vor* der gewalt ist pathos unmenschlich.
(schon heideggers »Entschlossenheit« ist unmenschlich.)

22.6.
dass ich nicht weinen kann, entspricht der tatsache, dass
meine liebe zu brankica eine geistige, eine wissende ist.

konnte man diese katastrophe voraussehen?
nein, das konnte man nicht.
(meine gewissheit seit jahren, dass sie nicht zusammen-
passten, sagt ja überhaupt nichts.)

23.6.
brankica hat sich geirrt.
sie musste trotz ihrer liebe, nein durch sie, die gefahr erkennen, in der sie vermutlich schon lange lebte. (ihr »ich weiß
nicht mehr, was ich (mit ihm) machen soll« (am 31. märz)
war zu wenig.)

24.6.
weil ich die liebesbeziehung von brankica und M nicht
stören wollte, habe ich auf tausend kontakte und möglichkeiten mit brankica verzichtet.

meine bewusstseinsform des »sie ist tot« verwandelt sich
dauernd in metaphorische räumlichkeit: als punkt, als raum,
als welt.

auch das wort »trauer« mag ich nicht. es sieht nach einer institution aus, während der schmerz immer wieder auf einen runterfällt, immer neu. es ist kein kontinuum.
die trauer ist eher der angst vor einer operation vergleichbar, die auch unterbrochen wird von den banalen alltagshandlungen.

ich habe brankica verloren.
da sie mir aber nicht gehört hat, habe ich die unvorhersehbaren möglichkeiten mit ihr verloren.

das klavier ist zu begrifflich. ich kann meine trauer darauf nicht ausdrücken, außer durch die peinliche metaphorik der tiefsten töne.
das klavier ist diskursiv, die trauer ist asyntaktisch.
(trauermärsche sind nicht trauern, sondern handelndes reagieren auf den tod.)

erst heute fange ich an, in meiner trauer ein emotionales verhältnis zu brankica zu fühlen. das war die ganze zeit blockiert.

21.30 uhr
langes telefongespräch mit marina a., die ich nur aus den begeisterten erzählungen von brankica kenne. sie erzählt mir – nach philipps bericht – den hergang des mordes und selbstmordes.
so mußte ich es mir vorstellen, habe es fantasiert; aber jetzt sind es konkretere bilder, obwohl die einzelheiten unklar bleiben.

25.6.
schlimme nacht wegen der mordeinzelheiten und weil ich jetzt weiß, dass die beerdigung morgen um 12 in hannover ist. ich gehe auf keinen fall hin, aber ich habe ein (irrationales) schlechtes gewissen.
nur wenn der ritus *geste* bliebe, könnte er human sein.
(ein beispiel wären die segnend erhobenen arme des pfarrers.)

26.6.
es ist, als würde brankica zu mir sagen: natürlich brauchst
du nicht zu meiner beerdigung zu kommen, das wird furchtbar und ich danke gott, den es nicht gibt, dass ich das nicht
miterleben muss.

12.00
die beerdigung von brankica beginnt. mir fallen alle beerdigungen ein, auf denen ich war, inklusive der ersten fremden,
als ich »leichenbub« war und im schwarzen talar mit drei anderen jungen singen musste. bei einer der beerdigungen war
es stürmisch, und mir wäre fast das schwere kruzifix auf der
stange ins offene grab gestürzt.

in »el país« lese ich über das erdbeben in peru. die obdachlosen heißen »damnificados«.

unter dem deckmantel der »letzten ehre« ist der tote bei der
beerdigung derjenige, über den schamlos verfügt wird.

der tod von brankica ist grauenhaft. aber er ist nicht »tra-
gisch« im klassischen sinn, denn das bedeutet: dem entsetz-
lichen eine notwendigkeit und eine logik zusprechen.
(ich habe die griechische tragik nie verstanden.)

17.00 uhr
ich versuche die tatsache, dass brankica jetzt unter der erde
ist, als *symbol* zu verstehen; aber es geht nicht.

27.6.
besonders gut verstanden brankica und ich uns in unseren
überempfindlichkeiten. auch sie waren immer neu die bestätigung unserer seelenverwandtschaft.
trotzdem war sie, bei aller energie, die bedrohtere, die noch
pessimistischere, die mehr als ich ausgelieferte.

9.30 uhr
jetzt wirkt die symbolik des unter-der-erde-seins von brankica *doch* auf mich. ich bin ruhiger geworden. und natürlich

ist es traurig, dass ich es nicht ertrug, zur beerdigung zu gehen.

(aber eine gute beerdigung hätte nur eine vollkommen *wortlose* sein können.)

28.6.

berlin. es bedrückt mich, in berlin zu sein, wo brankica lebte. ich esse im café möhring beim gendarmenmarkt. brankica hatte letztes jahr, als ich ende märz da war, gesagt, es gäbe dieses café nicht mehr, in dem ich mich mit ihr treffen wollte. wir waren deshalb in dem bistro in der taubenstraße. jetzt war es doch nicht geschlossen (sondern eine filiale).

gestern konnte ich zum ersten mal wieder musik hören, kurz.

bei unserem sehr langen telefongespräch am 10. juni riet ich brankica dringend, die selbstmorddrohung ernst zu nehmen, und ich lud sie auch ein, jederzeit zu mir zu kommen, wenn es schlimm werden würde.
aber ich habe sie nicht vor M gewarnt.

29.6.

berlin. ich gehe kurz in die gemäldegalerie im kunstforum, um mich zu trösten. aber vor unserem letzten treffen (26. bis 31. märz) war ich auch hier und meine letzten tage mit brankica leben wieder auf.

nachmittags bis abends mit philipp, der mir die einzelheiten des mordes berichtet, soweit er darüber verfügt.

1.7.

immer noch: in meinem bewusstsein ist brankica nicht tot. das totsein ist nur ein *bild*, von dem ich weiß, dass es faktum ist.

2.7.

brankica ist sehr weit weg. mein bild dazu ist der schöne friedhof von sucre in bolivien.

5.7.
jetzt fängt es an, dass mir brankica für kleine mitteilungen und gespräche über wichtige themen fehlt.

6.7.
mord aus liebe gibt es nicht.

8.7.
es ist nicht wahr.
brankica ist nicht tot.
sie lebt heiter und befreit von ihrer falschen liebe zu M. in berlin.
und wir werden viele schöne begegnungen haben. wir werden die geplante reise nach franken machen, und ich werde ihr meine heimatstadt kitzingen zeigen, wie öfters besprochen. und sulzfeld und castell.
und eines tages könnten wir uns in new york oder in madrid treffen. und dann fahren wir nach südamerika, nach bolivien.
ob brankica auch – wie ich – unbedingt die antarktis sehen möchte, weiß ich nicht.
ich werde es nie wissen.

kann man sagen, muss man sagen: das, woran brankica sterben musste, war das wichtigste im leben: die liebe?
nein, das kann man nicht sagen, das darf man nicht sagen.
brankica starb nicht an der liebe.
die liebe hat mit dem tod nichts zu tun.

13.55
gerade wollte ich aus einem mitteilungsimpuls heraus brankica anrufen.

9.7.
in meinem bisherigen leben war ich sehr stark vom tod verschont, und es war mir immer bewusst. gestorben sind fast immer die leute der andern.
»meine toten« – das ist seit vielen jahren ein buchprojekt

213

von mir. aber diese toten standen mir nicht so nahe, auch wenn mich ihr tod, vor allem der meiner cousine friederike, erschütterte.

12.7.
e-mails von gerburg mit wilden beziehungskriminalistischen und feministischen bemächtigungsspekulationen beschmutzen meine trauer um brankica.
der tod sieht auf einmal aus wie ein komplott dreier personen: es musste so kommen.

brankica ist tot.
sie hat sich in dieser gesellschaft, von dieser gesellschaft extrem bedroht gefühlt – aber nicht von ihrem mörder.

20.7.
münchen.
das leben treibt mich von der trauer weg, die ereignisse selbst, nicht nur die leute, mit denen ich nicht über brankica sprechen kann.

selbst die betrachtung des dunklen tizianbildes »die eitelkeit des irdischen« in der alten pinakothek in münchen entfernt mich von brankicas tod, indem es das leben selbst verdüstert. die dunkle fläche im spiegelbild drückt meine trauer um brankica aus, aber mehr noch meine todesangst.

alles sichtbare zwingt zum leben, auch zur lust.
aber die wirklichkeit ist das ganze: sichtbarkeit, nacht, tod, gewesenheit. (der trost, dies aufzuschreiben, also sichtbar zu machen.)

wie hohn klingt mir jetzt brankicas satz, den sie öfter, noch im märz und auch am 10. juni zu mir sagte:
»ich werde ihn *immer* lieben.«

28.7.
brankica war eine radikale gesellschaftskritikerin. das führte

zu einer extrem negativen einschätzung der leute. (zb. hegte sie den tiefsten faschismusverdacht.)

25.8.
am 26.4. schrieb mir brankica:
»(...) Ich hoffe, dass ich für dieses Mal aus dem Schlimmsten heraus bin. Tags bin ich eine Tote oder etwas Ähnliches, abends arbeite ich wahnsinnig viel. Aber mein Wahnsinn – versteht sich – ist nicht exzentrischer Art. Er verlässt nicht meinen inneren Kreis. Nachts liege ich und mein Herz schlägt mich, in mir schnell und laut. Meine Angst entfaltet sich dann ganz und meine Träume sind grauenhaft. (...)«

2.9.
lang mit philipp telefoniert über den mord und mögliche beweggründe. philipp schließt nicht aus, dass M auch ihn ermorden wollte. wir sprachen auch über die hinter Ms tat anzunehmende »theorie«, sprich: verkorkste philosophie.
ich glaube, philipp steht noch immer unter dem schock.

5.9.
langes telefongespräch mit gerburg in berlin. sie wurde von M noch am 12. juni, zwei tage vor dem mord, angerufen. er erklärte die beziehung mit brankica seit der hochzeit vor einem jahr für kaputt (dabei hat brankica ihn wohl geheiratet, *um* ihm ihre liebe zu beweisen), sagte aber: »ich werde sie ewig lieben.«
gerburg sieht in dem wort »ewig« eine anspielung auf den (doch geplanten?) mord.

7.9.
die trauer kommt täglich, und sie kommt plötzlich. der verlust, das fehlen von brankica FÄLLT mir ein, fällt über mich. es dauert wohl meistens nur kurz. es ist, wie wenn ich eine schwarze wand vor mir sähe.
man kann nicht sagen, dass brankica einfach ein opfer ihrer emanzipatorischen tapferkeit ist. an gerburgs erklärung, dass M vergeblich in brankica die verlorene mutter sah und sie in ihm den problematischen vater, ist sicher viel dran.

aber brankica war viel zu reflektiert, um das nicht selbst zu wissen – und also zu transzendieren.

20.9.

seit brankicas tod hat sich meine verlustangst in kleinigkeiten verstärkt. dauernd denke ich plötzlich, dass mir etwas weggekommen ist, vor allem meine kleine tasche. ich halte mit dem auto oft an, um im kofferraum nachzusehen, ob sie noch da ist.

10.10.

new york.

obwohl oder weil ich hier so sehr abgelenkt bin: in meinem kopf ist brankica noch nicht tot. ich kann es mir nicht vorstellen.

11.10.

darf man, muss man brankica vorwerfen, dass sie M geliebt hat?

oder muss man, darf man ihr vorwerfen, dass sie ihn dominiert hat?

soll freud mit dem mammi-pappi-quatsch recht behalten?

27.10.

wittgenstein: »wenn man sich vor der wahrheit fürchtet ..., so ahnt man nie die *volle* wahrheit.« (tagebücher, 15.4.1914)
ich ahne, dass sich brankica in M furchtbar getäuscht hat.
(auch in ihrem strikten feminismus hat sie sich getäuscht.)

1.11.

zum ersten mal seit ihrem tod von brankica geträumt: wir saßen auf einer haustreppe. es war erstens die meiner kindheit in kitzingen, zweitens die kirchentreppe, auf der ich in new york gegenüber von meinem hotel in der 17. straße nachts ein junges obdachlosenpaar liegen sah.
wir sprachen. brankica wies richard f. (der aber gustav war) ab, er wollte uns stören.
ich fasste spontan und emphatisch nach brankicas schma-

len unterarmen. das war die replik zu der situation im wilmersdorfer park im sommer 2001 auf der parkbank, wo ich mich plötzlich meine rechte hand spontan auf ihren arm legen sah – und fast erschrocken bin.

4.11.
sehr langes telefongespräch mit marina a. wir verstehen uns sehr gut über brankica, aber ich bin noch nicht soweit, vom schock und von der trauer überzugehen zur liebenden erinnerung.
es soll ein buch mit texten von brankica, aber auch von freunden erscheinen.

15.11.
immer wieder fällt mir heißenbüttels textsatz ein: »die lage, in die ich gekommen bin, ist die lage, in die ich gekommen bin.«
warum kam brankica in diese furchtbare lage?
aber auch: warum haben wir andern nicht bemerkt, wie gefährlich diese lage war. ich hielt M nur für nicht zu ihr passend, für unreif und aggressiv. andre waren gerührt von seiner anhänglichkeit und von seinem scharm.

17.11
in den letzten tagen ist es mir zweimal passiert, dass ich eine zierliche, blonde, hübsche junge frau auf der straße einen augenblick lang für brankica hielt.

22.11.
immer wieder *fehlt* mir brankica. ich denke, ich frage sie nach ...; ich will ihr das neuste grauenhafte gedicht dieses durs grünbein in der faz schicken.
aber sie ist tot.

5.12.
jetzt fängt es an, dass sich bei morden im fernsehen assoziationen zum mord an brankica aufdrängen. scheußlich.

6.1.2002

zuletzt – es ist ja alles verloren – bleibt nur noch ein *anspruch*, dem man nicht genügen kann: von ihrem tod her zu denken.

und das geht nicht, es ist unmöglich.

es bleibt nur die immer wieder aufflackernde trauer.

7.1.

man kann mit dem bewusstsein des todes eines geliebten menschen nicht *leben*.

es bleibt nur die vergebliche, immer wiederholte, kurzzeitige rückkehr zu ihm.

16.2.

berlin: marina a. kennen gelernt. brankica hat sie sehr verehrt.

sie hat den polizeibericht da und den letzten brief von M, aus den stunden davor.

ich lasse mir beides *nicht* zeigen.

ich habe auch brankicas grab in hannover noch nicht »besucht«.

eine tote kann man nicht besuchen. (nur einen erinnerten toten kann man besuchen: sein bild, seine ›idea‹.)

29.2.

Ms letzter brief, bevor brankica zurückkam, ist eine klage und schließt mit dem bachmann-zitat: »Es war Mord.«

2.3.

das nichtglaubenkönnen war das erste.

dann das sichnichtvorstellenkönnen.

danach, bis heute, das nichtverstehenkönnen.

dagegen arbeitet, schon lange, ein zwang oder trieb, im unerklärten und unerklärbaren *doch* eine »logik« zu sehen.

als wäre eine tötungskonsequenz auch nur im entferntesten aus dieser »beziehung«, »liebe«, »verhakung« (ums ekelhaft zu benennen) irgendwie ableitbar.

15.3.
»untröstlich« bezieht sich auf einen menschen. der satz »ich bin untröstlich« bedeutet: niemand kann mich trösten, es ist unmöglich, mich zu trösten. aber das ist alles subjektiv, also morgen vielleicht falsch, morgen werde ich vielleicht getröstet.

die wahrheit ist: es gibt keinen trost. kafka: »unsere rettung ist der tod, aber nicht dieser.«

ich blicke in eine unendliche, flache, sandgraue wüste unter niedrigem, düstergrauen himmel.

knut gerwers

enigma

davor
|
und im herzen von allem
ein schwarzer fleck
|
alles nichts | weißer fleck
vielleicht wird auch alles nichts werden
aus all dem wird vielleicht
nichts werden nichts ver-
nicht mal entwertetes entstehen
als das weiß eines
[nein] deines lebens
rückstand + enigma
großes weiß
randlos [ein totes ›ja‹
      ist [auch] keine hoffnung]
vielleicht
werden die bücher sich ausschweigen
[auch deine]
in den regalen der allwissend
immer weniger wissend[en] – vermissenden
vielleicht werden darin die buchstaben selbst
sich unlesbar eindrehen in ihresgleichen
das feuer, das die dinge und das fleisch verzehrte
ist längst aus der mode – aus der welt
die wird mit jedem tag heller
mit jeder umdrehung entgegen einer [zu langsam]
sterbenden sonne / eine hellere weißere welt
[wie?] der weißheit der welt widerstehen
sich das herz schwärzen

wieder und wider
... wir eine pause; eine grauzone ...
jedes grau ist eine pause
eine zone der hoffnung
undurchdringlich ist sie
aller forschung tödlich
kann sie alles enthalten
und wie gerne würde
ich die schwärze
dir den schwarzen fleck
als etwas schönes
in sich schuldloses
von mir selbst unbeflecktes
[reinen herzens] verkaufen – das dumme ist
so dumm bin ich nicht
ich bin kein verkäufer
und der fleck unverkäuflich
[wir bilden eine gesellschaft
beschränkt und behaftet]
auch du wirst ihn nicht los
ohne bankrott in dir + unter
den weißen staub zu gehen

für brankica

[3.6.01]

danach

+++
einen text von mir hast du mitgenommen. geschrieben wie
mit verbundenen augen, die das nichts nicht ahnten, die
das gegenteil [vorher]sehen wollten: ein leben mit dir. ich
wünschte dein tod würde den text verkehren – doch er verwandelt ihn nur. ein menetekel, das in die nachwelt winkt.
in ihm stand, was passieren könnte – und was, viel schlimmer als das, zwei wochen später geschehen ist. so ganz an-

ders als mein naives hirn [geschult an den gängigen fremd-
katastrophen] jemals befürchtet. es ist nicht dein tod, der
diesen text gültig macht, weniger noch mein überleben. es
ist das geschenk, das du warst – und – schmerzend in deiner
abwesenheit – bist.

+++

ich begreife bis heute nicht, wie schnell unsere schutzzäune
fielen. in der überraschung der ersten begegnung, vielleicht,
hatten wir einfach vergessen sie hochzufahren.
schließlich schätzte mich dein erster augenschein – noch bevor wir, zufällig nebeneinander sitzend, ins sprechen kamen
– als arroganten schnösel ein. ein übermaß an sympathie –
oder schlimmeres gar – stand nicht zu befürchten. doch ehe
wir uns ineinander sahen/versahen, war es – noch unbemerkt aber – schon reichlich zu spät.
stunden intensiven sprechens, ernsthaft-beflügelt und vom
lachen erhöht – auf den blitzschlag, den einschlag der begegnung gekürzt. schon am ersten abend, kurz vor dem abschied, fanden sich unsere hände. wie verirrte, gegen jede
gewohnheit voneinander angezogene vögel. wir fühlten uns
wohl beide etwas teenagerverwirrt.
wann hatte eine/r von uns das letzte mal so viel in so wenigen stunden gefunden. das gefühl [das wunder, die un-
möglichkeit], das sich die welt vor und in deinen augen vergrößert.
vor dem ersten abschied gab ich dir meine adresse. später
fand man die karte in deiner jackentasche.

+++

wie warst du? rigoros und schön. sezierend mit der sprache
und liebevoll auf eine weise, wie es mir seit – wie vielen ewigkeiten – nicht begegnet ist. du konntest den rücken meiner
hand – minutenlang – mit deiner immergleichen bewegung
streicheln, warst dabei vollkommen wach, keck und achtsam
zugleich.
eine seltene, seltsame mischung. inquisitorisch mit den worten – deinen eigenen und denen der anderen. dein eingrei-
fen in meine worte hätte mich angreifen können – [die be-

nutzung des wortes »Auszeit« war dir verdächtig] – aber auch
die zeit für einen echten streit hatten wir nicht.

+++

hätte ich es irgendwie ahnen können?
mag sein, die zeit überdeckt die wunden derer, die ihren namen wiederfinden, als überlebende oder zeugen in einem polizeibericht – sie lässt auch meine ungewissheit wachsen.
du erzähltest mir von Martins selbstmordgedanken und einiges von euren gesprächen – nicht aber von dem ge-
brauchsfertigen strick in seiner schreibtischschublade. hättest du es erzählt, wie hätte ich reagiert? wäre ich so alarmiert
und entschlossen gewesen, dich vom gang in eure wohnung
abzuhalten? hättest du dir solch ein verhalten [eine bevor-
mundung, nötigung – letztlich auch: gewalt] überhaupt bie-
ten lassen? ich bezweifele es – und kann mich selber, nein,
kann uns nicht in diesen *rollen* sehen.
schonungslose ehrlichkeit und liebevolles verschweigen –
dieses sich zunehmend verwirrende »spiel«. was – und das
gilt nach allen seiten, deiner eigenen eingeschlossen – was
war hier schonung und was verschweigen? – in deinem letzten brief schriebst du: »Beinahe alles habe ich Martin gesagt,
bloß von unseren Zärtlichkeiten nicht gesprochen. Am Ende
ist es doch ein dummer Rest von eingelernter Schonung, der
doch stets ungerecht ist gegen den Fragenden.«
hier, wie für unsere kurze zeit, galt der von uns – als erstes
gemeinsames »motto« – gefundener satz: es geht nicht alles
und alles auf einmal. es muss ja auch nicht, sagten wir. wir
haben ja zeit.

+++

was aus der wüste deines namens wächst
sind – nein, nicht tote
sind nervenenden
luftwurzeln gleich
dürre durchsichtige hände
die aus der leere greifen was sie können [bilder, phantasmen,
nichts als fetzen]
die nicht leben können

223

was sie doch verstehen
oder umgekehrt wachsen
zurück in den sand
leben weiter UNTER DEM SAND
mit den nicht-toten
toten die warten
wenn du allein
in deinen schreibraum trittst
im toten winkel
hinter der tür
[der letzte fluchtpunkt
 unmöglicher hoffnung]

+++

was wächst seit deinem tod: die räume der mutmaßungen.
nervenenden treiben geschichten aus. fingergewächse. ver-
zweifelte reanimationsspiele auf der tastatur. wer animiert
wen: die über-lebenden die tote – oder umgekehrt?
und was können eine handvoll texte über dich sagen, wo jedes bild, jeder blick auf dich, noch immer von deinem tod,
dem mord an dir verstellt ist? ich kann ihn – noch immer
nicht – *übersehen*, um dich dahinter klarer zu sehen. und
wenn ich es könnte, wäre es dir angemessen?
und nach dieser katastrophe die erkenntnis, wie schlecht
man auch sich selbst kannte. wie schlecht man sich wieder-
erkennt – nach einem mord – diesem wirklichkeit-geworde-
nen-fernseherlebnis.
wie war dieses leben vor deinem tod? ich war doch nicht
unberührt, nicht ahnungslos. die spielarten des todes, die
TODESARTEN – waren weiß gott nicht nur dein thema. doch
was war all das *wirklich* für mich, vor deinem tod? war es jemals mehr als ein spiel, mehr als ein *thema*? – jetzt: stapel
von texten, komplette theaterstücke, die mir wenig bis
nichts mehr sagen. vor wenigen monaten waren sie mein so
genannter lebensmittelpunkt. bleibt all das nur temporär
entfernt oder für immer entwertet? und hieße das nicht, deinem mörder zu viel ehre anzutun – ihn gar insgeheim zu bestätigen? [diese lächerlichen nach-aufrechnungen]
und könnte ich schweigen von mir: wie soll ich es dir *recht

machen*? und wie deinem mörder? schließlich liebtest du ihn – egal wie schwer es jetzt fällt, das zu schreiben. es steht ALLES in frage – nicht nur ihr beide. auch zu schweigen wäre ein vergehen.

egal wie weit und wohin ich denke – am ende fehlt immer deine antwort. dein lachen, deine berührung, wenigstens.

+++

[»WHERE ARE YOU«]*

ich sitze hier, eineinhalb jahre später, auf der suche nach einem passenden übergang.

DAS ist der EKEL, den ich schon immer vor worten wie TRAUERARBEIT empfand.

vom NICHTS existiert nichts – abseits des wortes, das es – hilflos – versucht zu bezeichnen.

[»POOR LITTLE GHOSTBOY – LET ME BE YOUR HUMAN TOY«

ein spielball der geister möchte ich sein.]

+++

DU FEHLST MIR heißt auch: in mir fehlt etwas von mir selbst. der teil, der du warst – und hättest werden können.

der raum, der mit dem zeitpunkt deines todes sich öffnete und auszuweiten begann, ist für mich zu diesem weißen fleck geworden. 14.juni 2001, beginn einer neuen zeitrechnung, post-tempus-post-mortem, 2te welt im gleichen körper. kein schwarzes loch, denn das verschlingt schon vorhandenes. in diesem fleck, dem wachsenden weiß, breitet sich das unbekannte, die geraubten hoffnungen, das geschenk, das du für mich warst, unerreichbar + unabsehbar aus.

deine anwesende abwesenheit: das dauernde paradoxon: der weiße fleck als blendende projektion.

+++

würde ich hoffen auf ein leben
nach dem tod [inkl. dem meta-

* aus: »Where are You" – COIL, Musick to play in the Dark II

physischen brimborium]
du wärest der erste
  wohl einzige grund
das spricht über vieles
erbärmliche bände
nur nicht über dich

+++

was bleibt, abseits von allem schmerz – über den sich unweigerlich [ich will es, trotzig wie ein kind, verweigern] die
sedimente der zeit, der schlamm der zukunft legen wird – ist
eine sich als normalstadium einschleifende, mich einlullen-
de angst. die kalte, nicht panik verbreitende, sondern mich
langsam zufrierende angst: diese intensität ist nicht mehr er-
reichbar. – die eindringlichkeit deines blickes. deine stärke.
die mischung, aus poetischer beschreibung und sezierender
analyse, die nur dieser paradoxe, gespaltene blick gebiert:
kalt, schneidend und achtsam zugleich. der hohe ton, der ri-
gorose blick – vom trennstrich deiner sprache, deines sprechens verdichtet, wieder verbunden.

+++

du bist gestorben an dem, was dir so nahe war – was du um-
kreist hast, wieder und wieder in deinem schreiben. ermordet da, wo deine furcht nicht zuhause war, wo du dich vor
ihr sicher glaubtest.
beides: die liebe/die nähe und die kunst, sind niemals umsonst zu haben. so banal wie billig, diese *wahrheit*. wenn
die kunst das leben der künstlerin/des künstlers kostet, war
es das leben, bzw. die kunst wert? zahllos sind die beispiele
bekannter [marken]namen – und wie viele von *uns* würden
nicht – noch immer – »Ja« dazu sagen. ob den reicheren mar-
kennamen oder dem künstlerproletariat zugehörig – wären
[oder waren?] wir nicht bereit, ALLES für die kunst zu geben?
zumindest kann die kunst als kunst verbleiben, auch nach
dem tod ihrer schöpfer. die liebe, die den tod hervorbringt,
kann nicht mehr liebe genannt werden. sie ist als grund, der
den tod durch sich selbst rechtfertigt, das leben nicht wert,
das sie vernichtet.

226

die kunst, die den künstler selbst zerstört, trat und tritt in vielerlei gestalten, hinter unzähligen masken auf. doch es gibt keine kunst der selbstzerstörung. was ist die zerstörung des anderen aus – vorgeblicher – liebe? selbstzerstörung [im anderen] aus eigenliebe? ich lebe für und später durch dich, löse mich auf, lebe – nur noch – in dir ... ich werde dich ewig [also zu tode + darüber hinaus] lieben —— folgt daraus der *unvermeidliche* mitnahmeselbstmord? – was für ein wort.
was nützen mir [von wg. der eigenliebe] all diese analysen? und ginge es mir besser, hättest du dich selbst in den tod befördert?
die frage scheint lächerlich. ihr grund ist es nicht.

+++
ich habe verstanden, dass du tot bist. ermordet. und lebe weiter.
angeblich bin ich – jeder tag voller gesichter bescheinigt es mir –
bei verstand
ist es der verstand
der mich um sich selbst bringt – oder umgekehrt
mein leben ist ein ausbund
an normalzustand
ist eine anstalt der normalität

+++
ich will, dass es aufhört, ohne dass du aufhörst. so gibt es kein aufhören. der tod hört nicht auf – noch hört er zu.
und keine träume, die einen retten – wenigstens dieses eine mal. du erscheinst einfach nicht, mir den text einzugeben, den richtigen —— was vielleicht auch nur heißt: selbst du kennst ihn nicht. – wüsste ich mehr von dir, hätten wir uns länger gekannt? oder wüsste ich nur mehr von dem, wovon ich jetzt nicht schreiben kann?

+++
+ ich
klagend immer
  beklagend

den mangel an zeit
die ich mein neues symptom
nicht als arbeit_[oder]_geld
sondern liebe auszeichne
muss schon aufpassen
dich nicht zu hassen
für all die zeit
die dein tod
mich *kostet*
|
DAS
war nicht ernst gemeint
 natürlich
erhebt sofort
die gedankenkontrolle
ihr allgegenwärtiges
überwachungswort

+++

gerade im TV [anlässlich von ›Halloween‹?] einer dieser deutschen mythenfilme namens »Stalingrad«. wohl als zeichen
seiner genesung, hat sich ein guter deutscher soldat nach
seinem letzten ›Heil Hitler‹, die *mündung* seines revolvers in
selbige körperöffnung geschoben und geschossen. jetzt die
merkwürdige lust, diesem text auch etwas heiteres beizufü-
gen. [das müsste doch auch sein. das muss doch gehen.] etwas wie den sinnspruch des begnadeten, ebenfalls jüngst ver-
storbenen Matthias Beltz: »Und außerdem ist der Selbstmord
ein Kompliment, das man dieser Gesellschaft nicht machen
sollte.«
und welches kompliment wollte dein mörder/selbstmörder
an uns – oder nur sich selbst? – ausrichten. das ist nicht zynisch. ich möchte es wissen.
– und der nachgedanke: es gibt kein entkommen. selbst so
ein scheißfilm führt mich zu dir zurück.

+++

... während ich schreibe, läuft Scott Walker: AMSTERDAM.
noch ein geschenk, ein unerklärliches, das dich nicht finden

wird. nicht hier. – einmal schrieb ich:
tröstend wäre
ein gedanke wie
die toten
werden zu musik
ich hoffe, da, wo du bist [m/ein alter kindergedanke], gibt es
musik. solche musik.
denn hier spricht sie von dir.
vielleicht funktioniert das auch umgekehrt.

+++
vernünftiger vorwurf
jetzt bist du schon
ein halbes jahr tot
+ hast noch
nicht
einmal
angerufen
[kind]

soll ich
verrückt werden
um täglich
 + wirklich
deine erscheinung zu sehen

+++
ich WILL keine logik, keine nachvollziehbaren zusammen-
hänge in deinem tod, deiner ermordung sehen. all das
hieße unweigerlich, auch dir eine schuld daran zu geben.
was mich nicht davon abhielt, die protokolle, all die einzelheiten dieses grauens zu lesen. diese gier, noch den bar-
barischsten albtraum entziffern zu wollen, ist nicht abzu-
töten.

+++
selbst
gespräch
wenn ich

zu dir sage
lass mich
[bitte nicht]
endgültig los
spreche ich
zu mir
selbst
[dein tod =
der leerstand
in meinem spiegel
neben all dem
sichtbaren
eigenverfall]

+++

statt eines *dichters* möchte ich ein genialer erfinder, ein
metaphysischer ingenieur sein.
ich möchte ein teleskop bauen, das alle dimensionen durchschaut, eine gegensprechanlage ins reich der toten. oder
besser noch, da du doch ein »fan« davon warst: die ganze
trickkiste des raumschiffs enterprise hier vor mir, auf meinem schreibtisch haben. per warp-geschwindigkeit ins uni-
versum der toten, dich einpacken und zurück, mit vollem
umkehrschub, ins terrestrische HIER + JETZT.

+++

beruhigendes gefühl
im zug durch die nacht
keine entfernung
entfernt dich von mir
deine hand auf
meinem herz
im kalten abteil
schwelle auf herzschlag
herzschlag auf schwelle
sinnlos fort_fahrender
mich erhaltender takt

+++
ich will nicht zu einem ende, zu deinem [end-gültigen] ende
kommen. niemals.
ich will keinen von der trauer besiegelten friedensvertrag.
nicht mit diesem leben, das deinen tod enthält.
ICH BIN EINFACH NICHT EINVERSTANDEN – schrieb Kon-
rad Bayer vor seinem selbstgewählten tod. ich *verstehe* seinen
tod. deinen nicht. bin mit keinem von beiden einverstanden.

+++
nichts_aus_nichts_[DELICIOUS SOLITUDE]

als wir jung waren
zusammen gerade
3 wochen alt
   das ist ein halbes jahr
 + dein ganzes leben her
jetzt die neuzeit
die dein tod gebar
die das reich der pläne war

wie ein kind deine hand
die über meine strich
selbst_vergessen
von kurzen blicken nur
im staub
unsere festungen
nach minuten ein
spiegel furchtlos
im spiegel begierig
suchend
die andere
im anderen
wissend
um den dunkleren
spiegel dahinter
den spiegeln der worte
in die hände gesprochen

gebrochene bilder
vom atem getauscht
geteilt im anderen
war ALLES greifbar
  unbegreifbar da

deine zarte stärke
die scheu vor den menschen
so konnten wir
unter menschen gefallen
ein_ander unmenschlich
zugewandt sein

kein blick mehr wird mich treffen
so kess von seitlich
deine haare gehalten
von den schmalen fingern
vielfarbiger spangen
du warst die einzige
die sich in mir
die lippen schminkte
das geschenk das du warst
wohnt un/an/greifbar
im gedächtnis meiner augen
jetzt schwebt der spiegel
deines gesichts in mir
vor den gesichtern
anderer frauen

der heimweg war warm
voller lachen + zweifel
unser langsamer gang
über den landwehrkanal
im letzten hellen kreuzberger sommer

der abschied
der das größte versprechen barg
das versprechen
  [die 3 großen worte nach nur 3 wochen]

232

das den letzten abschied verbarg
aus den armen der worte
dem flüstern und halten
die hände + zungen
die es besser wissend
sich wieder + wieder fanden
das langsame lösen +
mein blinder
    wortloser abgang
    hast du dich nochmal umgesehen?
ich – wie du – habe nichts gemerkt
habe mir – das nichts nicht ahnend –
zu wenig gemerkt – von dir
jetzt erklärt sich
nichts aus nichts

DELICIOUS SOLITUDE
das lied beendet vom cellostrich
die worte sie retten
und sie reden nicht [nicht für dich]
selbst die musik
hält mich kaum noch am leben
aber ich atme ja – ich [über]lebe
den gegenbeweis
    die cd läuft weiter
morgen
ist zeit
    wäre zeit gewesen
morgen ist jetzt
die bleiche zeit
morgens wie immer [5:30 + dunkel im zimmer]
die kette der nächte
sich ins dunkel verlängernd
nach der mordnacht
weiß ich nicht mehr
wie die zeit sich anfühlt
    [ohne dich]
wie sie
noch immer im dunklen

[erhellt nur in blitzen
von den stichen + schlägen]
in mir sich drehend
um dich vergeht

4 stockwerke unter mir
[wie gut ich den blick
seit deinem tod kenne] türmen sie
den vom regen ertränkten
morgenschnee

du spürst nicht mal die kälte mehr
hannover_hauptfriedhof
dort liegt dein körper
aus liebe gezwängt
in das kinderkleid
unter das tuch geknebelt
das die wunden verdeckt
deine hände sind fort
vergangen in sich
unter holz + erde
+ dem brief den ich eingrub
2 meter über
dem rest von dir
nur deine augen
die mir folgen
  [mich manchmal verfolgen]
unsichtbar

nur meine liebe
[die sich wehrt
 – gegen mich wütend
 sich ins leere wendend –
 zu schmerz zu werden
  unter die zeit
  [den weißen staub] zu gehen]
die nicht weiß
wo sie suchen soll
  nach dir

nachts allein
in die leere schreibend
dem morgen
fern vor dem monitor
gibt es eine
verlassenheit eine
[zurück]gelassenheit
   die nicht nach dir
      die nach … nichts mehr
      die … wie das nichts schmeckt
deine erde jetzt mein weiter_leben
kein stoff kein körper keine materie
nichts nur
schwarzer raum
dazwischen die
leere die ich bin die
zeit + ein nichts
ich kann nicht das nichts
mit nichts verbinden
nur wörter
gibt es noch wörter
zigaretten rauch
bleichendes licht
whisky + zeichen
schwereloses papier

jedes schlaflied singt
wovon ich nicht schreibe
   mein lullaby
   bye bye 7 seiten lang
   mein gesang
von der suche
   der sucht
nirgends mehr aufzuwachen
als neben dir
nur nicht im kopf
mit diesem kopf
auf der tastatur
dem nichts darin

das nicht weiß
wo ich dich suchen soll

am ende aller worte
könnte ich alles
in 3 worten sagen
die dich
nicht mehr erreichend
nichts mehr sagen

... ALL BUT RUDE
DELICIOUS SOLITUDE*

dein tod lässt keine wünsche – nur den unmöglichsten – offen.
[enigma 2]

* (Society is) all but rude
(To this) delicious Solitude
aus: The Garden – von Andrew Marvell / dem gleichnamigen Lied von
Goran Bregovic

Branislav Bečejac

Für meine
verstorbene Tochter Brankica

Spurensuche nach dem verlorenen Weg

Mein liebes Kind, mein Wegweiser!

In jungen Jahren habe ich meinen Weg verloren und dir wurde die Zeit nicht gegeben, deinen zu finden. Durch deinen plötzlichen, gewaltsamen, grauenhaft qualvoll schmerzlichen Tod hast du die Suche aufgegeben.

Durch dich habe ich gedacht, den richtigen Weg gefunden zu haben, aber durch deinen Tod habe ich ihn wieder verloren.

Als Kind und Jugendliche hast du mir nie deinen Weg verschwiegen, aber einige Jahre später habe ich deine Spur verloren. Ich habe gedacht, du bist erwachsen und brauchst meine Ratschläge nicht mehr, und irgendwie hast du sie auch nicht gewollt.

War das richtig oder doch nicht? Ich bin verwirrt, ich weiß es nicht!

Wenn nicht, jetzt ist es zu spät, für dich und auch für mich.

Aber vielleicht nicht für die, die endlich sind wie du und ich.

Meine liebe Klopica, so habe ich dich oft genannt, du warst hübsch, klug, begehrt, selbstbewusst und vor allem ehrlich und gerecht. Gerechtigkeit und Ehrlichkeit waren meine Botschaft an dich, das hast du erfüllt!

Dafür bin ich dir dankbar und stolz! Du weißt, ich bin nicht naiv, kein Lügner und nicht hasserfüllt, aber wenn ich etwas hasse, dann sind das Lügen, und die hasse ich aus der tiefsten Seele.

Ich darf mich jetzt nicht selbst belügen, deswegen schreibe ich so wie ich denke.

Ich denke, dass dein Tod nicht so geschehen ist wie die Zeugenaussagen sind, nicht in dieser schrecklichen Nacht und auch nicht das, was einige Tage, Monate und Jahre davor gewesen sein soll, das will und kann ich nicht glauben.

Du warst ein Teil meiner Seele und ich habe dich besser gekannt als all die anderen, die deine Freunde waren? Ich bin überzeugt, dass mit dem Tod nicht alles zu Ende geht! Sonst wäre dieses Leben für uns alle ohne jeden Sinn!

Meine Gedanken kreisen ständig in meinem Kopf und ich frage mich immer wieder: Habe ich irgendwie Schuld an deinem Tod?

Ich weiß, dass ich keine Schuld an deinem Tod habe, aber in meiner Seele fühle ich mich schuldig.

Deswegen bin ich immer noch auf der Suche nach dem verlorenen Weg.

Meine liebe Brankica, du warst für mich wie ein heller, wärmender Sonnenstrahl, der meiner Seele Freude, Zufriedenheit und Sinn des Lebens gegeben hat.

Das ist jetzt zu Ende gegangen.

Eine schwarze Wolke hat die helle, warme, strahlende Sonne für immer verdeckt und in meiner Seele herrscht nur noch Kälte und Dunkelheit.

Ich hoffe, eines Tages, irgendwann wird sich die warme, strahlende Sonne gegen die grausame schwarze Wolke durchsetzen und alle Wege wieder hell erleuchten!

Danach werden sich unsere Wege kreuzen und dann werden wir im Jenseits auf dem strahlend hellen richtigen Weg stehen und über alles, was geschehen ist, die Wahrheit erfahren!

Bis dahin dein Vater Branislav

Albtraum

Ich befinde mich in einem großen, warmen, hellen Raum!
Aber mir ist kalt und ich habe Angst.
Dieser Raum wird immer kleiner, kälter und dunkler.

Ich kriege panische Angst, will unbedingt raus, aber der Raum hat keine Tür und kein Fenster.

Ich klopfe, kratze, schreie, aber keiner hört mich.

Plötzlich herrscht in diesem Raum totale Kälte und Dunkelheit.

Es ist kaum Luft zum Atmen da, so dass ich glaube, ich ersticke gleich.

Voller Furcht schreie ich nach dir, meine liebe Tochter, Brakice! Brakice! Hilf mir bitte, aber du bist sehr weit weg und kannst mir nicht helfen, bitte, meine liebe Tochter, komm in meine Träume und zeige mir den Weg aus dieser Dunkelheit!

Ich will wissen, warum

> *»Würde ich auf den Widerstand gegen diese Form der Anrede verzichten, so würde ich meine literarische Arbeit zu einem Popanz machen.«*
> Brankica Bečejac in einem Brief an einen Lektor, Februar 1999

Um nichts in der Welt wollte sich Brankica an gewisse kalte Töne im Kulturbetrieb gewöhnen. Wie eine Jägerin beobachtete sie die feinen Mechanismen des Ausschlusses. Der fing für sie mit den »geschäftsmäßigen Verkehrsformen« an, hinter denen sich Verleger, Lektoren und Redakteure verschanzten. Serienbriefe, in die jeweils nur ihr Name und das Datum eingefügt wurden, nahm sie als persönlichen Angriff, als Verweigerung von Achtsamkeit. »Brüskierend unpersönlich in der Form, scheint der Serienbrief mich von weiteren Kontaktaufnahmen abbringen zu wollen. Erst sein zwischen den Zeilen gelagertes Nichts macht ihn zu einer Abweisung. Nicht die Tatsache, dass Sie wiederum einen Text von mir nicht publizieren wollen. Jeder Mensch, der sich einer Öffentlichkeit aussetzt, riskiert es, auch verletzt zu werden. Das ist nicht, was ich beklage. Ich will aber nach Möglichkeit wissen, warum.« (Aus dem Nachlass, Entwurf zu einem Brief an die Literaturzeitschrift *ndl*, November 2000)

Sie war gewarnt und zugleich ermutigt worden, noch vor Abschluss des Studiums. Da schrieb ihr die Schriftstellerin Ulrike A. Kucera: »Wappnen Sie sich und verlieren Sie nicht den Mut. Wichtig ist nur das Schreiben und die Kontinuität, mit der wir es betreiben. Sie sind mit den allerbesten Mitteln ausgerüstet, auch diese Hürden zu nehmen.« Sie erstellte 1998 im Auftrag des Hessischen Literaturbüros ein Gutachten zu Brankicas Texten und erkannte ihre Stärke: »Oft ist in den Texten die fröhliche Gemeinheit einer nicht unbetroffenen Beobachterin immanent. Ihr genügt die Andeutung, um die Augen des Lesers in den Abgrund blicken zu lassen, dem er sich in der Realität eher zu entziehen wünscht.«

»Es ist wichtig, was ich Ihnen mitzuteilen habe.«

Zuweilen brachte Brankica viel Vertrauen auf. So erzählte sie Paul Böhmer vom Hessischen Literaturbüro: »Auch habe ich meinen Freund Martin Kronimus geheiratet und er mich und in einem Jahr kann ich einen Antrag auf Einbürgerung stellen. Dann kann auch ich Straßenbahnfahrerin werden. Zur Zeit kommt mein lieber Bruderfreund Philipp Storz für meinen Lebensunterhalt auf. Denn selbstverständlich reicht das Geld, das ich durch meine Autorinnenarbeit einnehme, nicht annähernd aus. Ordentliche Erwerbsarbeit konnte ich noch nicht ergattern.« Und von ihren Plänen schrieb sie Karl Esselborn von der Bayerischen Akademie der Künste, wo sie sich um den Adalbert-Chamisso-Preis beworben hatte: »Zur Zeit arbeite ich an mehreren Projekten. Als Mitherausgeberin und Autorin der *Zeitschrift für intellektuelle Zwischenstufen* schreibe ich sowohl wissenschaftliche (primär kultursoziologische) als auch literarische Prosa und Essays. ... Meine größte Aufmerksamkeit möchte ich jedoch in Zukunft meiner literarischen Arbeit widmen. Meine Alltagserfahrungen und die Verwobenheit meiner Person als Einzelner in ein verstrickendes System von allgemeinen Größen (in dem mir der Platz eines Gastarbeiterkindes zugewiesen werden sollte) habe ich schon sehr früh (im Alter von neun Jahren) im Akt des dokumentierenden und reflektierenden Schreibens zu entwirren versucht.« (Juni 1998)

Beide enttäuschten sie. Böhmer reichte ihren Brief einem Mitarbeiter weiter, der uninteressiert antwortete. Und Esselborn teilte ihr mit einem formellen, unpersönlichen Brief die Absage der Jury mit. Ihre Empörung verbarg sie nicht: »Zunächst war ich erschrocken über den hermetischen Stil Ihres Schreibens. Er ist bar der kleinsten Rauheit. Seine Glätte hingegen schneidend und dabei vollkommen unabsichtlich. Denn nichts lag Ihnen ferner als mich willentlich zu stoßen, gar vor den armen Kopf. Aber die geschäftsmäßigen Verkehrsformen produzieren ihre Havarien notorisch nebenbei, en passant, mit der linken Hand (sozusagen). Ich stelle meine Rechte dagegen und ich tue dies nicht aus Eitelkeit. Würde ich auf den Widerstand gegen diese Form der Anrede verzichten, so würde ich meine literarische Arbeit zu einem Popanz machen. (...) Adieu, Brankica Bečejac.« Karl Esselborn entschuldigte sich: »Immerhin hat mir mein allzu formales Schreiben einen schönen Brief von Ihrer Seite eingebracht.« (März 1999) Er bot einen Dialog über neue Texte von ihr an. So leitete ihr Widerspruch einen Arbeitskontakt ein, der gehalten hat.

Sie stellte sich in den Regen der Absage-Briefe, die von Überdruss und Gleichgültigkeit zeugten, sammelte sie ein und legte sie in eine Mappe, Blatt auf Blatt. Unter den sachlichen, den eleganten oder protzigen Briefköpfen der Verlage und Förderungseinrichtungen standen meist nur einige Zeilen: »– haben gelesen – mit Interesse – leider – bitten um Verständnis, dass nicht – wünschen Erfolg.« Zum Schluss eine Unterschrift. Brankica verbarg vor den Freunden diesen Kampf nicht, auch nicht ihre Niederlagen, sie erzählte davon, und eines Tages würde daraus ein literarischer Stoff für sie werden, das kündigte sie an.

Es war, als wollte sie sich abhärten. Auch die Ahnung wird sie angetrieben haben, dass ihr eine Gefahr drohte, falls sie zuließ, nicht wahrgenommen zu werden: »Für die Schreibenden ist es vielleicht das wichtigste, dass ihr Heraustreten, d.h. die Weitergabe ihrer Schriften, bemerkt wird. Herausragend ist das Erlebnis, durch das eigene Sprechen eine Wirkung zu erzeugen. Entsetzlich ist das Ausbleiben einer Antwort. Es kann die Löschung der Rede bedeuten.« (An Alfred Kolleritsch von der Zeitschrift *manuskripte*, Graz, im Februar 2000)

Doch allmählich kam Resonanz: die Dreimonatszeitschrift *Neue Sirene*, Zeitschrift für Literatur, München, druckte ihr langes Gedicht *Vaterfahrt* im Heft 9/1998. Die Wochenzeitung *Freitag* begann, Essays, Medienkritiken und zuletzt auch Reportagen von ihr zu veröffentlichen. Im Internationalismus Verlag, Hannover, erschien 2000 ihr erstes Buch mit Erzählungen, Gedichten und Essays unter dem Titel *Die Prüfung*. Im September 2000 erhielt sie ein erstes wirkliches Ja von einer Förderinstitution: Die Stiftung Kulturfonds kündigte ihr an, dass sie im Herbst 2001 im schönen Künstlerhaus Lukas in Ahrenshoop einen Arbeitsaufenthalt verbringen könne und 2.220 DM als Stipendium bekommen würde. Am 5. Januar 2001 lag auf ihrem Tisch ein Brief, der ihre Arbeitsbedingungen wirklich veränderte: die Stiftung Kulturfonds gab ihr ab sofort bis einschließlich Juni ein Arbeitsstipendium von 12.000 DM, um ihre Novelle zu Ende zu schreiben. Auf der Leipziger Buchmesse im März 2001 verabredete Brankica mit der Edition Nautilus einen Band über Erfahrungen und Weltsichten ihrer Generation.

Mitte Mai kam dann eine Karte mit einer wild entschlossenen Absage von Alfred Kolleritsch, Redaktion der *manuskripte*: »Nein, wir werden auch diese Geschichte nicht veröffentlichen!« Am 6. Juni erhielt sie einen Brief vom Literaturverlag Droschl in Graz, dem Verlag ihres Begehrens für ihre literarischen Arbeiten: »Ihre Novelle *Die Aufgabe* ist ein außergewöhnlich guter Text! Wenn Sie erlauben, werde ich das Manuskript an die Redaktion der *manuskripte*, Alfred Kolleritsch, weitergeben, vielleicht kann er etwas für Sie tun.« Das erboste Nein von Kolleritsch war erst drei Wochen alt. Jubel und Ironie. Aber die Türen öffneten sich. Am 14. Juni 2001 der Mord.

Marina Achenbach

Jutta Heinrich

Versuch über eine Abwesende

Nach dem Lesen der Texte von Brankica Bečejac

Texte von Brankica Bečejac: dezente, geschliffene Worte werden an die Hand genommen und durch die Literaturlandschaft geführt.

Eine Wortfinesse, die überraschende Sätze und Einblicke aufleuchten lässt, die sich mitunter als zu artifiziell erweisen. Aber auch hier: die spürbare Kür, Literatur zu sein und nicht nur zu machen. Die Lebensunbill, die Unzumutbarkeiten aus den Ablagerungen des Alltäglichen, wird durch ihre farbintensive Lupe in ihrer Vergrößerung gesehen. War nicht das Leben von Anfang an und für jeden von Anfang an jene deutsche Ödnis-Zumutung, geboren aus lustlosen Eltern, die in kleinkarierter Sorge die letzten Lebensspuren tilgten? Wunderbar-schreckliche Beschreibung der Eltern, ihrer Protagonisten. Natürlich kennen wir diese alle, aber nicht in dieser Wortwahl, dieser präzisen Feinschneidigkeit. Allein die Heimbeschreibung, das Wolfs-Wachs-Heim, mit ihrer Zwangsproduktion zum lebensverengenden Mittelmaß:

»Die Mitte ist nichts ohne den Saum, der sie umgarnt.« Für ihr Alter besitzt die Autorin ungemein ›hochgewachsene Einsichten‹, philosophische Unaufdringlichkeiten, die durch die Erfahrung leise und traurig stimmig geworden sind. Interessant auch die überproportionale Wichtigkeit, die Höhe der Selbstausstattung, aber dann dieses laszive Hinfallen ins Nichts, ein Verschwinden, leiser und fallender als eine Flaumfeder. Von nichts gehalten als von der Rechtmäßigkeit der Einsicht, dass alles nichts ist, obwohl es drängt und stört. Ja – und die Frage: Was ist an der Familie so krank, so bestbewiesen vollkommen ungeeignet, auch nur einem Menschen mehr zu geben als die Entschädigung für den Aufwand an Selbstverleugnung?

Die Eltern, die nicht ganz Böses tun, sind noch die schlechtesten, denn die Zufügung ihrer Schädigung, dieses Absaugen von Selbstdasein, erlaubt nur ein therapiegestütztes Dahinwelken.

Brankica kann schreiben und sie muss schreiben. Ihre Sprache: ironisch-schmerzhaft, darf ich sagen, auch schmerzgewogen?

Und sie stellt sich nicht die Frage: Ist Literatur mit ihrer Aura nicht ein ewiges Irrlicht, das genau das erfüllt und besser ausleuchtet, was zum Leben ungeeignet macht?

Die Literatur kann ein Zuchtmeister sein, der den Schmerz krönt und mildert. Aber liegt darin nicht der unerreichbare Reiz von Gekränkten? Interessant ist, dass sie als Mann schreibt, sehr unaufdringlich und keinesfalls anklagend, nachholend, irritativ: ein ganz typischer männlicher Feingeist, der unter gewöhnlichen Männern unter Ausschluss käme. Als Mann ist sie in jeder Zeile ein Randmensch, der scheinbar nur maskulin leidet, was eben nicht stimmt.

Auch wird die Frage gestellt: Was ist am Weiblichen so fliehenswert? Und warum flieht sie mit den weiblichen Schwachstellen weiblichen Daseins in eine männliche Hülle? Weiß sie so wenig vom tatsächlichen Mann? Sie hat eine feintemperierte Beobachtungsgabe, die es sich leisten kann, manisch auf sich fixiert zu bleiben, die Zartheit, mit der sie auf sich als Mann schaut, macht ihren ›eigenbrötlerischen‹ Text zum selten Vielschichtigen, was mich an Canetti erinnerte.

Wir alle kennen solche Männer, sie schreiben immer obsessiv, erfolgreich oder nicht, das große Werk bleibt die Zukunft, die zittrige Feinnervigkeit und soziale Versagung die Gegenwart. Brankicas Sprache: ein überwärmtes Gewächshaus, in welchem die Empfindlichkeiten sich stärken können. Was fehlt, scheint mir, ist die Kraft, das Zutrauen, der Blick und die Zuversicht auf die eigene Stärke.

Der rote Lebensfaden.

Das Aufbegehren, das weiß, wogegen?

Das, was ich gelesen habe, ruft eine Empfindung in einem Brief vom 13. Februar 1996 von Carola Ebeling auf: »richtungslose Aufwühlung«.

Bibliografische Angaben
zu Brankica Bečejac' Texten

Die Aufgabe. Novelle
Diese Novelle ist Brankicas letztes und umfangreichstes Werk (abgesehen von der Magistraarbeit). Zu Beginn hatte Brankica an eine Sammlung fiktiver Abschiedsbriefe gedacht (Beginn der Arbeit wahrscheinlich 1999). Daraus entwickelte sich das Vorliegende. Es gibt noch weitere Versionen, auch unter den Titeln »Herzton« und »Abschiede«. Es existieren auch handschriftliche Aufzeichnungen. Der hier wiedergegebene Text ist die letzte von Brankica in elektronische Form gebrachte Fassung.
Der erste Teil wurde veröffentlicht in dem Buch *Die Prüfung* (Internationalismus Verlag Hannover 2000, Reihe Tanjurana, ISBN 3-922 218-71-7)

Die Poesie des Opfers
Auszüge aus der Magistraarbeit an der Universität Hannover 1998 »Die Poesie des Opfers – warum Mord keine Kunst ist und die Angst der Opfer Literatur werden kann«. Ihre damalige Gutachterin Prof. Dr. Gerburg Treusch-Dieter hat die Auszüge ausgewählt.

Vergessen, was schon vergessen ist
Veröffentlicht in der *Zeitschrift für intellektuelle Zwischenstufen* (Heft 1/98, »Die Produktion und Tötung des Weiblichen in Bild und Schrift«, ISSN 1453-6333): Als Redebeitrag im fiktiven Gespräch aller an der Zeitschrift Beteiligten (Titel »Erkenntnisse der Paula I.«).

Ortlos – Ausgewiesene Schuld
Veröffentlicht im *Konkursbuch* mit dem Titel »Schuld« (37/99) und in dem Band *Die Prüfung*, a.a.O. Etwa 1999 geschrieben.

Der unverstellte Blick
Unter dem Pseudonym Milica Pajic im *Freitag* Nr. 10/2001 (vom 2.3. 2001) erschienen. Anlass war ein Übergriff auf Brankicas Mutter in der Straßenbahn in Hannover.

Vaterfahrt
In *Die Prüfung*, a.a.O, veröffentlicht, zuvor auch schon in den

Zwischenstufen. Hier liegt die Fassung aus *Die Prüfung* zu Grunde.

Ein Fall
Bisher unveröffentlicht. Entstehungszeitpunkt nicht bekannt.

Nach Dir (für P.)
In *Die Prüfung*, a.a.O., veröffentlicht. »P« ist Philipp Storz. Geschrieben wahrscheinlich 2000.

Computermesse
In *Die Prüfung*, a.a.O., veröffentlicht. Wahrscheinlich in Berlin 1999/2000 geschrieben, obwohl der Titel an die Computermesse CeBit in Hannover erinnert. Die Erfahrung, die man mit dieser Messe und ihren Besuchern haben konnte, waren des öfteren Gesprächsthema.

Die Prüfung
Titelgebendes Prosastück aus dem Band *Die Prüfung*, a.a.O. Wahrscheinlich nach dem Ostseeurlaub in Laboe (als wir noch in Hannover gelebt haben) geschrieben, in dem Brankica etwa eine Woche alleine war (etwa 1997).

Drei Menschen am Abend
In *Die Prüfung*, a.a.O., veröffentlicht. Entstanden aus einem literarischen Spiel mit Jörg und mir – eines Abends hatten wir gespielt, dass jeder einen kurzen Text unter dem Titel »Drei Menschen am Abend« abfasst. Jörgs und meine Ergebnisse sind verloren gegangen.

Von einem Land vor unserer Zeit
Zur jugoslawischen – und deutschen – »Frage«, veröffentlicht im *Freitag* Nr. 24/1999 (11.6.1999).

Hingestellt
In *Die Prüfung*, a.a.O., veröffentlicht.

Die Frage ist, wie gestorben wird
Der Text untersucht das Verhältnis Bachmann–Jelinek. Er ist im Band *Die Prüfung*, a.a.O., abgedruckt und ist Ergebnis einer Vorarbeit zu einer literaturwissenschaftlichen Promotion (die aber aufgegeben wurde). Es sollte eine Linie Bachmann–Jelinek–Sybille Berg herausgearbeitet werden.

Philipp Storz

Biografische Angaben
zu Autorinnen und Autoren

Marina Achenbach ist 1939 in Zagreb geboren. Ihre Mutter stammt aus Sarajewo, der Vater ist aus Deutschland vor den Nazis nach Jugoslawien geflüchtet. Marina Achenbach wuchs in der DDR auf, studierte ab 1960 Slawistik in München, ist seit 1990 Redakteurin und Autorin der Wochenzeitung *Freitag* und lebt mit dem Maler Paco Knöller in Berlin.

Branislav Bečejac und Anica, geborene Škarić, Eltern von Brankica, kamen 1969 nach Deutschland, leben und arbeiten seit 1971 in Hannover. Der Vater (geb. 1948 in Čurug/Jugoslawien) arbeitet als Werkzeugmacher; die Mutter (geb. 1944 in Čista Velika/Jugoslawien) arbeitete in ihrer Heimat als Lehrerin, in Deutschland als ungelernte Arbeiterin.

Chris Bezzel, geboren 1937. Kindheit und Jugend in Kitzingen am Main und Nürnberg. Studium der Fächer Latein, Griechisch und Deutsch in Berlin, Freiburg und Erlangen. Promotion über Kafka, zwei Staatsexamina. Lektor im Suhrkamp Verlag, Hochschullehrer in London. Seit 1973 in Hannover, Professor für Germanistische Linguistik. Seit 2002 pensioniert.
»Ich lernte Brankica im Wintersemester 1991/92 kennen, als sie meine linguistische Einführung besuchte. Im Februar 1992 schrieb sie mir einen ersten Brief und kam öfter in meine Sprechstunde. Bald zeigte sie mir literarische Texte. Im Sommer 1996 halfen mir Brankica, Philipp und Martin bei der Einrichtung meines Ferienhauses bei Hannover und des Gartens. Als sie nach Berlin zog, habe ich sie öfters besucht. Anfang September 2000 war Brankica zwei Tage zu Besuch bei mir. Zum letzten Mal sah ich Brankica in Berlin im April 2001. Wir trafen uns öfters und machten zu viert einen Ausflug auf die Pfaueninsel. Am 10. Juni 2001 führte ich das letzte lange Telefongespräch mit ihr.«

Jörg Djuren wurde 1963 in Hannover geboren. Er besuchte dasselbe Gymnasium wie Brankica Bečejac (10 Jahre früher) und lernte sie beim gemeinsamen Studium (Sozialpsychologie) und in der Zusammenarbeit mit dem Autonomen-FrauenLesben-Kollektiv an der Uni-

versität Hannover kennen. Er ist seit Beginn der 80er Jahre als An-
archist politisch aktiv, und schreibt und organisiert zu Fragen einer
radikalen ästhetischen Praxis. Mit Brankica Bečejac verband ihn
sowohl die Arbeit gegen Sexismus als auch die Bezugnahme auf die
ästhetisch und politischen Avantgarden des 20. Jahrhunderts mit
ihrer Verknüpfung von Politik und Kunst. Künstlerische Texte und
Projekte hat Jörg Djuren unter diversen Pseudonymen veröffentlicht.

Carola Ebeling, geboren 1970, Studium der Germanistik und Soziologie MA in Oldenburg und Bremen, lebt in Hamburg. Sie ist Mit-
arbeiterin der Edition Nautilus und freie Journalistin.

Knut Gerwers, geb. 1965. Autor & Multimediakünstler, gelegentlich
Sänger/Schreiber für verschiedene Bands.
»Ich lernte Brankica knapp vier Wochen vor ihrem Tod kennen, im
Anschluss an eine Veranstaltung in der Berliner Volksbühne (initiiert
von Gerburg Treusch-Dieter), zu der ich eine Video/Theater-Perfor-
mance beigesteuert hatte. Zufällig saßen wir nebeneinander und der
Abend dauerte lang, denn das gegenseitige Auf-Finden nahm kein
Ende.«

Jutta Heinrich, Autorin von Romanen, Essays, Theaterstücken und
Kabarett-Texten, Theaterprojektleiterin, Diplom-Sozialpädagogin,
Lehrbeauftragte an Universitäten, zahlreiche Stipendien und Preise.
1999 Wahl in den P.E.N.; 2004 Projektleiterin in Augsburg für ein
interkulturelles Theaterstück; 2005/2006 Gastdozentur an der Universität der Künste, Berlin. Die Autorin kannte Brankica Bečejac
nicht persönlich. Der Text entstand nach der Lektüre ihres Werkes
und einem langen Gespräch mit Carola Ebeling.

Susanne Hermeling, geb. 1970 in Minden. Literaturwissenschaftle-
rin, lebt und arbeitet in Hannover. Studium in Hannover, in der
Zeit enge Freundschaft mit Brankica. Spätere Studienaufenthalte in
London und Portugal, arbeitet zur Zeit an ihrer literaturwissenschaftlichen Promotion.

Philipp Storz, geboren 1965, Soziologe. Lebt in Berlin und arbeitet
als Wissenschaftler in einem Gesundheits- und Sozialforschungs-
institut.
»Ich habe Brankica 1987 in Hamburg kennen gelernt, weil sie mit
einem Freund, der damals von Hannover nach Hamburg umzog,
mitgekommen war. Sie ging noch zur Schule und wohnte bei ihren
Eltern. Ich studierte mehr oder weniger in Hamburg Soziologie und

anderes. Wir haben uns über Jahre, meist in Hannover, getroffen. Ich war sehr verliebt, wir wurden aber nie ein Paar. 1995 bin ich nach Hannover gegangen, um mit Brankica zusammenzuwohnen und zu leben. Damals hatte sie Martin am Anfang ihres Studiums an der Universität in einem Seminar kennen gelernt und sich in ihn verliebt. Wir haben dann bis 1999 zu dritt in Hannover gelebt und sind nach Brankicas und meinem Studienabschluss im Mai 1999 zusammen nach Berlin gezogen.«

Gerburg Treusch-Dieter, geb. 1939 in Stuttgart, war zehn Jahre Schauspielerin, bevor sie 1968 die Kunst mit der Theorie vertauschte und Soziologie, Psychologie und Literaturwissenschaft an der Universität Hannover zu studieren anfing. 1985 promovierte sie hier bei Oskar Negt zur weiblichen Domestikation durch Arbeit. 1989 folgte die Habilitation am Fachbereich für Philosophie und Sozialwissenschaften der Freien Universität Berlin unter dem Titel: »Von der sexuellen Rebellion zur Gen- und Reproduktionstechnologie«. Lehrtätigkeit als Professorin an der Universität Innsbruck und Wien. Brankica, Martin und Philipp lernte Gerburg Treusch-Dieter bei einem ihrer Gast-Seminare am Institut für deutsche Literatur und Sprache an der Universität Hannover, Mitte der 90er Jahre, kennen, wo sie durch ihr Forschungsthema zum Frauenopfer in der Antike nach wenigen Gesprächen zu einer intensiven Freundschaft kamen. Gerburg Treusch-Dieter lehrt heute an der Freien Universität Berlin und an der Akademie der Bildenden Künste in Wien. Das aus ihrem Forschungsthema hervorgegangene Buch erschien unter dem Titel *Die Heilige Hochzeit. Studien zur Totenbraut* in einer zweiten verbesserten Auflage 2001.

Inhalt

Texte für Brankica Bečejac

Aus unserem Verlagsprogramm

Raul Zelik
FRISS UND STIRB TROTZDEM
Broschiert / 160 Seiten / ISBN 3-89401-279-X
Musik, Rumhängen, Basketball, Filme und gelegentliche Jobs:
Das ist der Alltag einer Gruppe von Jugendlichen aus Familien
unterschiedlicher Nationalitäten. Gegen den Rassismus, den sie täglich
erfahren, setzen sie sich zur Wehr. Als es bei einer ihrer Aktionen gegen
Mitglieder einer rechtsradikalen Partei zu Tumult und Messerstecherei
kommt, ist der lässige Sommer im Kiez abrupt zu Ende ... Zurückhaltend,
aber mit genauem Blick erzählt der Autor von den Ereignissen, die
als Kaindl-Fall bekannt geworden sind.

Frank Witzel
REVOLUTION UND HEIMARBEIT
Gebunden / 256 Seiten / ISBN 3-89401-418-0
Ein deutscher Journalist ist einem Gewaltverbrechen auf der Spur. Im Raum
Washington sammelt er Beweise und dringt bis in die Kreise der Täter vor.
Doch die Aussagen widersprechen sich. Gleichzeitig verschweigen sie das
Entscheidende. Die heimischen Medien zeigen keinerlei Interesse an einer
Aufdeckung des Falls und verweigern die Zusammenarbeit. Existentiell
bedroht und in die Enge getrieben, mit der Zeit im Nacken und ohne
finanzielle Mittel, verliert der Journalist immer mehr den nötigen Abstand
zu seinem Fall. Mit einem Mal steht er selbst im Mittelpunkt.

J. F. Bandel, L. O. Hempel, T. Janßen
PALETTE REVISITED
Eine Kneipe und ein Roman
Originalveröffentlichung / Broschur / 192 Seiten
70 S-W-Abb. / ISBN 3-89401-467-9
Die Geschichte der legendären Kneipe »Die Palette«, die Hubert Fichte
1968 in seinem gleichnamigen Roman verewigte. In diesem Treffpunkt für
ausgerissene Schüler, Halbkriminelle, Halbkünstler, Hafenarbeiter und See-
leute gedieh die Gammler-Subkultur authentischer als anderswo in der BRD.
Die Autoren haben Gespräche mit ehemaligen Palettianern geführt und
lassen aus den Erinnerungen Harun Farockis, Horst Vockes u.v.a. die
Szene der 50er und 60er Jahre wieder auferstehen.
»Die Palette: Das war ein literarisches Gewitter, Donnerschlag und
Erkenntnisblitz, in dieser Reihenfolge.« *Brigitte Kronauer*

www.edition-nautilus.de